U0015502

FUTURE

FUTURE

FUTURE

FUTURE

塔羅思維
TAROT THINKING

塔羅牌自學進階，通曉牌義，踏上成為占卜師之路！

孟小靖——著

洞悉塔羅，點亮人生。

Tarot lights your life.

探尋內心所在，擁有力量的終究是你，
讓我們找回勇敢做決定的自己！

自序　用塔羅牌梳理雜亂的思緒，解開心中的鬱結

　　《塔羅事典》出版後，收到許多讀者和學員的熱情回饋，讓我很開心有越來越多人能夠接觸到塔羅牌——這個我們人生的好友。在大家的提問當中，我發現最普遍的迷思是：雖然瞭解塔羅是什麼，但是在使用過程中還是沒辦法將每一張牌卡的意思融會貫通。

　　我必須承認，這確實是一件相當不容易的事。人的成長來自生命中源源不斷的學習，而我也不例外，雖然與塔羅牌共度了近二十年的時光，還是不斷在每一位藝術家設計的不同牌卡中發掘過去沒有思考到的獨特視角，無論是把牌卡的意義延伸，或是轉化成更深層的意涵，這些都是欣賞塔羅牌的樂趣。而且我發現，不同歷史時空或文化背景的人，對同一件事物往往會有不同詮釋，讓我從中獲得了全新觀點與想法，著實是一件令人興奮的體悟。

　　在資訊流通快速又普及的現在，透過書本、網路等媒介，只要有心，人人都可以對塔羅牌略知一二，對於牌卡的好壞優劣也有一些基本概念，可能也知道未來必須多加練習才能讓自己對牌卡更加熟稔，但在牌義解讀上卻總是不知該怎麼更進一步，該如何找到正確的學習方向。因此，我思索著如何將自己對塔羅的所知所學融入生活實例，進一步與大家分享關於解讀牌義的密技。於是，這本《塔羅思維》誕生了！

　　本書中，「連貫」、「延伸」、「同理」是這次我想跟大家聊的重點——如何在一張張的牌卡之中，找到問題串聯的關鍵，進而釐清問題的解答。沒有抽不準的塔羅，只怕沒有正確的解讀。透過正確的解讀，你將能進一步領略塔羅的奧義。

　　就像小時候組裝積木玩具，一塊接著一塊，漸漸就能拼出自己想要建造

的城堡或汽車,而解讀塔羅牌也是相同的過程,透過字串的組合來找出問題的解答。用一個字、一個詞、一句話、一個故事的聯想,加上關鍵字的詞組延伸,慢慢的讓你像寫文章一般說出完整又清晰的占卜解答。

　　另外,大家對於解讀時的分寸拿捏也頗有遲疑,到底什麼該說?該怎麼好好說?這些在占卜過程中的訣竅,也希望能透過這本書讓大家獲得一些參考,讓每個人都找到屬於自己的占卜風格,開始懂得透過塔羅牌的指引打開智慧去面對外在的種種挑戰,用幽默的方式輕鬆生活,觀察自我內在情緒,也讓真實的心情獲得抒發,讓潛意識的聲音與你產生共鳴。

　　期待你我都能在塔羅之路上追尋更美好的人生方向!

塔羅事典　孟小靖

目錄

 附錄　　**塔羅速斷單字表**

Chapter 1

意
塔羅思維裡的心領

回憶「初心」：
你是哪一種塔羅解讀占卜師？

———

我們一生中會遇上各式各樣的人，有著不同外表、不同個性。

大家的生活背景不同，當然看事情也會有不同的角度。

在塔羅牌的解讀上，同一個答案也可能以不同的觀點闡述，

而你會嚴肅以對，還是溫柔鼓勵呢？

先瞭解自己是什麼樣的塔羅牌占卜師，

才能更精準的運用自己的特長來突破問題。

———

你還記得，當初是為了什麼原因而想要學習塔羅牌嗎？是因為常有煩惱，不斷去算塔羅，花了太多錢，所以乾脆自己學起來，如此一來便能少一點開銷？還是跟我一樣，因為喜歡塔羅牌裡的圖案，想要瞭解其中的涵義，越鑽研就越領略其中的奧妙，進而全心投入塔羅占卜世界中？亦或是單純想學個第二專長當副業賺錢，剛好聽到有人說塔羅牌入門容易，學習成本也不高，所以就想要來試試看？好的，不管你當初是什麼樣的因緣際會接觸到塔羅牌，但你知道自己在解讀塔羅牌時是用什麼樣的風格來解說嗎？還有，你是以什麼樣的思維來分析塔羅牌中的訊息呢？

本書的第一章就要先教你如何透過塔羅牌中的角色回歸初心，想一下當初是抱著什麼樣的心情進入這自我潛意識的深層領域。透過瞭解自己現下的身心靈狀況、風格與特長，將有助於找到最適合你的解牌捷徑。

使用塔羅牌占卜前，你該瞭解的大小事

開始進行塔羅占卜之前，我們先來搞懂什麼是塔羅牌！

塔羅牌的張數

不是所有貌似西洋的牌卡都是塔羅牌，也不是印上「塔羅」或英文「Tarot」字樣的牌就是塔羅牌，主要必須符合下列要素：

◆七十八張的塔羅牌中有編號 0～21 的二十二張大牌，再加上五十六張小牌。

◆小牌中，分為權杖、聖杯、寶劍及錢幣四組，各自有 1～10 的數字牌（也就是一副塔羅牌共四十張數字牌），再加上隨從、騎士、王后及國王四位人物，共十六張宮廷牌。

塔羅牌的系統

現今，較為人所知的塔羅牌系統有萊德偉特塔羅牌系列（Rider Waite Tarot）、馬賽塔羅牌系列（Le Tarot de Marseille），以及克勞利托特塔羅牌系列（Crowley Thoth Tarot）三類。

萊德偉特塔羅牌

通常簡稱偉特塔羅牌，亦譯作韋特塔羅牌，是新手入門最常接觸到的塔羅牌，坊間相關的學習書籍也最多，方便大家參照解讀。

◆大牌差異特點：力量牌編號 8，正義牌編號 11，死神牌下方有文字。

◆小牌差異特點：所有牌卡皆有明顯清楚的圖案場景對應牌卡涵義。

◆宮廷牌角色：隨從、騎士、王后、國王。

偉特塔羅牌七十八張牌卡全覽

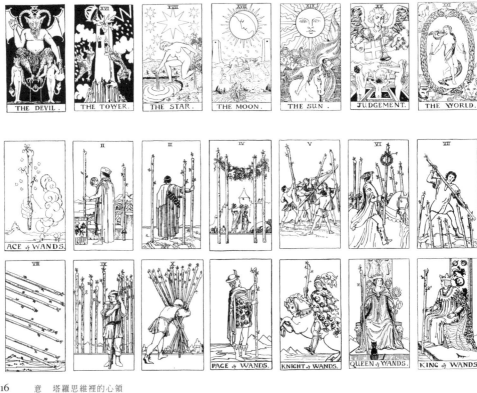

馬賽塔羅牌

　　古老的塔羅牌經典，是撲克牌的原型，最初只用了藍、黃、紅三色來設計。

◆大牌差異特點：力量牌編號 11，正義牌編號 8，死神牌下方無文字。

◆小牌差異特點：只有數字的排列顯示，可對應生命靈數占卜使用。

◆宮廷牌角色：隨從、騎士、王后、國王。

托特塔羅牌

　　亦譯作透特塔羅牌。集結了神祕學之大成，融入色彩學的觀念，雖然研究者眾多，但尚未找出所有的奧祕！

◆大牌差異特點：力量牌編號 11，正義牌編號 8，死神牌下方有文字（有些版本有三張魔術師牌）。

◆小牌差異特點：以幾何圖形和線條構成，呈現出場景與透視感。

◆宮廷牌角色：公主、王子、王后、騎士。

輕鬆啊塔羅

偉特塔羅牌的四大優點

優點 1：人物圖像清楚俐落。

優點 2：充分表現牌中涵義。

優點 3：故事背景環境明確。

優點 4：輔助運用符號象徵。

第一列為偉特塔羅牌，8是力量牌，11是正義牌；第二列為馬賽塔羅牌，8是正義牌，11是力量牌，且死神牌無文字；第三列為托特塔羅牌，8是正義牌，11是力量牌。

從數字牌來看，第一列的偉特塔羅牌以故事性的圖案呈
現，第二列的馬賽塔羅牌和第三列的托特塔羅牌則以幾何
線條來表現。

從宮廷牌來看，第一列的偉特塔羅牌和第二列的馬賽塔羅
牌之四張宮廷牌分別是隨從、騎士、王后、國王；第三列
的托特塔羅牌則是公主、王子、王后、騎士。

塔羅牌的挑選

當你瞭解了塔羅牌的系統差異之後，要先決定想學習哪一套系統，而根據我的經驗，學習塔羅牌還是從萊德偉特塔羅牌著手為佳。

入門首選推薦——偉特塔羅牌

大家一定很納悶，為什麼從偉特系統開始學習比較好呢？說真的，這並不是絕對的。不過，如果百分之八十的中文書都在講解偉特塔羅牌，且九成的塔羅占卜師也都接觸過偉特塔羅牌，透過偉特來進入塔羅的世界，一開始就能獲得最充分的資訊和學習資源，自然比較容易上手。

再者，各式各樣的塔羅牌中，有三分之一是從偉特塔羅牌延伸出來的，既然要學習，為什麼不從最有系統、最簡單的塔羅牌下手呢？畢竟人都有一種防衛機制，如果在學習的過程中沒有獲得成就感，往往就會喪失信心與動力，最後就放棄學習了。仔細一想，小時候學英文和數學時好像就是這樣，對吧？

塔羅牌是很有趣的東西，同樣的畫面、同樣的物品、同樣的姿勢在不同人的眼裡，卻會引發不同的感受，透過不同的文化背景，有些元素的象徵意義也有所不同。偉特塔羅牌擁有許許多多前輩對它表述過自己的想法與觀點，供我們直接觀察學習，結合眾人的經驗與智慧來理解牌卡中的訊息，正是成為塔羅占卜師最快、最好的一條捷徑！

決定你的塔羅牌風格

接下來就是選擇牌卡的繪製風格了。現在有許多藝術家把塔羅牌當成舞臺，揮灑自己的創意，對學習者來說，選擇也更豐富多元。

現在，讓我們來看看同一張審判牌會有什麼不同風格的變化。在右頁的四張牌卡中，第一張為傳統的偉特塔羅牌；第二張是將偉特系統進行數位藝術創作的轉命師塔羅牌；第三張是將線條簡化，並以俏皮風格呈現的可愛塔羅牌；而第四張則是將重要元素保留，但加入創作者的感知，以繪本方式重

新詮釋的夢幻樂園塔羅牌。這四張牌是不是很不一樣呢？你喜歡哪一張？而拿著牌的你想傳達什麼樣的感受給對方呢？以上都是決定牌卡風格的考慮因素。除此之外，牌卡風格也是表現自我個性的方式。因此，如果你真的不知道該選擇什麼風格，不妨就率性挑一副自己喜愛的吧！

偉特塔羅牌

轉命師塔羅牌

可愛塔羅牌

夢幻樂園塔羅牌

你是誰？別人又怎麼看你？

現在，開始進入自我覺察的第一步。

我們將透過一個簡單的抽牌遊戲——塔羅宮廷牌個性占卜，讓你瞭解自己現下的外在與內在，同時也剖析一下自己目前的心情狀態。

這個抽牌遊戲會運用到塔羅牌中的十六張宮廷牌，這十六張宮廷牌分屬火、水、風、土四大元素，代表了十六位的人物特質，而我們要借助這些人物所象徵的樣貌，來看看你的內外角色是否一致，或是呈現出什麼樣的特質。

塔羅宮廷牌個性占卜步驟

Step 1

請先將塔羅牌中的十六張宮廷牌拿出來，分別是權杖牌組、聖杯牌組、寶劍牌組及錢幣牌組中的隨從、騎士、王后及國王（如右頁圖）。

Step 2

將牌覆蓋起來，牌背朝上，自由洗牌，打亂順序即可，無須拘泥於特定的洗牌手法。

Step 3

隨意抽選出自己喜歡的兩張牌卡，抽牌時在心中默念以下兩個問題：

Q1.「**我在別人的眼中是什麼樣子？**」以左手抽出第一張牌卡。

無須重新洗牌，直接再問下一題。

Q2.「**我現在的狀態是什麼樣子？**」以左手抽出第二張牌卡。

塔羅宮廷牌個性占卜在解讀時不看正逆位，單以人物角色來做整體分析。

權杖牌組

PAGE of WANDS. KNIGHT of WANDS. QUEEN of WANDS. KING of WANDS.

聖杯牌組

PAGE of CUPS. KNIGHT of CUPS. QUEEN of CUPS. KING of CUPS.

寶劍牌組

PAGE of SWORDS. KNIGHT of SWORDS. QUEEN of SWORDS. KING of SWORDS.

錢幣牌組

PAGE of PENTACLES. KNIGHT of PENTACLES. QUEEN of PENTACLES. KING of PENTACLES.

✥ 塔羅宮廷牌個性占卜牌義解析 ✥

　　現在，你的手中應該有按照上述步驟抽選出來的兩張牌卡，第一張由問題「我在別人的眼中是什麼樣子？」而來，也就是你目前的「外在呈現」；第二張由問題「我現在的狀態是什麼樣子？」產生，代表你的「內在樣貌」。接下來就可以透過塔羅牌的角色來觀察自我特質，同時也能瞭解自己目前的心智覺察表徵。

塔羅牌中的元素屬性與占星學對應

　　瞭解塔羅牌與星座、行星間的對應，對解牌很有幫助！

◆**風元素：**

愚者牌（天王星）、魔術師牌（水星）、戀人牌（雙子座）、正義牌（天秤座）、星星牌（水瓶座）、寶劍騎士牌（雙子座）、寶劍王后牌（天秤座）、寶劍國王牌（水瓶座）

◆**水元素：**

女教皇牌（月亮）、戰車牌（巨蟹座）、吊人牌（海王星）、死神牌（天蠍座）、月亮牌（雙魚座）、聖杯騎士牌（雙魚座）、聖杯王后牌（巨蟹座）、聖杯國王牌（天蠍座）

◆**火元素：**

皇帝牌（牡羊座）、力量牌（獅子座）、命運之輪牌（木星）、節制牌（射手座）、高塔牌（火星）、太陽牌（太陽）、審判牌（冥王星）、權杖騎士牌（射手座）、權杖王后牌（牡羊座）、權杖國王牌（獅子座）

◆**土元素：**

女帝牌（金星）、教皇牌（金牛座）、隱者牌（處女座）、惡魔牌（魔羯座）、世界牌（土星）、錢幣騎士牌（處女座）、錢幣王后牌（魔羯座）、錢幣國王牌（金牛座）

權杖牌組（火元素）
我「見」故我得

用熱情來支持一切行動的轉化

擁有權杖牌組特質的人，總是追求一種行動的展現，充滿活力與能量，積極又熱情，喜歡旅行，到處移動。讓自己有個目標可以前進，是一件令人振奮的事。

◆面對每一天總是朝氣十足。

◆熱心、熱情之外，同時也熱血澎湃。

◆脾氣較大，情緒起伏不定。

◆容易過度樂觀，覺得自己運氣超好。

◆只要下定決心就會全力以赴。

◆相信未來，一切都有無限可能！

權杖隨從
Page of Wands

象徵人物

研究員

個性特質

【外在呈現】

就是一個調皮鬼，不時惡作劇，但相當的直接坦率，對各種事物都容易產生興趣，而且相當具有探索研究的行動力。不過熱忱來得快也去得急，也就是持久力不足，對事物容易有三分鐘熱度的問題。

【內在樣貌】

初生之犢不畏虎，保有年輕的赤子之心。權杖隨從代表一種機會的萌生，彷彿內心有個聲音不時召喚著你，讓你願意冒險前往未知領域，去體驗，去革新。切記！減少誘惑才能慎防注意力無法集中。

權杖騎士
Knight of Wands

象徵人物

陽光男孩

個性特質

【外在呈現】

人們眼中的過動兒、開心果，不停的想去體驗刺激冒險，討厭一成不變的生活形態，充滿熱情活力，勇氣可佳。缺點是沒有耐心，要特別注意避免衝動行事、口無遮攔的尷尬狀況。

【內在樣貌】

坐而言不如起而行，日子絕對不能白活。很有創造力，能激發出熱情，擁有光芒四射的性能量，受到大家歡迎，能指引新方向，帶領眾人突破險阻，但要小心自己突如其來的壞脾氣。

權杖王后
Queen of Wands

象徵人物

女中豪傑

個性特質

【外在呈現】

非常慷慨，給人溫暖的感覺。凡事能幫就幫，也不特別要求回報，還有點大嬸性格，總是有話直說，活潑熱情，充滿魅力，人緣好。千萬別太過雞婆，做了自以為是的多餘之舉。

【內在樣貌】

不拘小節，作風海派，認為四海之內皆兄弟。熱愛生活，充滿自信，行動敏捷，慷慨解囊，樂觀又有活力，總是能鼓舞眾人，充滿性吸引力。但脾氣火爆，時常忽略小細節，人云亦云，缺乏思考，善變時顯得煩躁。

權杖國王
King of Wands

象徵人物

創業主

個性特質

【外在呈現】

頭腦靈活，總是能有前瞻之見，且比別人更有行動力與執行力，能夠迅速搶得先機。雖然經常創意十足，但需慎防因野心過大、控制欲爆棚而失去謀略方向，導致慌了手腳，頓時暴躁起來。

【內在樣貌】

凡事謀定而後動，相信山不轉路轉的道理。能引領自我成就，常有靈光一閃的點子出現，而且通常都能表現卓越。要小心處理情緒問題，傲慢會帶來偏見，易怒時會盛氣凌人。

聖杯牌組 (水元素)

我「感」故我得

情感與心靈的滋養是一種分享

擁有聖杯牌組特質的人,總是追求一種感情的體驗,天賦敏銳,創造力十足,披著優雅的外衣,散發出溫柔平靜的氣質,用浪漫的愛來成就生命中的美好!

◆需要一人獨處的休憩時光。

◆喜歡老東西,念舊讓人更有溫度。

◆容易胡思亂想,造成優柔寡斷。

◆情感過於豐沛時會無法理智行事。

◆以和為貴,不喜歡以鬥爭解決問題。

◆藝術薰陶之下有副慈悲心腸。

聖杯隨從
Page of Cups

象徵人物

好奇寶寶

個性特質

【外在呈現】

是天真可愛又非常可靠的好朋友，善良且樂於付出，充滿同理心，總是為別人著想。雖然帶著好奇心來感受萬事萬物是一大優點，但要少點天馬行空與過度敏感，才不會讓自己感覺受傷了。

【內在樣貌】

有著豐富想像力，近朱者赤，近墨者黑。習慣感情上的依存感，樂於接受所有形式的感情交流，能夠無條件的為愛癡狂。若遭到無情對待，任性反撲後，會有浮誇的行為產生。

聖杯騎士
Knight of Cups

象徵人物

白馬王子

個性特質

【外在呈現】

藝術氣息四溢的你就是個情場浪子，擅長製造浪漫，令人難以招架。多才多藝，彬彬有禮，且充滿吸引力，惹人憐愛，但有時會空談理想而不求實際，或遲遲未有行動，反而讓人覺得你太過夢幻。

【內在樣貌】

瀟灑、風流又多情，有夢最美，伴愛相隨。審美觀與品味卓越，敏感細膩的天賦總能表現出滿滿的愛，心靈直覺很強，喜歡有人陪伴。情緒化、多疑、嫉妒及任性是最大缺點。

聖杯王后
Queen of Cups

象徵人物

藝術家

個性特質

【外在呈現】

情感豐沛，直覺感應過人，體貼呵護著身邊的事物，無私奉獻一切，溫柔賢淑，擁有慈悲心，很容易感動落淚。情感細膩，容易自憐自艾，造成情緒波動，就會產生嫉妒與猜疑。

【內在樣貌】

只談情，不講理，認為愛是世界上最強大的東西。直覺靈感力超群，擁有靈媒特質。十分善良，富有同理心，耳根子軟，易受人影響，會以戲劇化的方式來傳達心中感受，常造成情緒勒索而不自知。

聖杯國王
King of Cups

象徵人物

慈善家

個性特質

【外在呈現】

心胸廣大，擁有宗教信仰或自己的信念，和善親切，散發慈祥穩重的感覺，如同一位有智慧的老爺爺。不時沉思，但若過度就會造成沮喪及憂鬱，並不斷提及往事，愛翻舊帳。

【內在樣貌】

成熟而有修養，樂於關懷，總能面面俱到。溫和待人，不太生氣，相信內在直覺所傳達的感受，善於創造舒心價值。若遇上不懂人情事故的狀況，請保護自己，別犧牲在虛情假意之中。

寶劍牌組（風元素）

我「思」故我得

透過交流尋找人生目的與使命

擁有寶劍牌組特質的人，總是追求一種思想的交流，喜歡對話，好奇心旺盛，對於自己的信念非常堅定，需要透過反思來幫助分析、理解！

◆想法廣納百川，特別喜歡未知之謎。

◆以機智挑戰困境，擅長解決難題。

◆講話直來直往，不懂察言觀色。

◆自視甚高，反而失去機會，招來厭惡。

◆熱愛自我提升，增進知識技能。

◆看待事物觀點多元，且不斷改善精進。

寶劍隨從
Page of Swords

象徵人物

狗仔隊

個性特質

【外在呈現】

聰明伶俐、消息靈通的你，無時無刻都能得知別人的八卦，總是用一種冷眼旁觀的態度分析別人。當反應快用在傳播流言時，偷偷摸摸所造成的混亂將造成口舌是非。

【內在樣貌】

享受說話與交流，認定沒有永遠的祕密。急公好義，追尋真相，雖輕率行事，但機敏靈巧總能讓你獲得成果。討厭突發狀況帶來麻煩，必須小心應對，不耐煩的溝通會造成誤解。

寶劍騎士
Knight of Swords

象徵人物

激進分子

個性特質

【外在呈現】

豪氣干雲、氣魄過人又好勝心強的你，常說大話。急性子，講求效率至上，瞻前不顧後，容易造成徒勞無功。思緒敏捷、口條流利是你的利器，但要小心別演變成尖酸刻薄的攻擊。

【內在樣貌】

是具有獨到見解的前線勇士，必要時可玉石俱焚。有話直說，不畏強權，重視真理，且能用哲學分析。憤世嫉俗，常有抱怨及責難，不耐煩時會做出很多破壞，淪為無意義的失控行為。

寶劍王后
Queen of Swords

象徵人物

鐵娘子

個性特質

【外在呈現】

擁有智慧與洞察力的你，善於釐清亂象，只說實話，不徇私或被情感干擾。工作能力很強，凡事靠自己，按部就班且有條有理，不受情緒綑綁，以理智來解決問題，有一種不近人情的孤獨感。

【內在樣貌】

性格冷酷，信念堅定，論事一針見血。辨識力過人，能為人發聲，獨立自主，講求公平。時常否認悲傷、孤單等情緒。雖然會以牙還牙，但能壓抑憤怒，因為你相信「君子報仇，三年不晚」。

寶劍國王
King of Swords

象徵人物

專業人士

個性特質

【外在呈現】

嚴肅又冷靜的你，上知天文，下知地理，是一個令人信賴的顧問，擁有很好的口才及邏輯能力，總是站在領導位置，不時追求進步成長，但得留意自己鐵血批判的性格。

【內在樣貌】

專業而自信，深信知識能實際運用才是王道。形象銳利而威權，常為真理挺身而出，有些無情，但能做出最科學理性的判斷，謹守嚴格的紀律，然而過度的保護與防衛會使你遠離人群。

錢幣牌組（土元素）

我「持」故我得

務實的豐盛才能讓你發現昇華

擁有錢幣牌組特質的人，總是追求一種生存的穩定，安全感是必備的，盡可能將人生過得舒適一點，喜歡擁抱財富。動作雖慢，卻培養出耐心與堅持。

◆忠心又誠實，有令人信賴的責任感。

◆成熟穩重，所呈現的安心氛圍令人感到十分可靠。

◆想偷懶時會找很多藉口開脫。

◆不喜歡變化及意外，會將不滿悶在心裡。

◆講求務實、對等，付出就該得到回饋。

◆喜歡規律生活，養成好習慣。

錢幣隨從
Page of Pentacles

象徵人物

儲備幹部

個性特質

【外在呈現】

能聽從前輩指導而傳承到真功夫,重視自己的興趣,且擅長制定學習目標,總能把腦中的想法付諸實現。因為認真踏實,而能獲得經驗與體悟,可惜的是個性太過耿直,少了彈性,易導致事倍功半、成效不佳。

【內在樣貌】

一步一腳印,堅信勤能補拙的真理。有優越的記憶力與學習精神,重視自我提升,學習新事物就如同發現新大陸。穩定的財務能讓你心定。容易一頭熱,要留意養生與健康問題,小心別沉迷超自然事物。

錢幣騎士
Knight of Pentacles

象徵人物

繼承者

個性特質

【外在呈現】

自我規範,勇於負責,做事都有長遠規劃,並能持之以恆,信守承諾,可靠忠誠,能穩健追求想要的事物,較不易沉溺於享樂,但可能會在身上背負太多義務而無法喘息。

【內在樣貌】

工作、金錢至上,堅忍奮進,努力以赴。安全可靠,十分重視制度與論理,堅持完美標準,遵守秩序。頑固、守舊、沉悶會令人感到無聊,沉默寡言的同時也在定義他人價值。

錢幣王后
Queen of Pentacles

象徵人物

老闆娘

個性特質

【外在呈現】

像個賢妻良母般把一切打理妥當，有自己的理財之道，體貼、溫暖且有耐心，喜歡親近大自然、戶外活動、園藝與小動物。要小心別讓控制欲太過，或過度期待別人的回饋，以免一旦落空就會產生很大的挫折感。

【內在樣貌】

以德服人，重視自己與環境的健康。辦事效率高，能縱觀全局，讓人充滿安全感。尊重眾人的意見，展現實務技能，但須留意是否負荷過度，攬下太多責任反倒弄巧成拙。

個性特質

【外在呈現】

擁有財富，生活享樂，能帶領眾人一起務實努力，迎接豐富的金錢報酬，並營造安全感。低調謹慎，默默耕耘，做事前總會再三評估。要記得時常反思自己是否流於固執己見，或者為了成功而不擇手段。

【內在樣貌】

你認為人生追求的是一種自我價值的實現，實際上你的成就也確實不凡。擁有安全感與內心的滿足對每個人都很重要，而你穩健和緩的行事風格正給人一種信賴感，但請小心別只用金錢來衡量彼此的情感好壞，免得最後真的窮得只剩下錢了。

錢幣國王
King of Pentacles

象徵人物

董事長

形塑自我的占卜風格與特長

很多時刻，我們顧著往前看，卻忘了停下腳步整理自己的心情；想在塔羅牌中找到答案，卻忽略了自己現在看待事情的方式。別忘了，能決定在窗外看到什麼風景的人，只有你！

透過前面的「塔羅宮廷牌個性占卜」，除了可以瞭解自己目前的基本狀態，也能明白自身所擁有的四元素特質成就了何種樣貌的塔羅個性，而不論是以權杖（火元素）帶領的「精神」、透過聖杯（水元素）察覺的「情感」，或寶劍（風元素）強調的「心智」，還是錢幣（土元素）穩定的「實質」，都能形塑屬於你的解牌風格。找到適合自己的解牌風格，便能更快察覺自己適用何種邏輯分析模式。接下來，針對你的塔羅觀點，要進一步告訴你該如何掌握優勢、突破盲點，讓你踏穩成為解牌高手的第一步。

找出解牌觀點

回想一下，在塔羅宮廷牌個性占卜中，你手中持有的兩張牌卡，第一張代表你的「外在呈現」，第二張則是「內在樣貌」，再對應下列「塔羅觀點角色對應表」，就能找到你最適合採取的塔羅觀點角色。

塔羅觀點角色對應表

內在＼外在	權杖	聖杯	寶劍	錢幣
隨從	批判者	陪伴者	批判者	旁觀者
騎士	參與者	批判者	批判者	旁觀者
王后	旁觀者	陪伴者	陪伴者	參與者
國王	參與者	參與者	陪伴者	旁觀者

當然，我們一生之中不可能只扮演一種角色，所以在塔羅觀點角色上也會因經歷的事件而有所變化。一般而言，三個月後可以再進行一次塔羅宮廷牌個性占卜，好讓自己的塔羅觀點能契合當下的狀態，但若你覺得自己在進行占卜時的解讀狀態有所改變的話，也歡迎你隨時利用這個占卜檢視自己的身心靈狀態是否全面平衡，是否需要做一些解牌風格上的調整與校正。

　　這些特質會引領我們解牌的思維走向、解牌步驟，以及給予建議的差異，而這也是抽出同樣的牌卻產生各種不同結果的原因。許多人都有此疑惑：「為什麼抽出同樣的牌卻有不同的答案？」嚴格來說，並非同樣的抽牌結果卻產生不同的答案，塔羅牌所翻出來的解答基本上是一致的，但因為理解的人不同，於是產生了不同的觀點，再加上塔羅牌的解讀其實是很玄妙的，不能單單以二分法來判別「正向樂觀」與「負向悲觀」就算得出答案，還要運用四元素（火、水、風、土）的涵義來進行相互的關聯支持，檢視破壞與衝突。

　　火與風元素會產生熱，風與水元素會形成濕，水與土元素會感到冷，土與火元素會覺得乾。冷與熱是相對的，就如同陰與陽、黑夜與白天。當我們說起黑夜時會覺得冷酷，講到白天就感到溫暖，而這兩種感受常被比喻為內向與外向、冷靜與活潑，亦或是內斂累積與爆發四射。

　　又如乾與濕，就像我們在環境中所產生的狀態，可以代表個人與社會的關係，乾的屬性沒有擴散力，不容易受影響，但濕有潤澤的特質，充滿感染力。乾與濕的對應可以用來比喻自我與整體、私人與社群，或者是自私自利與慈悲同理等。

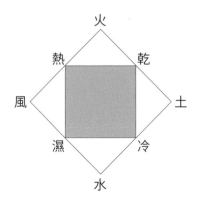

對於塔羅占卜後的結果，占卜師必須能夠融合不同的特質與個性，建立當下專屬於占卜師與問卜者間獨一無二的分析與解讀，並給出有所助益的建議，來達到一次良好的塔羅解牌過程。

突破解牌盲點

人生如戲，每次的塔羅占卜過程就如同一場精彩的演出，必須先讓故事中的角色與觀眾產生共鳴，再進一步以人人都能理解的方式傳達你想表達的精神與涵義。因此，在這個名為塔羅的人生舞臺上，你必須先明白：你是誰？

「旁觀者」、「批判者」、「參與者」及「陪伴者」，這四個塔羅觀點角色代表著在舞臺上扮演不同角色的我們，讓我們知道自己在占卜過程中正以什麼樣的解牌風格來詮釋牌義，也可以從不同特質的個性中發現解讀技巧和情緒盲點。現在就跟著我一起來看看你的解牌風格有哪些優點和盲點吧！

為什麼塔羅牌這麼受歡迎呢？

不知道有沒有人跟我一樣，曾經思考過塔羅牌廣受世人認同的原因？後來我推敲出一個答案，我想是因為塔羅有一個很重要的特點：紙牌的方便性與娛樂性。在翻牌的過程中，除了能享受占卜的趣味與神祕感，還可以透過圖像分析自己的心理狀態，實在令人驚喜不已，進而想更加瞭解它，瞭解前人到底在這些牌卡中放了多少心血與智慧。

在塔羅牌七十八張的架構之中，有人會單用二十二張大牌來占卜，而五十六張小牌後來演化成撲克牌，寶劍是黑桃，聖杯是愛心，權杖是梅花，錢幣是方塊，於是又衍生出了撲克牌占卜系統。這些演變證明了塔羅牌的牌卡設計非常靈活，每個組合既能獨立存在又能相互搭配。

旁觀者

營造氣氛的燈光師

◆第一張牌外在呈現為「權杖類型」＋第二張牌內在樣貌為「王后角色」
◆第一張牌外在呈現為「錢幣類型」＋第二張牌內在樣貌為「隨從角色」
◆第一張牌外在呈現為「錢幣類型」＋第二張牌內在樣貌為「騎士角色」
◆第一張牌外在呈現為「錢幣類型」＋第二張牌內在樣貌為「國王角色」

【觀點特質】
透過營造氣氛投入情境之中

在一個舞臺上，要把明星或主角襯托出來，漂亮的燈光是絕對不可少的，有了美美的燈光，觀眾們很容易就能聚焦於舞臺上的重點，而且在不同燈光的營造之下，也能將舞臺上的環境做出改變，引導觀眾投入情境之中。在塔羅占卜的過程中，你就如同燈光師一樣，從一個旁觀者的角度切入，最需著重的不是舞臺上人物的演出，而是環境對於我們的影響。

【解牌風格】
沒人定義什麼是好，只有當事人知道

在解牌的過程中，常會以土元素穩定的「實質」能量來分析，期待每一次的占卜都能帶來開悟和改變，於是無論占卜師自身或問卜者就得變得「更好」、「更棒」或「更完美」，但是誰來定義所謂的好壞呢？這點必須由問卜者來告訴你，什麼是他想要的！

◆特色：邏輯清楚、條理分明、建言務實
◆盲點：講大道理、道德評論、缺乏感知

透過塔羅解讀過程，你所要經歷的課題是「傾聽與表達」

身為一個旁觀者，可以清楚的判斷與解讀塔羅牌中的訊息，因為這樣的人可以用很開創性的方式來幫大家解決問題，有勇氣超越環境和拘束限制，探索新的經驗，透視問題真相，尋找真正的自我，但有時會忘記自己的建議是不是問卜者真正需要的答案。占卜時，不妨先細細傾聽問卜者到底想要怎麼做，再運用牌卡組合給出最適切的解答，即便你在塔羅牌上看到什麼需要調整的地方，也請先搞清楚對方靈魂的聲音、隱蔽的心意。

◆覺察：耳聽心受、參透意圖、誠懇以對
◆獲得：扶危拯溺、不拘一格、開創新局

【盲點突破】

三思而後言

別忘了，當旁觀者成為自以為是的人時，將無法正確解讀問題，只是一股腦兒的把建言塞給對方。別成為一個不懂得察言觀色的人，只是天真的講出自己想說的話，而沒想過這些話是不是應該說，或者該怎麼說。請好好的靜下心來傾聽，結合塔羅占卜的顯像，然後慢慢的表達。

批判者

當頭棒喝的黑粉絲

◆第一張牌外在呈現為「權杖類型」＋第二張牌內在樣貌為「隨從角色」

◆第一張牌外在呈現為「聖杯類型」＋第二張牌內在樣貌為「騎士角色」

◆第一張牌外在呈現為「寶劍類型」＋第二張牌內在樣貌為「隨從角色」

◆第一張牌外在呈現為「寶劍類型」＋第二張牌內在樣貌為「騎士角色」

【觀點特質】

給予當頭棒喝，直指問題核心

當表演者站上舞臺時，就已經準備好成為眾人的焦點，任何人都能在這一次的演出中給出評價，所以有支持的人，當然也有不欣賞的人。真正的粉絲會在演出精彩時給予掌聲，若表演者無法吸引大家目光，也會不吝直接點出問題，但是這樣的黑粉絲似乎不太受歡迎，不過他們卻能直指問題核心。在占卜過程中，批判者就像是黑粉絲，一旦發現狀況絕不相瞞，據實以告。

【解牌風格】

看清黑暗面的干擾，才能突破心魔

批判者風格的占卜師在解牌對談中，風元素所強調的「心智」能量將發揮極大的作用，具有很強的觀察力和直覺力，渴望找出事件真相，也能很快的進行思考，擁有遊走於各意識層面的能力，能夠精準檢視方方面面，在問卜者所提出的問題中找出阻礙事情的癥結。

◆特色：一針見血、解放痛苦、就事論事

◆盲點：憤恨不平、以牙還牙、煽風點火

透過塔羅解讀過程，你所要經歷的課題是「接受與釋放」

不要把所有問題都當成是一種麻煩，處理事情也不見得非得透過破壞與重建。雖然你在塔羅占卜的過程之中，認為應該把深層的負面情緒都傾訴出來，但別忘了，很多人能走到現在這一步，心中已經做出許多的建設與努力，才能讓自己的內心安居。批判者風格的占卜師最常被詬病的是：解讀起塔羅來有些憤世嫉俗，有著滿腹的學術基礎，卻不懂得人情事故。不過，透過這樣的風格確實能發現問題，進而改變這些問題所帶來的擔憂與恐懼。

◆覺察：過猶不及、存有恕道、留有餘地
◆獲得：謙恭和藹、力求中庸、撥雲見日

【盲點突破】

體恤對方的處境

你想探討的是自我能力提升，你認為如果自己強大起來就能夠抵擋困境。不過，你得開始學著接受並非真心想要改變的人，因為他們還沒有做好從自束縛中解脫成長的準備！正所謂「一種米養百樣人」，不是人人都像你能直觀面對問題，因此你得對此釋懷，不要有恨鐵不成鋼的心情，才能幫助問卜者釋放黑暗，迎向正面。

參與者

合作無間的音樂家

◆第一張牌外在呈現為「權杖類型」＋第二張牌內在樣貌為「騎士角色」
◆第一張牌外在呈現為「權杖類型」＋第二張牌內在樣貌為「國王角色」
◆第一張牌外在呈現為「聖杯類型」＋第二張牌內在樣貌為「國王角色」
◆第一張牌外在呈現為「錢幣類型」＋第二張牌內在樣貌為「王后角色」

【觀點特質】

站在同一陣線，展現合作無間

表演要精彩，當然不可能只有主角擁有魅力就行了，還需要各個層面配合，例如出色的音樂尤其重要，可以與主角共創琴瑟和鳴之美。在塔羅占卜過程中，占卜師必須創造與問卜者之間的親密感，雖然是陌生人，卻像是同盟夥伴，讓問卜者能安心說出心中真正的想法，就如同參與其中的同一陣線支持者，如此一來，占卜師所提供的建議才會被接納。

【解牌風格】

全然信任的愛，自由擁抱無限可能

在進行塔羅解讀時，能顧慮對方的心情與處境，會盡量融入對方的生活情境之中，確實做到換位思考。參與者的特質源自於水元素察覺的「情感」，用一種與朋友對談的方式來分享問題，常能打動問卜者的心，使問卜者放下種種偽裝與包袱，用純粹的心找出問題的答案。

◆特色：感同身受、溫柔提醒、循循善誘
◆盲點：涉入太深、同仇敵愾、情緒勒索

【塔羅課題】

透過塔羅解讀過程，你所要經歷的課題是「理解與共鳴」

有很多人誤以為在進行塔羅占卜時會得到一位人生導師來幫你解決困難，殊不知真正要面對問題的人還是自己。所以，塔羅占卜師的角色是跟著問卜者一起看清事情全貌，這樣的關係並不是上對下的權力關係，而是指精神上超越二分對立的融合，能擁有靈性與自我平衡，將兩者融為一體，自由的享受著愛，不會有所依附與執著，不再感到缺乏。參與者能夠體驗人與人間親密關係的存在，但也務必小心，不必為他人奉獻自己，而是要懂得欣賞對方，同時正確解讀塔羅牌中的種種體現，不做出超出能力的話語承諾。

◆覺察：過分努力、苦盡甘來、平等互愛
◆獲得：識才尊賢、以禮相待、自信建立

【盲點突破】

理性與感性兼容

容易被感動的參與者，會在不小心的情況下不由自主同情起問卜者，進而想幫對方達成想要的最終目標。小心掉落對方的情緒黑洞中，使占卜諮商淪為諸多抱怨的空談，除了將心比心，更要就事論事，為問題提出可行的出路，才是共鳴的真理！

陪伴者

妙語如珠的主持人

◆第一張牌外在呈現為「聖杯類型」＋第二張牌內在樣貌為「隨從角色」
◆第一張牌外在呈現為「聖杯類型」＋第二張牌內在樣貌為「王后角色」
◆第一張牌外在呈現為「寶劍類型」＋第二張牌內在樣貌為「王后角色」
◆第一張牌外在呈現為「寶劍類型」＋第二張牌內在樣貌為「國王角色」

【觀點特質】
妙語如珠，引導侃侃而談

一位好的主持人是一場秀的靈魂。在大型的頒獎典禮之中，能為整體表演帶來流暢感；在訪談節目中，則能引導來賓侃侃而談，觸動每一位觀看節目的觀眾。陪伴者就是這樣不可或缺的存在。塔羅占卜的型態建立在問與答的過程，如何在一來一往的對話中漸漸打開問卜者的心防，不僅需要一些天賦，還要加上一點後天的技巧訓練。

【解牌風格】
找對方法，你就可以放心卸下重擔了

由火元素帶領的「精神」能量是你解牌時善用的特質。在一種對方能夠接受的氣氛之中，考慮著對方的需求，進一步表達出你在塔羅牌上看出的端倪，傳遞著最近似自己的意識，使對方受益良多。陪伴者通常能將自己過往的經歷轉換為簡單易懂的語言，在現實與心靈中找到溝通的橋梁。

◆特色：急公好義、熱情開朗、效率十足
◆盲點：喧賓奪主、過於急躁、好大喜功

【塔羅課題】

透過塔羅解讀過程，你所要經歷的課題是「引導與感悟」

人生之中最難得的是有人能與你傳承知識、分享經驗、共創記憶或找出智慧，而陪伴者能跟著問卜者一同經歷美好，為了追求真理似乎隨時都能奉獻心力。擁有這樣特質的你，能在他人危難之時給予力量和支持，不僅悉心照顧與安慰，並推動著對方去尋求解決辦法，雖然心甘情願的掏心掏肺，但也清楚自己的能力範圍，不會犧牲個人底線。透過這樣的引導，能把塔羅牌中的提醒做出適切的詮釋，也容易讓問卜者接受，進而思考，再慢慢進行調整與改變。

◆覺察：心領神會、無微不至、推己及人
◆獲得：卑以自牧、擇善而從、點到為止

【盲點突破】

站在超然立場穿針引線

陪伴者得完全清楚自己是誰，以及自己在做什麼。若因為過程中產生定位偏差，將導致解讀時加入太多個人情緒。另外，也不該將問題視為挑戰，一味想找出征服點，感悟的發生應該是在翻牌之後，才夠專業！

榮格塔羅牌
The Jungian Tarot
作者：Robert Wang
出版：US Games

作者王博士運用榮格心理學的架構設計出這套塔羅牌，以「視覺通道進入榮格心理學的複雜性」。在二十二張大牌中，主要的人物角色代表榮格集體無意識的原型；在宮廷牌的變化上，強調描繪家庭關係的重要，角色呈現為父親、母親、女兒和兒子。

月亮之子塔羅牌
The Moonchild Tarot
作者：Danielle Noel
出版：個人發行

是一種深情的冥想工具，經過精心設計，慶祝神聖女性，以陰暗面和月亮魔法的直觀為關鍵。每一張卡片都代表著一個自己的故事，其元素和原型主要基於古代傳說、神祕主義，以及月亮和三重女神的嬗變力量，更深層的意象是為夢想中經常追尋的領域打開了一道門。

星星小孩塔羅牌
The Starchild Tarot
作者：Danielle Noel
出版：個人發行

星星小孩塔羅牌是一個具有獨特宇宙觀的世界，在牌卡繪製上有神聖的幾何、自我修復的療癒和古老的神祕學校。透過這些元素，以直觀創作，將套牌設計成一種轉化和自我反思的冥想工具。既復古又優雅，這樣的星空不像是我們平常看到的黑暗之夜，而是繽紛多彩的。

萬壽菊塔羅牌
The Marigold Tarot
作者：Amrit Brar
出版：個人發行

探討死亡的意義，由骷髏來展演生命中的希望。生命和花朵都會面臨腐爛，但我們曾經深深愛過它們！根據傳統馬賽塔羅的觀點，融合了偉特系統的詮釋，將塔羅牌帶領到另一個領域。讓我們從其他角度來看死亡，不也是一層心靈探索的啟示。

光之黑暗塔羅牌
The Darkness of Light Tarot
作者：Tony DiMauro
出版：個人發行

牌卡上呈現一幅幅貼近誠實的自然肖像，不會迴避黑暗的主題，而是擁抱它們，將黑暗與光明融合在一起，講述人類精神的故事。強調人與自然的共存，更與自然年曆對齊，讓小牌中的四元素與特定季節及時間的流動感相對應。

之間塔羅牌
In Between Tarot
作者：Franco Rivolli
出版：Lo Scarabeo

透過後記塔羅牌和前傳塔羅牌的觀點，把時間主題做了很好的發揮，讓大家見識了許多不同視角的塔羅牌奧祕。接下來推出的之間塔羅牌，探索了牌組中兩張連續牌之間所看到的樣貌，在它們之間的空間是一個神聖的、極限的領域，象徵著過渡和復興。

天使感召塔羅牌
Influence of the Angels Tarot
作者：Jody Boginski Barbessi
出版：US Games

這套具有古典邊框的塔羅牌，通過經典的藝術，將天使對人類的精神影響精美的描繪出來，傳達出天使的信息和象徵意義，而且在許多重要時刻裡都有天使的指導，默默的給我們許多祝福。

傳奇塔羅牌
I Am One Tarot
作者：Maya Britan
出版：個人發行

透過塔羅牌的訊息獲得讀者的潛意識，每一張牌的顏色都很強烈，圖像由奇特的形狀和流動的視覺影像構成，猶如置身奇幻的夢境，呈現出一種超越印象描繪的心靈感受。這副牌還有一項一特色，是將希伯來文符號標註於卡片右上角。

聖光塔羅牌
The Tarot of the Holy Light
作者：Michael Dowers & Christine Payne-Towler
出版：個人發行

係根據占星字母數字原型（Astro-alphanumeric）的概念繪製，所以在牌組當中有相當多神祕學的符號，包括星座、煉金術、生命之樹、神話與傳說，而且多數運用在與人的對應上，可以找找看這些符號跟人體、思想上有著什麼樣的微妙關聯喔！

原始叢林塔羅牌
The Wildwood Tarot
作者：John Matthews & Mark Ryan & Will
　　　Worthington
出版：Sterling Ethos

原始叢林塔羅牌是一套完整的七十八張塔羅牌組，由綠木塔羅牌（The Greenwood Tarot）重新設計而來。我們在這副原始叢林塔羅牌中看到了很多歐洲的古老觀念與森林傳說，因應故事的發展，有些塔羅牌的角色也被做了一些變動。

請掃描 QR code 欣賞各式塔羅牌

Chapter 2

悟
塔羅思維裡的明瞭

加強「連貫」：
打破學術、直觀、靈感解牌界限。

———

傳說中，塔羅牌有三大解法，

學術理論中的邏輯、直觀圖像上的體會，以及靈感深處的縈迴，

都有值得取法之處。

不如融會各大解牌重點，

將牌卡寓意以最適切的解說傳遞出來。

從此，你的解牌將不再是亂槍打鳥。

———

到底該怎麼讀牌？一直是塔羅牌愛好者的疑惑，然而很少有書籍能將塔羅牌的解牌過程具體化的描述出來，我相信不是塔羅界的大師和前輩們不願意告訴我們，而是因為塔羅牌的奧祕實在是無法用三言兩語來表達，再加上每個時代都有其獨特的溝通特色，如何能清楚又輕鬆的把塔羅牌上的意義對應到每位問卜者的問題中，並找出解答，實屬不易。正因如此，在撰寫這個單元的時候，我不斷苦思該如何下筆。寫多了，怕大家無法接受與吸收；寫少了，又擔心無法正確分析塔羅牌中的訊號。

　　關於解牌的方法，坊間大致上可分為學術、直觀和靈感三種，很多人習慣只挑選其一來進行解牌，但每一種方式都有其優劣之處，倘若在解牌時有所疏漏，不就無法正確解答牌義，給予問卜者適當的協助。因此，該如何融會貫通、相互加乘，才是最重要的，於是我特別整理出了五大解牌技巧，試著讓每個人能夠跟著我一步一步前進，踏上對的基石，就能鋪設出專屬於你的領悟之道！

解牌前的起手式

　　如果你問我，解讀塔羅牌到底有什麼訣竅？我的答案很簡單，其實只要找出自己習慣的脈絡就好。

　　好比求學的時候，大家都有寫過閱讀測驗的經驗，給你一篇文章，閱讀之後回答幾個問題，考驗你是否能夠抓出文章的重點。解題時，有些人會先認真看完文章再好好答題，也有人先看完問題再回過頭閱讀文章找答案，而不管採用哪種方法，其實都能夠作答，因此儘管用你習慣的方式應試即可。解牌也是如此。

　　隱藏在塔羅牌中的訊息，往往有很多不同面向的指引，需要有顆靈動的腦袋才能洞察先機。在這邊先和大家玩個聯想遊戲，用這個方式打破我們過去所看、所聽、所學，讓自己能以更宏觀的角度來看待不同的事情，並接納各式各樣的情緒。

聯想練習

　　請試著回答下列問題。

Q：說到萬聖節，你會想到什麼呢？（至少舉出一個簡單的形容詞或象徵物）

A：_____

　　你想到的是什麼呢？是南瓜、女巫，還是黑貓？

　　一般人的思考邏輯深受成長背景和生活經驗所影響，過去曾經接受到的資訊，會在我們心中留下印象，爾後再遇到類似的情況，就會以過去的經驗來套用，這就是所謂的「經驗法則」。以上述問題為例，講到萬聖節，你所想到的形容詞或象徵物是否出現在下頁圖中呢？

　　圖中列出的詞彙都和萬聖節有一定程度的連結，是我們提到萬聖節時通常會聯想到的東西。若你想到的是幽靈、南瓜、女巫、黑貓等，連接到的詞彙是「驚悚」。若你想到的是糖果、變裝、小孩，就是提取你腦中的「派對」

經驗了。答案也可能不是具象之物，在我的塔羅牌課程中有一位從事藝術設計工作的學員，他的答案是「橘色」，就和說起聖誕節會想到紅配綠一樣，優先會聯想到色彩方面的事，而這個答案也是源於他個人的經驗法則。

在進行塔羅牌解讀的時候，必須先將個人的經驗法則降到最低，才能順利以塔羅牌中的元素符號來正確進行分析。若能經常做聯想練習，變換不同的題目，以下圖的模式「擴大聯想」，也就是除了提列源自你經驗法則的答案外，還要多多思考其他的可能性，或是與其他人交流彼此的答案，就能漸漸打開看事情的角度。

同一件事會有不同的觀點，進而產生不同的做法，想要綜觀全局，就得學著擴大聯想，在這樣的練習之下，就能更順利的連結起牌卡與牌卡間的意涵，進而得出問題的解答了。

透過打破經驗法則的聯想練習，就能知道很多事物並不是只有一個面向，我們不能只陷入自己的「知識界限」之中，應該用較為客觀的方式來分析解讀每一次的牌卡內容，但我們的主觀偏見已經在不知不覺中扎根了，所以只求能在讀牌的瞬間稍作抽離，才能看到牌中的線索。

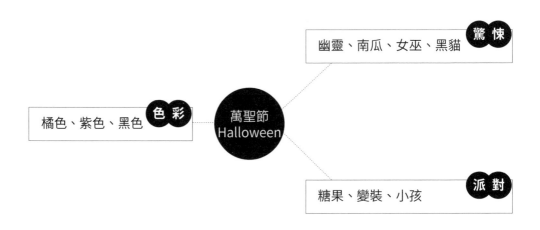

☙ 初探五大解牌技巧 ❧

腦洞大開之後，就可以進入正題了。

面對一組打開的牌陣，究竟該從何下手進行解讀呢？在這裡，我要教大家五種超好用的解牌技巧，請見下列：

◆解牌技巧一：**破題**→為問題立標題，馬上抓出關鍵點
◆解牌技巧二：**評估**→為運勢打分數，體現人生多層次
◆解牌技巧三：**連貫**→辨牌卡雙重性，發現主題延伸義
◆解牌技巧四：**依據**→融合各派學說，覺察塔羅同步性
◆解牌技巧五：**意向**→權衡輕重緩急，體貼問卜者心意

在經由五大解牌技巧的抽絲剝繭之後，重點就能清楚的被突顯，就像打開外表層層包裹的糖衣，慢慢就能觸碰到問題的核心。

找到舒心的解牌之道，啟動靈活的思考，再輔以五大解牌技巧，相信未來每一次的塔羅占卜解讀，對占卜師或問卜者來說，都是一次美好的體會。

為了讓大家能方便理解，並熟悉我所提出的五大解牌技巧，我設計了一個「五大解牌技巧檢視表」（如下），讓大家能夠透過這樣的練習，加快解讀的速度，釐清塔羅占卜過程中的解牌順序，避免看到牌陣後老是抓不到頭緒，陷入一陣忙亂。在後面的練習題中，也會放上表格在一旁協助，你可以跟著每一個技巧的說明練習看看，等你練到爐火純青的境界時，這張五大解牌技巧檢視表便化為無形，而五大解牌技巧也就能成為你的直覺反應，為你所用了！

五大解牌技巧檢視表

1. 破題：核心牌為				
2. 評估：好有幾分	80%	60%	40%	20%
3. 連貫：內外影響	理性	感性	個人	他人
4. 依據：挑選解法	關鍵字	直覺式	故事性	神祕學
5. 意向：改變與否	有		無	

破題——為問題立標題，馬上抓出關鍵點

要訣：哪裡不一樣？找出核心牌！

———————

　　每位塔羅占卜師都希望開口的第一句話就擊中問題核心，除了能讓問卜者建立起對你的信賴之外，對占卜師本身而言，能快速釐清接下來要解讀的方向是非常重要的事。

　　我在《塔羅事典》中提到了一個很重要的觀念，就是**核心牌的建立**。在每一次的解讀過程中，這代表標題的重點，是整副牌卡的精神所在，就如同看一則新聞報導，人們通常先是被標題所吸引，再來才會仔細看完內容，甚至有人是從標題來決定該則報導是否值得花時間閱讀，無法引起注目的標題，根本連瞧都懶得瞧，由此可見標題的重要性。標題的概念很適合運用在解牌上，為解牌做出第一步的判斷，當我們一開始就抓出關鍵點後，很快就能發現問題的主因，對後續的解讀非常有幫助。

　　找出核心牌有四大祕訣：

◆第一順位：正逆位所顯現的數量
◆第二順位：好壞的意義、背景色彩的強弱
◆第三順位：二十二張大牌或五十六張小牌的比例
◆第四順位：火、土、風、水四大元素的差異

　　每一個問題所翻出的牌陣中只會有一張核心牌，當你採用第一順位的方式就判定出核心牌的話，便不需再採用第二順位的方式了，唯有當無法判定的時候，才會依序往下走，直到找出核心牌。

❧ 第一順位：正逆位所顯現的數量 ❧

　　找核心牌有一個很重要的概念，就是找出不一樣的牌！當我們翻完牌後，最容易察覺出差異的地方就是牌卡的正逆位，所以將此列為第一順位。當一張牌卡明顯與其他牌卡方位不同，必然揭示了一些很重要的訊息，表達了一種不同於表象的情緒。

　　以大家常使用的聖三角牌陣（時間之流占卜法，詳見 p99）來說，因為只有三張牌卡，很容易就能看出其中的正逆位。請看下圖聖三角牌陣的案例，欲求知未來的狀況或發展是否還不錯，該怎麼解呢？在過去的位置上出現了權杖 4 牌逆位，現在是力量牌逆位，未來則是世界牌正位，我們很快就能發現三張牌卡中有兩張逆位牌與一張正位牌，所以答案就是**正位的世界牌，它就是這個牌陣的核心牌**。對應世界牌的牌義，你可以下這樣的解牌標題：「象徵圓滿達成的世界牌，告訴我們未來可能會有好消息發生喔！」現在已經瞭解了主題，再回頭分析其他兩張牌所帶來的訊息及提醒，就更能掌握方向了。

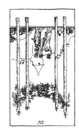

權杖 4 牌逆位

力量牌逆位

世界牌正位

♨ 第二順位：好壞的意義、背景色彩的強弱 ♨

看了上面的核心牌案例，應該對核心牌運用有了一些基本的瞭解。當我們找到核心牌之後，就能大致知悉整個問題的走向是好是壞，甚至有些牌卡還能指出問題是出在人為干擾，還是環境的改變。

然而，當牌卡全部是正位或全部是逆位時，又該如何判定核心牌呢？

請見下圖牌陣案例所示。這次採用的是牌數較多的選擇題牌陣（二擇一占卜法，詳見 p99），當牌陣中正逆位都不只出現一張牌的時候，還是先以第一順位的概念來判斷，以下列牌陣來說，有三張逆位牌和兩張正位牌，在核心牌的破題概念之下，先找出不一樣的，因此核心牌將會出現在兩張正位牌中，也就是寶劍 4 牌和寶劍國王牌，但是，哪一個才是真正的核心牌呢？

這個時候，就要以第二順位的原則來判斷，請依牌義的好壞及背景色彩的強弱來判讀。寶劍 4 牌象徵「休息」，而寶劍國王牌意指專業人士，代表「指揮」，相較兩者的好壞強度，**以寶劍國王牌較為突出，所以它就是這組牌陣的核心牌。**

你會怎麼為這個問題下標呢？依據寶劍國王牌的牌義，我的見解是：「整

聖杯10牌逆位

愚者10牌逆位

寶劍 4 牌正位

寶劍國王牌正位

錢幣 6 牌逆位

個問題的走向和能夠掌握全局的有力人士有關。」這樣就能抓到重點了。

不過，牌義的好壞強弱在每個人的想法中可能會有一些不同的見解，這時可以用傳統偉特塔羅牌中的背景色彩來輔助。

在傳統偉特塔羅牌之中，主要有四種顏色——黃、藍、灰、黑，各個都有自己的好壞意義，分別如下圖所示。

◆**黃背景代表「光明」**：牌卡中的黃色背景充滿了活力與喜樂，是一種希望的象徵，如魔術師牌、權杖 3 牌、錢幣國王牌等。

◆**藍背景代表「平靜」**：藍色是天空的顏色，給人廣闊、放鬆的感覺，能為我們開啟智慧思緒，做出反應與決定，如隱者牌、聖杯 7 牌、權杖騎士牌等。

◆**灰背景代表「過渡」**：是平實溫暖的穩重色彩，能使情緒安定下來，接受當下，並為將來的再出發做準備，如教皇牌、寶劍 4 牌、聖杯隨從牌等。

◆**黑背景代表「沉重」**：彰顯了負面情緒中的恐懼、擔憂，令人感受破壞與壓力，如高塔牌、寶劍 9 牌、錢幣 5 牌等。

在此要特別提醒的是，找核心牌是要找出不一樣的那張牌卡，但千萬別掉入人類大腦總想趨吉避凶的傾向，光找好的，而忽略了其實是要找**不同**的。

黃：光明　　　藍：平靜　　　灰：過渡　　　黑：沉重

聖杯9牌逆位
背景：黃

核心牌

太陽牌正位
背景：藍

聖杯隨從牌正位
背景：灰

權杖2牌逆位
背景：灰

權杖1牌正位
背景：灰

再用一組選擇題牌陣（二擇一占卜法）來做分析。如上列牌陣案例所示，一開始還是要先確認所有牌卡的正逆位，一共是兩張逆位及三張正位，所以核心牌就會從這兩張逆位牌中出線，分別是聖杯9牌及權杖2牌。若就牌義直接解讀，聖杯9牌逆位代表「虛假」，權杖2牌逆位表示「焦慮」，兩張牌卡都較為負面，到底誰才是這組牌陣的核心牌呢？這時就得參考背景色彩了。聖杯9牌的背景為黃色，權杖2牌的背景是灰色，展現光明的黃色比描繪過渡的灰色搶眼，**所以這組牌陣中的核心牌就是聖杯9牌**。想想，當聖杯9牌出現逆位時要提醒我們什麼事呢？解牌標題就是：「你所擁抱的這些虛假會讓你有踏實感嗎？」

聖杯騎士牌正位
背景：藍

戀人牌逆位
背景：黃

寶劍 7 牌逆位
背景：黃

寶劍 3 牌正位
背景：灰

聖杯 6 牌正位
背景：藍

🦋 第三順位：二十二張大牌或五十六張小牌的比例 🦋

基本上，用第一順位及第二順位就能解答出大約七成牌組的核心牌，但塔羅牌有趣的地方就在於它反應了千變萬化的人生，當然就會有千萬種的變化，所以還是會遇到無法以上述兩種方式找出核心牌的狀況。此時，可嘗試第三順位的方法：以大小牌的比例尋找出核心牌的認定指標。

如上列牌陣案例所示，先以第一順位來觀察，共有三張正位牌及兩張逆位牌，於是你會知道這次的核心牌將出現在兩張逆位牌之中。接下來，用第二順位的方法來分析牌的好壞，戀人牌逆位象徵「選擇」，寶劍 7 牌逆位代表「投機」，兩張牌卡都是較為負面的意義，而它們的背景顏色又都是黃色，這樣不就無法分出高下了？不需要傷腦筋，此時，我們可以利用第三順位的方法來輔助，以大小牌的比例來判定。在這組牌陣中，就只有一張戀人牌為大牌，其他四張牌卡都是小牌中的角色，所以**核心牌就是戀人牌**了！解牌標題就是：「每一次的決定其實都是一種選擇，在每個當下也可能會有不同的想法與做法。」寓意做人不見得需要八面玲瓏、盡如人意，只求過得了自己心頭那關即可。

❧ 第四順位：火、土、風、水四大元素的差異 ❧

凡事豈能盡如人意，有時也會遇到比較棘手的狀況，偶爾確實會有試了前三個順位方法都找不出核心牌的情形，這時就要看看每一張牌卡所對應的元素屬性了。

如下列牌陣案例所示，是一組牌相相當不錯的牌組，但我們還是來找找看哪一張牌是核心牌吧！因為整組三張牌都是正位顯示，又加上所有的牌卡都是好牌，背景色彩也都是黃色，而在大小牌的區分上也全都為大牌。這個牌組正是碰上了無法透過前三順位方法找到核心牌的狀況，於是我們來到第四順位的方法，從牌卡對應的四元素來察覺其中的端倪。

戀人牌對應「風」元素，戰車牌對應「水」元素，魔術師牌則是對應「風」元素。看到這裡，你應該已經知道哪一張是核心牌了吧？能找出其中不同之處的就是核心牌，因此**戰車牌為這次牌陣中的核心牌**。解牌標題是：「整裝待發的戰車，已經準備好迎接未來的勝利！」有了這樣的標題，接續的解讀應該就不成問題了。

戀人牌正位
風元素

戰車牌正位
水元素

核心牌

魔術師牌正位
風元素

找出核心牌的目的就是幫我們在牌陣之中看出重點，在翻牌的瞬間立刻能對應問題的主軸關鍵，有效且快速的將牌義串連解讀。在尋找核心牌的過程之中，我們也能再次檢視自己對每張牌卡的認知，包括牌義關鍵字、場景與色彩、四元素屬性等。透過一次又一次的練習，相信你一定會跟手中的這副塔羅牌靠得更近！

五大解牌技巧檢視表

1. 破題：核心牌為				
2. 評估：好有幾分	80%	60%	40%	20%
3. 連貫：內外影響	理性	感性	個人	他人
4. 依據：挑選解法	關鍵字	直覺式	故事性	神祕學
5. 意向：改變與否	有		無	

評估——為運勢打分數，體現人生多層次

要訣：善用優劣評分準則評估好壞程度。

　　時常有人一翻牌就急著想知道答案是好是壞，但世事不能單以二分法來區分，沒有絕對的好，也沒有百分之百的壞，因此我們又怎麼能對好壞妄下定論呢？若你想成為一位塔羅牌占卜師，有個道理一定要知道：人生本來就沒有所謂的好壞，只是各有姿態。

　　事情的本身是沒有好壞之分的，決定好壞的是人！每個人有各自的生活背景和人生經驗，經常會把自己的習慣、喜好及感受投射在其他人事物上，形成對該人事物的評價，而這樣的評價其實並不是很客觀的，因此我們在運用塔羅牌時，需要將個人的主觀意識降至最低。當然，你依然可以保有自己的價值觀，我的意思並不是要你拋棄自己意識，而是在解牌時必須盡量屏除自己的好惡，才能讓塔羅牌的真實訊息得到充分而完整的闡釋。

　　塔羅牌顯示了每個人對於問題的情緒反應，而情緒的種類很多，本來就千奇百怪、五花八門。為了區分好壞的程度，必須拉出更多的分層光譜，就如同顏色一樣，紅色中還有粉紅、桃紅、暗紅等，又譬如要形容喜悅，會用開心、很開心、超開心等來表達程度的差異，我們可以將此運用在評估牌陣的強弱上，有助於更精準的掌握問題。

　　整套塔羅牌就是人生縮影，人生中的事件並非都是大好或大壞，就像樂透有大大小小各種等級的獎項一樣，七十八張塔羅牌也是如此。我自己在解

壞　　　　　　　　　　　　　　　　　　　好
　　　　　20　　40　　60　　80

牌的過程中，不喜歡把 0 與 100 兩個極端放進分析之中，所以我會用 80%、60%、40% 及 20% 四個等級來評價好壞（如左頁圖），藉以判定問題的優劣程度。當然，這種分法不能代表所有的狀態，但從我與課堂學員的互動經驗中發現，這樣簡單的優劣評分準則已經足以平復翻牌時造成的慌張感，並能快速的為這組牌做出基本的判別，指引出正確的解讀方向。

我用先前提過的牌陣案例來做個示範，相信你就能更加瞭解了。在我示範之前，請先想想看：一組聖三角牌陣（時間之流占卜法）的顯示如下，你會怎麼評分呢？光是看到三張牌中有兩張逆位牌，就覺得是負面情緒的反應，所以認為這組牌顯示為很不好的意思嗎？

你的心中有答案了嗎？接下來，我們將透過這組牌陣學習如何「評估」，而在評分的過程中請掌握下列三大原則：

◆原則一：綜觀全局
◆原則二：強弱屬性
◆原則三：正逆顯現

權杖 4 牌逆位

力量牌逆位

世界牌正位

⚘ 原則一：綜觀全局 ⚘

　　當一組塔羅牌陣展開後，請快速掃瞄過一遍，以你自身對塔羅的瞭解先將牌義釐清。在前頁範例中，權杖 4 牌代表「穩固」，力量牌意指「勇敢」，世界牌的意涵為「達成」。先別在意牌卡的正逆位，把基本的牌義回憶起來，你就會知道這三張牌所組合出來的解答應該是比較正面的，反映在優劣準則中就會往好的方向判定，約略在 80% 至 60% 之間。

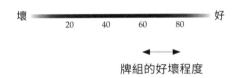

牌組的好壞程度

⚘ 原則二：強弱屬性 ⚘

　　何謂牌卡中的強弱屬性？簡單來說，就是指牌義的力道強弱，或是關鍵字的直接或溫和程度。在閱讀或溝通的時候，有的字詞會給人很篤定的感覺；相對的，也有的字詞傳達出的感覺是輕緩的，給人較為中性的感受，也比較沒有這麼絕對的氛圍。在前頁牌陣中，除了世界牌的「達成」清楚表現出好的狀態外，權杖 4 牌的「穩固」及力量牌的「勇敢」相對的就比較弱化，於是乎就不會是 80%，而往 60% 移動了。

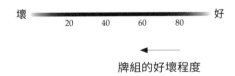

牌組的好壞程度

⚘ 原則三：正逆顯現 ⚘

　　最後，依照牌陣中所出現的正逆位牌卡數量來進行最後的確認。逆位的牌卡大多是表現出問卜者在發問時傳遞出的一些負面能量，但偶有不好的牌義轉向為正，所以也無法一言以蔽之。就前頁牌陣來說，三張牌卡原本的牌

義都算不錯，但有兩張為逆位，因此我們在做好壞評分時就會往 60% 的地方走了。但要特別注意，為什麼結果不會再往更差的方向走呢？這是觀察牌卡本身及相互結合的牌義而得出的結論，若明明沒有出現極差的牌卡，像是死神牌、寶劍 3 牌等，卻要把牌相說得很不好，那就很容易造成解讀上的失準了。

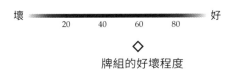

牌組的好壞程度

所以，用上述三原則來分析，就可以知道這組牌陣的好壞優劣程度為 60%，而這個判讀結果便可當作你在拿捏遣詞用字時的依據。我常告訴我的學員們，塔羅牌要解得好，有賴良好的文字運用和表達能力，往往不是自己解不準，而是未能精確選用恰當的形容詞來表達，所以要多閱讀及獲取新知，除了能增進更多知識之外，也能幫助自己在塔羅上的釋義。

五大解牌技巧檢視表

1. 破題：核心牌為				
2. 評估：好有幾分	80%	60%	40%	20%
3. 連貫：內外影響	理性	感性	個人	他人
4. 依據：挑選解法	關鍵字	直覺式	故事性	神祕學
5. 意向：改變與否	有	無		

連貫——辨牌卡雙重性，發現主題延伸義

要訣：判斷屬性→兩兩相連→故事延伸→主題顯現

瞭解了如何利用核心牌破題，加上透過評分來辨別牌的好壞程度，已經指引出塔羅解讀的大方向了，接下來要進入個別牌義的解讀，以及牌與牌之間又該如何連貫，而透過這套「連貫」的技巧，便能揭露出整個牌陣的完整主題！

❧ 破解牌卡雙重性 ❧

同樣一件事，在不同的角度面向之下，當然也就有不同解法。假設每一張牌都是我們生活中發生的場景，當中的角色一定也跟我們一樣同時存在著感性與理性，所以同一張牌在解讀不同問題時，就有可能出現不同的答案。例如抽到皇帝牌，擁有權力又負責的他，反應在工作上代表會有很好的進展，但在愛情中可就不是這麼一回事，身穿盔甲的他，可是會將感情面做切割的喔！所以，判讀時必須留意牌卡的雙重性，想想這張牌在這個牌陣的選項到底是什麼！

在判讀的時候，要留意自身情緒的干擾。有句話說：「先處理情緒，再處理事情。」這是因為不穩的情緒會對事件造成相當程度的影響，在塔羅占

圖一

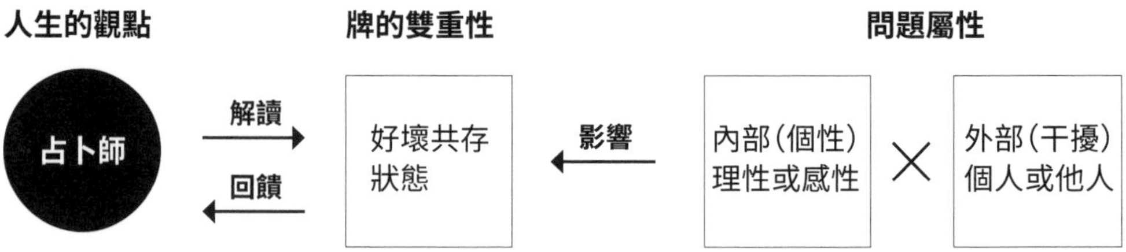

人生的觀點	牌的雙重性	問題屬性

占卜師 —解讀→ 好壞共存狀態 ←影響— 內部（個性）理性或感性 ✕ 外部（干擾）個人或他人

占卜師 ←回饋—

卜上尤其如此。因為塔羅牌基本上就是透過我們經歷事件後在潛意識留下的聲音，藉由圖像反應出來，並預測未來的狀況進展，所以自身的情緒干擾對於一組牌陣的解讀將造成很大的影響。

為了避免自身情緒的干擾，要先將問題做一些分析與歸納。由圖一可知，牌卡所對應的問題屬性分為內部影響（理性或感性）和外部影響（個人或他人），在破解牌卡雙重性的時候，要先判斷問題屬性的內外影響，再將內外影響的狀態做出歸納，如圖二。

承續前面提到的皇帝牌例子，若此時占卜的問題為：「我被公司派去國外工作，在那裡發展要留意什麼？」在這樣的想法之下，我們可以發現問題的屬性比較偏重理性的思考，在外部的干擾上，看來是他人的決策較多，此時問題的「明確性」就更為重要了，所以占卜師可以直接運用皇帝牌中的正向解讀給出建言：在工作上受肯定、有企圖心，或未來有機會取得領導位置等。

但是，若問題變成：「我被公司派去國外工作，會影響與家人之間的感情嗎？」這時狀態就變為感性的想法了，但外部的干擾還是依他人的計畫為主，此時「衡量性」的取捨在相形之下重要許多，而皇帝牌在情感面較為負面，解讀為大男人、主觀意識及固執，這些都有可能在未來造成與家人的摩

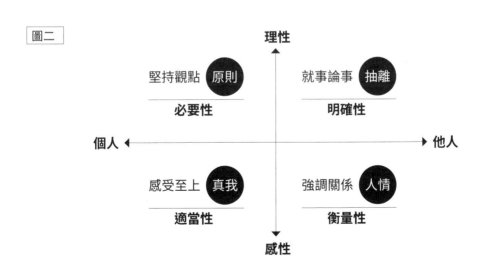

圖二

理性

堅持觀點 原則　　　就事論事 抽離
必要性　　　　　　　明確性

個人 ◀　　　　　　　　　　　　▶ 他人

感受至上 真我　　　強調關係 人情
適當性　　　　　　　衡量性

感性

擦或衝突，需要多加留意。

　　對問題屬性做出判斷和歸納後，可以讓問題的輪廓更為清晰，減少人本身意志的干擾，真實的答案才能更顯而易見。針對圖二歸納出的四大類狀態，我整理出一套解牌上的建議，相信對你的判讀和應對會有所助益。

「理性與個人」的內外影響→原則

　　每個人都有自己的觀點與想法，在塔羅占卜的解讀上，很多人會不知不覺帶入主觀意識，當我們覺得唯有自己的想法是正確的時候，就很難聽進別人的聲音，說好聽一點是有所堅持，但不也有可能是堅持己見嗎？所以當「理性」碰上「個人」的時候，影響問卜者的重點是「必要性」，而「原則」問題就是翻牌時需要好好考慮的。

「理性與他人」的內外影響→抽離

　　若問題是關於自己能掌控的部分有多少，就表示這件事會受到他人的影響，再加上理性思考後，影響問卜者問題的重點就是「明確性」，以就事論事的觀點，不拖泥帶水的處事方式，將能明確指引出解決之道。此時，要特別注意在抽離的情緒中是否有壓抑的狀況發生，這在牌卡之中也會有所反應，占卜師可以觀察其中的心情變化。

「感性與個人」的內外影響→真我

　　很多人都在提倡做自己，但真的是做自己，還是反社會呢？在感性與個人的內外影響上，「適當性」便是要特別去探討的主題，到底「我覺得」真有那麼重要嗎？還是放下情緒，平靜看待事情發展比較好？因為如果我們賦予一件事情太多想像，最後不如預期往往就會覺得失落，以致產生情緒波動，有一句大家常常掛在嘴邊的玩笑話：「不期不待，沒有傷害。」其實滿有道理的。

「感性與他人」的內外影響→人情

「有關係就沒關係。」是我們常聽到的一句話，尤其是在職場之中，攀親帶故往往能讓事情進行得順利一些。這說明了感性與他人的內外影響著重於「衡量性」，該如何在公事與私情間拿捏比重，還有在思考事情時要在對方立場與問題本身之間取得平衡，都需加入人情因素來評估。問卜者有時會在不知不覺中站在自己立場講話，忽略了還有他人感受所導致的限制，因此占卜師必須特別留意這方面的問題。

總之，翻牌後要先對應問題，將人的心意、問題的方向及牌的指引簡要梳理之後，劃分出一個解說之道，才能運用這個引導朝著目標接續說明，讓塔羅占卜裡的建議能符合問卜者的真正需求，而不是講一些大家都知道的道理，卻不一定能與問題產生共鳴。

現在學會應對牌的雙重性之後，接下來就能進一步將牌與牌之間的意義連貫起來了。

◥ 牌的連貫：1＋1 鎖鏈解牌法 ◤

在進行塔羅牌解讀時，大家普遍認為最困難的部分，就是如何把一張張塔羅牌的意思串聯在一起，變成一套能夠對問卜者清楚說明的話語。我常跟學員們分享，要由一張塔羅牌就理解問卜者的答案，其實是有難度的。基本上，起碼得用兩張或兩張以上的牌卡一起看，才能精確瞭解塔羅牌中的意涵。因為一張牌卡有時僅能夠告訴我們當下的狀況，無法全面理解事情的前因後果，所以多幾張牌來進行分析是非常必要的。然而，一次要解讀多張牌卡，不是每位占卜師都能在短時間內把正確的訊息布達出來，所以我們可以從「1＋1」兩張牌卡開始練習，先串接起兩張牌卡的意義，再往後一一連貫，就可以如同拼圖一般，一塊又一塊拼湊出完整的主題，然後給予問卜者建議了。

我稱這種解牌法為「鎖鏈解牌法」，顧名思義，就像鎖鏈一般環環相扣，讓牌卡的解讀不再是一張張呈現，而是 1＋1。這個方法很簡單的，只要懂得「文字造句，故事延伸」，就能掌握連貫的技巧。

1＋1鎖鏈解牌法實例演練

　　我們就用先前所提的牌陣範例來做個練習，一組選擇題牌陣（二擇一占卜法）的顯示如下圖所示。

　　先用灰色的環將塔羅牌兩兩相連，就像用一條鎖鏈將牌卡分別連接在一起。如此一來，除了能知曉單張牌卡的意義外，還能應用故事延伸的方式來擴大塔羅牌所提醒的訊息，解讀出更貼近問題的答案建議。

　　鎖鏈解牌法就好比寫作文時會運用的起承轉合技巧，該如何把故事說得完整，可能會用到一些成語典故，也可以把自身經驗當成素材來加強印象。接下來就用我所提的1＋1鎖鏈解牌法來解解看，究竟兩邊的故事線會怎麼發展呢？

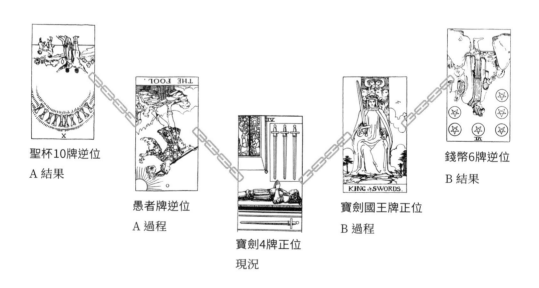

聖杯10牌逆位
A 結果

愚者牌逆位
A 過程

寶劍4牌正位
現況

寶劍國王牌正位
B 過程

錢幣6牌逆位
B 結果

Step 1

從中間代表現狀的牌開始看起，寶劍4牌是「休息」的意思，加上牌陣左側設定為選擇A過程的愚者牌是逆位，其意為「任性」。試想想故事會怎麼發展呢？根據牌義，我會如下開始延伸故事：在通往選擇A的路上總是不斷發生一些反覆不定的狀況，讓人容易產生情緒波動，因而出現任性的情況，以至於現在問卜者才會產生想要暫停一下的想法，需要讓自己有個喘息的空間。

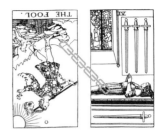

Step 2

接下來又繼續將鎖鏈往下接，愚者牌的逆位是「任性」之後，緊接著是聖杯10牌的逆位，寓意「不合」，這張顯示的是選擇A的結果。看到這邊，你覺得故事會怎麼發展呢？很明顯的，答案會是好的嗎？我想不是吧！在這樣不如意的情緒之下，能有好的處事態度嗎？後續的預測會顯示出不順利，也就可想而知了。

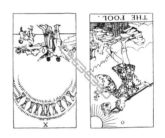

Step 3

那麼，另外一邊的選擇B又如何呢？讓我們再度回到中間代表現況的那一張牌，寶劍4牌是「休息」的意思，在象徵B選擇過程的位置上，出現了寶劍國王牌，是專業人士的顯像，有著「指揮」之意。所以故事要怎麼串接呢？明明身懷專業技能，現階段卻想要休息，是不是可以視為目前沒有工作能量，但別人還是覺得你是有點本事的？

Step 4

最後，讓我們一起來看看選擇 B 的結果如何吧！過程翻出了寶劍國王牌，有「指揮」的意涵，接著出現了錢幣 6 牌的逆位，象徵著「自私」。牌面圖像十分生動的描繪出錢不願意拿出來分享給窮人的樣子，表達出這個問題在金錢與務實上都有相關性，看來是無法在物質層面得到滿足。

Step 5

得出總結：休息是目前最需要做的事，兩邊的選擇都不是最好的。但若問卜者非得要選一邊，從牌陣中的顯示來看，B 選擇的狀況會好一些。

五大解牌技巧 檢視表				
1. 破題：核心牌為				
2. 評估：好有幾分	80%	60%	40%	20%
3. 連貫：內外影響	理性	感性	個人	他人
4. 依據：挑選解法	關鍵字	直覺式	故事性	神祕學
5. 意向：改變與否	有		無	

依據──融合各派學說，覺察塔羅同步性

要訣：融會貫通，截長補短，擇其善者。

在占算塔羅牌的時候，雖然過程是輕鬆的，但絕不能以玩樂的心態來進行占卜，諸如「反正也沒什麼事，就來算看看啊！」、「塔羅牌好像很好玩，算一下吧！」之類的想法都是不宜的。其實說真的，如果你的人生都能好好掌握在自己手中，那又何必來算塔羅呢？就是當我們遇上困擾與煩惱，才會想到透過塔羅來釐清自己的心境、看清環境的干擾，或是搞懂某人的心意，因此在占卜的瞬間每一位塔羅占卜師都涉入了命運的牽絆之中，必須要對問卜者的問題全然的尊重，以自身所知所學盡力將塔羅牌上的訊息忠實呈現。

但是，通常就在這裡卡住了！無論是從書上學到的，還是去拜師學藝瞭解的，亦或是上網爬文來的，這些解法到底要怎麼實際運用在解牌上呢？

◦◦ 傳說中的三大解牌法 ◦◦

若你學習塔羅牌已有一小段時間，可能曾聽說解牌可歸納出三種方式，分別是學術、直觀及靈感。我們先來看看這三種方法各有哪些優缺點。

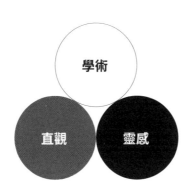

「學術」解牌法→選擇細節，取捨道理

　　將自身所學關於塔羅牌的知識都運用在解牌上，像是每一張牌的關鍵字、正逆位與牌陣關聯性、牌卡人物的由來、塔羅牌的歷史進程等，可說是最科學的塔羅占卜解牌法。認真的學習者還會將占卜經驗做成統計表來進行分析。透過一次又一次的練習，把牌義和牌義連貫在一起，這個方式的確能讓許多新手透過累積經驗而更懂得牌中所要溝通的話語。

　　但學術解牌法有一個缺失，就是很容易因為過度專注於解讀牌義，而忽略了問卜者的情況。解牌不該像解謎一樣，只是一股腦兒的投入在牌陣中，還要關心前方的問卜者是否有什麼訊息要傳達給你。如果錯失了與問卜者的互動，即使解出來的答案是正確的，卻不一定能提供對方有效的協助。切記，解牌不是在布達什麼人生大道理，而是要幫助問卜者找到適切的答案，你講得口沫橫飛，對方真的能聽進去的又有多少呢？所以，若你慣用學術解牌法，講解時請適時停頓一下，讓話語權回到問卜者身上，會讓你的解讀更有溫度。

「直觀」解牌法→選擇感受，取捨順序

　　直接觀察牌卡中所表現出來的樣貌，就是直觀解牌法。如果你對塔羅牌還要分正位、逆位，覺得十分困擾的話，或許可以試試這個解法。

　　我們對色彩與圖像的感受，通常與個人經驗有關，像是兒時回憶便對我們人生各階段都有長足的影響，所以這個解法尤其適合對色彩和圖像有特別感受者。

　　在著重感覺的直觀解牌法中，常把牌中的場景、角色、人物及物件等元素拆解開來，讓每一個元素都是獨立存在的，因此有許多塔羅牌的藝術創作者得以打破傳統樣貌框架，畫出許多令人眼睛為之一亮的塔羅牌。

　　看到什麼就說什麼，也是直觀解牌法的重點之一，所以占卜師對元素圖像的感知就變得相當重要了。換言之，對於一個物品的形容詞能否與問卜者的問題產生共鳴和對應，就是占卜師必學的課題了。

　　運用直觀解牌法的時候，占卜師對自己手中的牌卡是否熟悉，馬上會被

問卜者看出破綻，所以挑選一套自己真的很喜歡的塔羅牌，相對來說就顯得很重要。另外，還要留意是不是太過著重於感受上的分析，對於問題的實際面也要適時予以說明，才不會流於抱怨、抒發而已。

「靈感」解牌法→選擇靈性，取捨現實

　　這是大部分中古世紀靈媒所使用的占卜解牌法，對當時的人們來說，可說是一種魔法吧！由此可知，使用靈感解牌法的占卜師通常會有類似靈異體質的通靈感應。這種感應可能是天生的，也有人靠後天的修行而來。不過很多占卜師覺得這種解讀法太過空靈，不可以因為沒有靈異特質就否定自己探索未知的可能，如果有這樣的想法，只是把自己的眼界給局限住了。

　　在靈感解牌法中，占卜師常會感應出不是問卜者想問的問題，因而突然岔出話題，反倒無法具體說明牌卡上的訊息，讓問卜者聽得一頭霧水，或是一味講述感應到的事而忘了給予問卜者務實的意見。這是靈感解牌法容易發生的問題，因為占卜師感應到什麼就說什麼，資訊破碎又無法整合，講了許多與問題無關的事，讓問卜者覺得占卜失準，其實不是的。在我教授的學員中也有具有靈性感應者，他們表示透過靈性感應所看到、聽到的訊息是跳躍而片段的，而針對這樣的狀況，我的建議是占卜師必須加強統整能力，先自己拼湊好所得的訊息，再傳達給問卜者。

🌿 融合式解牌法，加乘出精準答案 🌿

　　稍微瞭解了上述三種塔羅解牌法之後，有一些學員會將自己歸類到某一個項目之中，好像加入了一個派別，但其實在一次完整的解牌中，不會只單單用到一種解牌法，而是融合了很多不同的技巧，就如同要炒出一盤好菜，除了需要有主食材，還要添加鹽巴、醬油、米酒等調味料，才能烹煮出一道色香味俱全的佳餚。所以我在教授塔羅牌的課程時，會告訴我的學員們，不要把解牌方法視為一種門派，而是要將各種解法看作是各種成分，分別是關鍵字、直覺式、故事性與神祕學，而在解牌的應用上，每次最少要使用兩種

或兩種以上的成分來協助解讀。當我們在交互運用與思考的同時，就能補足每一個方法的優點與缺憾，讓解讀更為精準。

　　不同於先前三種解牌法的獨立存在，而是要將這四種成分融會貫通、心領神會。未來，只要能將這些解牌的方法都熟練，存進我們的大腦資料庫中，當我們要使用的時候，就能運用自如了。

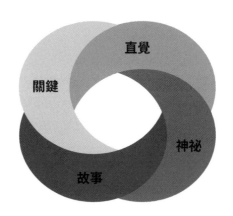

「關鍵字」解牌法→著重邏輯推演

　　「這張牌卡代表的是什麼意思……」接觸過塔羅牌的人，一定聽過這樣的說法吧！這就是所謂的關鍵字解牌法，不見得要死背一張牌所對應的一個詞或一個字，而是當你想起這個字詞的時候，可以喚醒腦子裡的記憶，彷彿這個字詞是一個開關，你一念出它就能把腦海中相關的事物提取至眼前，把此牌的知識推到意識的最上層。簡言之，讓關鍵字成為一個提醒，喚醒一切與此牌有關的學問。

　　如何讓關鍵字成為解牌祕訣，端看每個人對牌卡的認知與獲得，而每個人也都能設計自己的個人牌義，可以和大家一樣，也可以與眾不同，只要主

要意涵不走偏，每個人都可以用自己習慣的語詞來形容感受的差異。例如被寶劍貫穿的寶劍3牌，是反映了沉痛的傷心，還是你覺得雖已被傷害卻也沒想像中的痛苦？這些都可以依照個人的經驗與體會而定義出來。在本書最後會附上一張「塔羅單字速斷表」給大家參考，作為提點牌義的工具。

「直覺式」解牌法→著重覺察感受

當我們翻開一組塔羅牌陣之後，明明牌卡的指向不是壞的，但是占卜師就是會有一種特別的感應，覺得狀況可能不是這麼單純，或許有著更大的祕密，甚至隱藏著一些問題，而此時就該相信自己的直覺。在學習塔羅牌的過程中，我們會在無形間打開敏銳度，任何情緒或動作的反應其實都顯示出一些訊號。畢竟塔羅牌探究的就是潛意識的顯像，因此在這個當下就直接說出自己所感受到的疑問吧！

為什麼占卜過程中會有特別的感應呢？也許是受到攤在桌面上的塔羅牌卡影響，其中某些圖像觸動了你與問卜者的共同記憶，所以就會碰撞出一些情緒共振，而此時直覺的反應就強過牌義所呈現的重點了。例如，明明問卜者的問題是愛情能不能復合，而翻牌出現象徵「達成」的世界牌，理當是要往好的方向解釋，但別忘了世界牌也是塔羅大牌中的最後一張，代表已經走完一個旅程了，這時若你又感覺到不該只是這樣讀牌，便更要把這層意涵傳達給問卜者，請務必體悟自己的覺察，因為或許已經修為圓滿的兩人，現在分開才是最好的安排。但要注意的是，這種直覺必須建立在對塔羅牌知識有充分瞭解之上，不然只靠暫時性閃過腦海的訊號，不是每次都能正確掌握到天外飛來一筆的靈感。

「故事性」解牌法→著重想像開發

塔羅牌本身就充滿了很多故事，每張塔羅牌都是一個個瞬間的快照，記錄了當下的狀況，而在牌卡中還蘊藏了古早流傳下來的希臘神話、星座寓言或古意佚文等，這些都有助於解牌時的問題對應，透過這些故事能夠發現一

些人生體悟，進一步讓問卜者瞭解目前的狀況。

其實解讀塔羅牌的過程就像是在編織故事，藉由你知悉的故事去延伸，創造出高潮迭起的劇情，讓問卜者在聽你說故事的過程中慢慢感受自己的心境，去發掘故事主角們的心態、決定與作為，而這些其實就是自己目前景況的映射。

一則精彩的故事能讓人產生同感，發現自己不也正經歷著和主角一樣的事件、身陷一樣的困境，因此擁有良好的說故事能力也是塔羅占卜師相當重要的技能，必須將問卜者片段與破碎的資訊、單一而雜亂的心意，好好編織成一個能實際執行的做法與建議，然後透過故事的引導來潛移默化，最後把故事的各種結局攤在問卜者面前，讓問卜者自己去感受、去決定，這部關於自己的故事該怎麼走下去，打造出屬於自己的 happy ending。

「神祕學」解牌法→著重圖像啟示

有別於關鍵字解牌法是運用塔羅牌蘊含的字詞來解牌，神祕學解牌法則是運用塔羅牌中的元素及圖像來拆解說明。每一張塔羅牌中的每一個元素圖像都有其典故，例如魔術師桌面上的四個物件，代表著他能夠自由運用和變化，如同創造出世界所需的火、水、風、土四元素一樣，也告訴了我們：在生活之中，要學會運用身邊的資源，巧妙的運籌帷幄，進而為己所用。諸如此類的道理都能從每一張牌卡的場景中顯現，而神祕學解牌法就是在與問卜者對談的過程中，把這些神祕學說中的象徵解釋給對方聽，帶領問卜者進入牌卡之中，轉換視角來思考。

著重於神祕學元素解法的占卜師，有的會將牌分類，依火、水、風、土的元素特性來進行分析解讀，也有將生命靈數概念加入解讀之中者。義大利古代在使用馬賽塔羅牌的時候，每當小牌出現，占卜師會把每張牌面上的號碼相加，進一步得出一個數字，解讀時除了解釋牌相涵義，也會把得出的數字結果視為一種參考，將數字能量對個人或事情的影響一併列入解讀之中，以各門神祕學派的不同觀點，來多方面輔助說明問卜者想知道的答案細節。

建立牌卡的連結及個人牌義的演化

　　無論你是採用一般常用的學術、直觀及靈感解牌法來讀牌，還是融合關鍵字、直覺式、故事性與神祕學來進行分析，都必須掌握一個要點：請與手中的牌卡產生「連結」，進而建立出屬於自己的個人牌義。

　　也許你會問「連結」是什麼？又該如何在眾多牌卡中找到自己覺得好解讀的塔羅牌？其實很簡單，每一張牌卡都蘊含了一種情緒和定義，當我們看到這張牌卡的畫面時，請想想它是否能和你心目中理想的牌義相互呼應，若看到圖像的一瞬間就對應上自己心中所想，就表示你能認同這位牌卡創作者的表現方式，那就是順利建立起連結了，將來在使用上就能得心應手。

　　舉個例子來說明，在傳統的偉特塔羅牌中，錢幣 3 牌是三個人為建造教堂各自提供專長，合作完成未來的建設，而我曾經看過另一種詮釋方式，創作者將三人建教堂改成一人在砌牆，但那人手中拿著三種以上不同的液體，混入大鍋之中，傳達出將不同材料融合一起的意境，不也象徵「若不經過調和，工作就無法接續完成」嗎？這位創作者將自身體會的個人牌義創作出來，對他來說，合作不僅僅是人與人之間的交流互動，在每一個事物之間也存在著相同的道理，成功將牌義中的「合作」做出新的定義。

五大解牌技巧檢視表

1. 破題：核心牌為				
2. 評估：好有幾分	80%	60%	40%	20%
3. 連貫：內外影響	理性	感性	個人	他人
4. 依據：挑選解法	關鍵字	直覺式	故事性	神祕學
5. 意向：改變與否	有		無	

意向——權衡輕重緩急，體貼問卜者心意

要訣：體察問卜者的意向，巧妙展現「點到為止」的藝術。

這個技巧通常用在最後一個步驟。解牌過程來到這裡，應該已經把大致上的牌義給詮釋出來了，相信也能對應到問卜者所想要問的題目，並仔細的在各個面向都找出狀況，提出相對應之道，看似即將畫下完美的句點，但是……還差這最關鍵的一步，也是很多塔羅占卜師會忽略的一步，那就是**剛剛好的讀牌！**

在現今這個時代，所有人都有為自己而活的權利，能喜歡自己最重要。「生為誰家的人，就該成為誰家的鬼！」這種老掉牙的想法早就過時了，不要抱著將生命奉獻給某人的想法，每個人都應該更加珍視自己，做自己真正想做的，並認同每個深思熟慮後所做的決定。

因此，解牌時一定要搞清楚問卜者真正的心意，否則即便是精確解讀了牌義，卻不能算是好的占卜體驗。

人們總是會在「要與不要」、「好或不好」、「有或沒有」的問題上搖

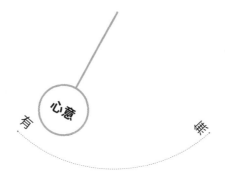

擺不定，有時能很快做出決定，那是因為已經準備好要為這個選擇負責；但有時還是會有一些考量與擔憂，不知道所選的方向是否真為自己想要的，或是迫於情勢不得不為之。其實，真正的答案往往早就存於內心深處，現在只需透過塔羅牌的整理，將覆蓋在上面如同雜草的意念清除，打破慣性與盲點，讓你在進行塔羅占卜的瞬間搞懂自己的真心實意，為你壯膽，自信的說出自己所渴望的，不論對錯，只論有無。

身為一位塔羅占卜師，必須清楚瞭解問卜者是否做好改變的準備，並把對方的意念納入解讀內容中，尊重對方的心意，倘若對方沒有確立自己的想法，硬是建議他去進行調整，也不是心甘情願的，相信也無法見效，甚至有時還會產生排斥感，這也就是為什麼有些人算完塔羅牌卻得到不舒服的感受，雖然明知牌卡中的提醒都很精準，卻總覺得自己被教訓了一頓，任誰都覺得不是滋味吧！

因此，在為問卜者說明卜算結果時，必須注意「輕重緩急」。那麼，我們該怎麼做呢？美國管理學大師史蒂芬‧柯維（Stephen Covey）在他的「時間管理矩陣」（Time Management Matrix）中提到，在時間管理的優先順序上，存在著「重要」與「急迫」兩個主題，如下圖所示。這個理論除能作為企業家與經理人經營方針上的參考外，其實也能運用在人生之中，而對塔羅占卜也提供了很好的思考點。

時間管理矩陣

急迫性 重要性	急迫	不急迫
重要	**「急」** 重要＋急迫 現在就做 Do	**「重」** 重要＋不急迫 擬定計畫 Plan
不重要	**「輕」** 不重要＋急迫 委外處理 Delegate	**「緩」** 不重要＋不急迫 打消念頭 Eliminate

當你發現牌義顯現出重要又急迫的訊息時，是不是很想立刻告訴問卜者呢？你有沒有探究過對方內心是怎麼想的呢？又或者對方覺得很急迫的事，你卻一點感覺都沒有？到底哪些事情是占卜師在牌相中看到就要馬上處理的，而哪些又是需要一段時間才能好好解決的？在我們與問卜者建立起塔羅占卜的連結時，除了要能快、狠、準的分析出塔羅意涵，也要透過溝通交流來協助對方釐清思路，協助他拿捏輕重緩急，並給予適切的建議。

透過時間管理矩陣的輔助，我針對事情的輕重緩急屬性整理出一套應對之策，相信會對你的判斷與解牌說明很有幫助。

急：重要＋急迫＝現在就做，Do！

在塔羅牌之中，有很多牌卡會顯示出需要行動起來，甚至最好立馬動身，像是戰車牌、權杖 8 牌、寶劍騎士牌等。這一些牌卡的出現是在提醒問卜者：目前的問題可能十分重要，而且必須當下做出處置，如果再放任不管，事情不會往好的方向發展，反而只是一種耗損。然而，人通常就是會在這個時刻猶豫不決，若要做出決定，真的需要很大的助力。身為一個塔羅占卜師，若在牌陣中察覺到這樣的訊息，**請給問卜者一句鼓勵的話**，相信有了塔羅牌的建言，也能促使他往前推進，動身起來做些什麼。

重：重要＋不急迫＝擬定計畫，Plan！

當我們在處理很急、很煩的事情時，往往會忽略了身邊還有其他重要的事情沒去處理，在塔羅解讀的過程之中，也會揭露這樣的問題。明明問的是事業，卻發現問卜者原來在童年回憶裡有一些不滿足，造成人際相處上的麻煩；或是愛情中顯示出占有，始作俑者原來是上一段愛情的不甘心。這些狀況都不是單一次的塔羅占卜能夠一言以蔽之，還需要更多的對策來照看。塔羅牌中的權杖 3 牌、錢幣 8 牌及女教皇牌都有按部就班做好計畫之意，占卜時若出現這些牌卡，**請給問卜者一句直率的話**，告訴他什麼才是他要注意的生命之重。

⚓ 輕：不重要＋急迫＝委外處理，Delegate ！ ⚓

很多人會誤以為現在急於處理的事一定是最重要的。其實不然，有時候我們會掉入自己的情緒陷阱當中，沒察覺現在手邊令你感到急迫的事根本沒那麼重要。但是，這些讓我們不舒服的瑣碎事的確會讓人想要快點解決掉，然而並非所有的事情都得自己來做，塔羅牌中的寶劍 6 牌、錢幣 3 牌及教皇牌等都有尋求他人協助之意，無論是心靈層面，或是實質上的合作，都表示應當讓自己學習輕輕放下！不過，若是能放手，就不會糾結到要來占卜了，此時塔羅占卜師**請給問卜者一句體諒的話**，讓他知道自己辛苦了。

⚓ 緩：不重要＋不急迫＝打消念頭，Eliminate ！ ⚓

當我們覺得煩躁的時候，是不是就想找一個自己能掌控的事情來確立自我價值？像是馬上離職、迅速分手，就只是為了反對而反對，就只是任性的想做些什麼，不過這麼做真的有意義嗎？不就只是給自己一個痛快而已，並不是一個好的決定。塔羅牌之中的力量牌、權杖 4 牌及錢幣騎士牌等，都傳達出了穩定的能量，告訴我們唯有平復自己的心情，以柔克剛，才能發現真正的應對之道。所以當塔羅占卜師客觀的分析完牌中的揭示，發現其實狀況根本沒有那麼嚴重時，**請給問卜者一句安慰的話**，使其沉心靜氣。

五大解牌技巧檢視表

1. 破題：核心牌為				
2. 評估：好有幾分	80%	60%	40%	20%
3. 連貫：內外影響	理性	感性	個人	他人
4. 依據：挑選解法	關鍵字	直覺式	故事性	神祕學
5. 意向：改變與否	有		無	

塔羅教我們的四堂課——回溯、投射、共感及同理

在占卜過程裡，除了問卜者能得到解答外，其實占卜師也看到了大千世界的不同面向，就跟演員一樣，透過表演去體會各行各業的辛酸血淚，在每一個角色的扮演之中獲得成長，而且透過與問卜者的溝通，針對各種不同的疑問和做法，也每每有所反思。在我二十年的占卜經驗中，與問卜者進行過無數的對談，我總是告訴學員們，一定要尊重每個人的問題，因為你不清楚對方經歷了什麼，唯有秉持客觀，才能好好分析牌義中的訊息，千萬別以主觀來看待問題，尤其是有色的眼光，也千萬不要有「以愛為出發點，一切都將變得有意義」的迷思，這是以愛為名的情緒勒索，一味將自己覺得好的想法加諸在別人身上。

每一回的塔羅占卜，都是人生的成長練習！透過與塔羅牌的相處，你將能漸漸體會生命裡重要的四堂課，進程分別是回溯、投射、共感及同理。

塔羅占卜之初：回溯

使用塔羅牌一段時間之後，你會開始發現，來到占卜師面前的問卜者其實都帶著一些人生課題。很巧的是，有時這些問題不單單只是問卜者要處理的問題，同時也是塔羅占卜師要面對的，鏡像般的共時性就出現在這個時刻，占卜師在為問卜者解讀一張張塔羅牌的過程，就是回溯。

你我在觀看別人故事的同時，自然也會想起自己是否有著同樣的遭遇，而告訴他人解決之道時，其實也同步講給自己聽，因此在解答他人煩惱之際也慢慢釐清了自己的煩惱，就如同一面鏡子，讓你把所有細節看個透徹，不再逃避明明已經知道卻不想承認的事實，將其掩蓋起來成為盲點。回顧過往一點都不尷尬，反而可以讓我們看到不一樣的啟發，就像童年時看的故事書，到三十歲再看一次，一定會有不同感觸，也會有不同領悟。在塔羅占卜進行之始，牌卡就再次啟動我們，進入一次自我探索之旅。

塔羅牌與其他預言卡的差異

若是把塔羅牌當成一種語言來看待，七十八張牌就好比一個個字母。偉特塔羅牌像英文一樣，比較多人學習，也比較多人運用；而托特塔羅牌就像是法文，雖然也是由二十六個字母組成，但發音、單字拼法均和英文不同，我們必須重頭學起，才能瞭解這個語言要表達的意思；至於馬賽系統，若也用語言來比喻，那就是古英文了。先有古英文的基礎，後世才有英文、法文的誕生。

若以中文來比喻，偉特塔羅牌是白話文，托特塔羅牌是文言文，馬賽塔羅牌就是甲骨文。

除了上述三大塔羅系統之外，還有其他預言占卜卡，例如天使卡、雷諾曼卡、花卡、神明卡、符文卡等，係由各個占卜師及藝術家自行設計研究而來，其牌卡張數不同於塔羅牌，並且添加了很多創意發想與個人喜好。這些牌卡就好比各地方言，該地區或領域的人便以這個語言來溝通。

不過，還是有許多人搞不懂塔羅牌跟預言卡到底有什麼不同。簡而言之，塔羅牌可以清楚的將事情的來龍去脈剖析得十分明瞭，包括其中人事物的相互干擾與影響，而諸如天使卡、獨角獸卡等預言卡則多使用於塔羅占卜之後，作用是給予問卜者心靈上的支持，也就是在總結之後又送上一個祝福。因此，有很多塔羅占卜師會同時運用兩種牌卡，讓自己的解讀流程更為豐富！

當然，全世界有成千上萬種的塔羅牌，每一種都有不同的規則和道理，這邊單純以牌卡呈現出的實際條件來分類，不討論歷史、發行版本、各門各派的用法，還有畫風設計及牌卡尺寸等。萊德偉特塔羅牌由馬賽塔羅牌演化而來，現今馬賽塔羅牌也多以偉特系統的解讀來詮釋；托特系統的特點是不看逆位，著重直覺式的解牌；而近年也有發展出將各自特色結合而成的「融合系統」。

❧ 塔羅占卜之向：投射 ❧

評論一位塔羅占卜師夠不夠厲害的時候，常有人用準確度來判斷，其實不是很適當，畢竟人與人之間的頻率不見得都能同步契合。簡單來說，就是這位占卜師所說的話能不能讓你聽懂。有時候我們會覺得別人一定也跟自己有同樣的想法，即便占卜師也可能發生這樣的認知偏差，而把意志與個性特質強加在他人身上，認定對方也一定會有同樣的感受與觀點，實則不然，於是雙方的頻率就沒有對上。

占卜師在解牌時不知不覺會在其中隱含了自己的投射，而投射其實是充滿想像的，運用在塔羅占卜的說明中，能讓解讀更有深度和廣度，但有時會淪為畫蛇添足，反倒把自己內心的小劇場全給演出來了，不見得是單純的牌義顯現，而是用「以己度人」的觀點在說話。這是必須注意的地方。

在問卜者的身上看到自己的影子是占卜師常有的驚呼，透過塔羅牌的建議來幫助對方避免人生苦難的同時，也是給予自己的警世提醒。

❧ 塔羅占卜之本：共感 ❧

使用塔羅牌一陣子之後，占卜師會發現自己好像變得較為敏銳，無論是聲音、語調、表情及肢體，好像每一個小動作都在表達著一些情緒。是的，察覺問卜者的細微情感有助於拿捏解讀時的分寸，什麼時候該說，什麼狀況該停，都能相互仰賴，體會共感。

共感是雙向的，就如同小說情節裡的相視而笑，彼此似乎有了一些默契，也就是一種對他人想法的心照不宣之意。在塔羅占卜的空間中，大家都會把自己的情緒釋放出來，敏感的人會像海綿一樣快速吸收，但也有人像是沙漏一般慢慢接納理解。在抽牌互動過程中，除了打破盲點，也能卸下心防，此時就能為問卜者開啟一扇窗，以正眼界視野。回饋到占卜師身上的是成就感與滿足感，使我們能在解讀上更傾注全力，讓深奧的塔羅牌義轉化成實質建言，幫助對方解決問題、平緩心情。

塔羅占卜之末：同理

要做到「同理心」、「感同身受」並不是容易的事。有句話說：「別讓貧窮限制了我們的想像力。」正好戳中了這點：生長在不同背景的人們，怎麼可能理解對方究竟在想什麼，又經歷過什麼樣的人生課題。要瞭解陌生人的背景，不是出一張嘴說體會就能體會的，但我們可以打開心胸，跨越框架，將自己置於問卜者的角度，設身處地去感覺他的思路走向與情緒波動，然後便能在牌卡中發現端倪，此時只需靜靜陪伴，並給予支持，讓對方知道，你們是一起感知了情緒氛圍的高低，不是憐憫同情，而是同理。

此時，在塔羅占卜上的說明，不是以指導或建議的方式提出，而是明確的把結論以平心靜氣的方式傳遞給問卜者，讓他知道自己並不是孤軍奮戰，還是有人在旁陪伴。將這一份想要共好的心意，用恰到好處的語言，以積極正向的流動，進入每一個人的意識之中，就是最好的「同理」。

轉命師星座塔羅牌
Fate Shifters Astrology Tarot

統籌：千秋仁（Patrick Ho）

出版：多重宙文創娛樂

一款以占星術、星體神話與塔羅為基礎所設計的卡牌組，牌組內有塔羅的大小祕儀牌組，以及十二星座、十張占星的星體牌。由臺灣統籌印刷，集合了六位國際繪師作品，是根據萊德偉特系統來設計，精準打造出一組屬於這個時代的新世紀偉特塔羅牌！

安可塔羅牌
Encore Tarot

作者：Ciro Marchetti

出版：個人發行

創作者以數位藝術設計塔羅牌見長，這次他從歷年來所創作的塔羅牌中挑選出最喜愛的角色，參考三位塔羅解讀師的意見，然後將其融合、疊加，成為全新的呈現，且更有溫度的展現出每張牌卡的涵義。

真黑塔羅牌
True Black Tarot

作者：Arthur Wang

出版：個人發行

塔羅牌是人類無所不在的希望，也是恐懼和夢想的來源，因此塔羅牌應該像人類的本性一樣永恆持久。星座和宇宙裡充滿了神話與故事，而人類都對未知的奇觀著迷。每張牌卡之中都帶著一個人生主題，就像千古無盡的星光穿透黑夜，在暗黑中顯得更清明，揭示令人著迷的新發現。

千禧托特塔羅牌
Millennium Thoth Tarot

作者：Renata Lechner

出版：Lo Scarabeo

結合生活和精神的完美塔羅牌，運用時尚、細緻的插圖來描繪二十世紀，將托特塔羅牌的符號和含意做出全新、與眾不同的詮釋。無論對塔羅牌解讀師或牌卡收藏家來說，這套塔羅牌都是很好的選擇，還可進一步瞭解偉特塔羅牌體系之外的托特塔羅牌世界。

午夜塔羅牌
Tarot de la Nuit

作者：Carole Anne Eschenazi & Alexandra V. Bach

出版：Lo Scarabeo

運用真人拍照再進行電腦繪製的塔羅牌作品雖然已經不少，但這套結合攝影及法國插畫家亞歷山德拉‧巴赫（Alexandra Bach）作品所創作出來的午夜塔羅牌，著實值得收藏。La Nuit 是法語中的「夜晚」，呈現出令人難以置信的美麗，驚豔的體現了陰暗的一面，還有強而有力的女性能量。

馬爾切提塔羅牌
The Marchetti Tarot
作者：Ciro Marchetti
出版：個人發行

將 3D 視覺科技感更細緻呈現，無論是背景或人物的表情刻畫都非常生動。特別放大了人物表情及手部動作，並與周遭事物融合，例如從建築物中出現的臉孔、壁畫裡伸出的手，把人與現實世道密不可分的無奈呈現出來，而星座符號能讓人更方便從占星學上理解牌義。

光景塔羅牌
The Light Visions Tarot
作者：James R. Eads
出版：個人發行

可說是稜鏡塔羅牌創作靈感的前身。在藝術家的畫筆之中流露出與眾不同的意境，透過線條與構圖的比重，以及視覺所呈現的不同感受，便可看出作者的巧思，特別是在五十六張小牌中，每個元素都可以串接成一副連續畫，讓故事的延續充滿了想像！

比克斯兔子塔羅牌
Bix Tarot
作者：Pierluigi Balducci
出版：Lo Scarabeo

奇思妙想、有趣、簡潔、諷刺，讓這副牌富有想像力的特質。比克斯兔子是作者的生活密友，跟隨著兔子比克斯的腳步，將帶領大家走進塔羅的藝術殿堂。通過故事和意義層次打開新的視角，你將不會再以同樣的方式看待這個世界。

同志奧義塔羅牌
St. Jinx Arcana the Gay Tarot
作者：St. Jinx
出版：個人發行

如果你喜歡身材健壯的鮮肉男孩，那就絕對不能錯過這副牌。充滿科幻風格的畫風，在牌卡背景與人物身上都可見用線條或刺青呈現出各式各樣的魔法陣圖騰，帶領我們進入一個奇幻的魔幻國度，而且還把每張牌的牌義都做了新的詮釋！

巫師塔羅牌
Wizards Tarot
作者：Barbara Moore & Mieke Janssens
出版：Llewellyn

結合了時尚人物與電玩的奇幻風格，充滿技能嫻熟的施法者、無限的力量和深奧的謎團。每張卡片都有著生動的色彩和令人難以置信的魔法，用華麗誇張的筆觸來表現栩栩如生的人物。與這些塔羅牌中的美麗嚮導們一同舉起劍，揮動魔杖，敲響杯子，畫出五角星吧！

請掃描 QR code 欣賞各式塔羅牌

Chapter 3

合 塔羅思維裡的通達

完整「分析」：
找出適用的塔羅牌陣。

———————

塔羅牌最有趣的地方，

就在於牌卡組合顯現出各種不同的解答。

即便是同一張牌卡，出現在不同的牌陣位置上，

就象徵著不同角色的扮演，訊息建議也截然不同，

而人生的細微變化，也就透過這些圖像一一浮現。

在對的時間，做出對的事、對的決定，

就如同我們面對問題時挑選出一組對的牌陣一樣！

———————

個牌陣適不適用，不在於牌卡張數多寡，而是著重在每個位置上的定義與關聯。因為在塔羅牌的世界中，並非 1 ＋ 1 就一定等於 2，必須多多思考各種變因，就如同一杯水加一杯麵粉會得到一個麵團，不同的混合比例還能做出適用於各種不同用途的麵團，變化非常多。而現在有許多人喜歡玩的塔羅測驗遊戲，一開始是從幾張牌卡中選其一（如下圖左），後來演變出一個選項中有好幾張牌卡（如下圖右），會有這樣的變化是因為牌與牌間可以相互交織出不同的關聯意義，而不管牌陣如何變化，只要能定義好說明的方式，就能透過牌陣找出解答，甚至看出更多有益的指引，或讓情緒得到舒展、困惑得到回應。

基本設定（一次選一張）　　　　　　**新式變化（一次選多張）**

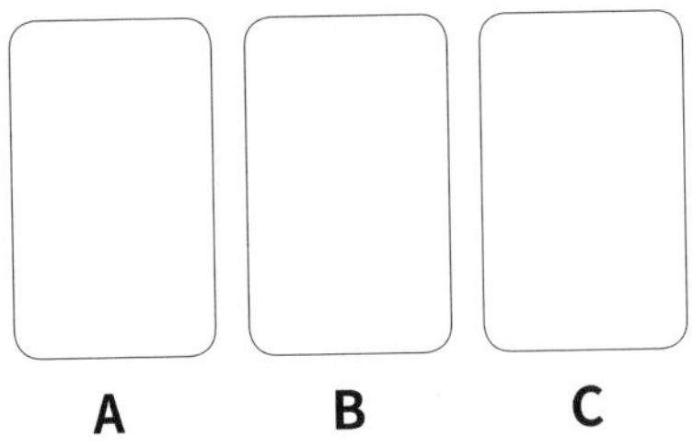

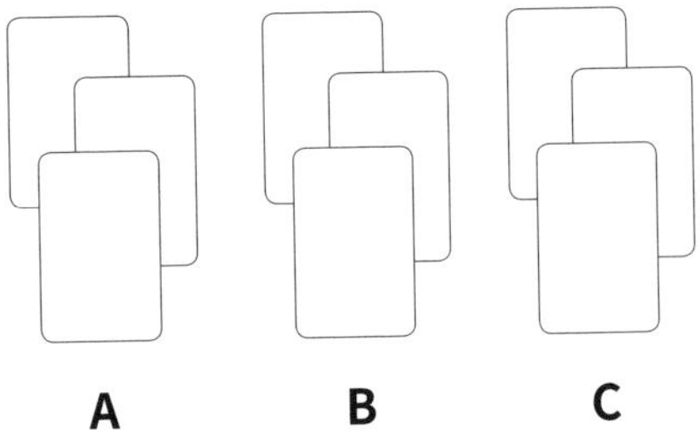

A　　　　B　　　　C　　　　　　A　　　　B　　　　C

決定牌陣前一定要做的事

　　在塔羅牌的世界裡，沒有太多束縛與框架，你可以從不同的塔羅牌書籍或老師身上學到各種不同的占卜流程，然後挑選一個你喜歡的方式，漸漸養成習慣，就像是一種儀式，幫助自己將心緒沉澱下來，再挑選好適宜的牌陣，就準備進入塔羅奧妙的世界囉！

❧ 認識洗牌流程 ❧

　　大家也許已經有自己慣用的塔羅占卜流程，這部分沒有特別硬性的規定，在此就簡單的跟大家分享一下我自己常用的方式。

洗牌

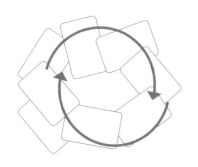

依照順時鐘方向將牌打散。

切牌

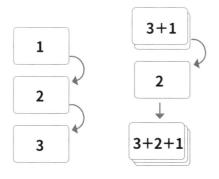

先切為三份，再疊回一份。

定牌

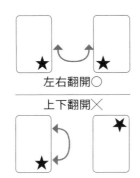

為他人占卜
（逆時鐘轉）

為自己占卜
（順時鐘轉）

確定牌卡的正逆位。

開牌

左右翻開○

上下翻開×

注意翻牌方向。

關於落定問題

　　我常和學員說：「先別急著翻牌，因為確定問題比占卜本身更重要。」將問題具體化，並縮小範圍，帶入相關的人事物，一次清楚詢問一個問題，不讓複雜的狀況和選擇把要問的事情給模糊了。建議從最困擾的問題開始下手，才能層次分明的看出盲點。

✤ 認識基礎牌陣 ✤

學習塔羅牌的人一定聽過也再熟悉不過的兩個基礎牌陣，分別是聖三角牌陣（時間之流占卜法），以及選擇題牌陣（二擇一占卜法），在《塔羅事典》一書中已有詳細的介紹。這兩個牌陣幾乎是每位塔羅占卜師都會的必學牌陣，除了簡單、易上手外，也能很清楚的將問題面向做出定位，迅速在第一時間就能馬上解答疑問。進階學習之前，先來複習一下這兩個基礎牌陣。

聖三角牌陣（時間之流占卜法）

1. 過去：先前經歷的情緒反應
   身：外在顯現的狀態
2. 現在：當下的感受、行動、思考
   心：內心真正的想法
3. 未來：預測事件如何演變
   靈：深層潛意識訊息

★可另外加抽一張或將切牌的底牌當作建議牌。
★適用二十二張大牌占卜和七十八張全牌塔羅占卜。

選擇題牌陣（二擇一占卜法）

1. 你的現況
2. 選擇 A 的過程狀態、互動關係
3. 選擇 A 的結果、未來發展
4. 選擇 B 的過程狀態、互動關係
5. 選擇 B 的結果、未來發展

★適用二十二張大牌占卜和七十八張全牌塔羅占卜。

♨️ 學習進階牌陣 ♨️

也許你曾經聽過無牌陣解法、花朵牌陣、陰影牌陣等各式各樣的牌陣，這些牌陣通常是伴隨著藝術家創作的新牌而來，還有其他各種塔羅牌陣也都各有不同的定位和用途，只要你能事前做好定義及驗證，未來也許你也能開發出屬於自己的牌陣喔！

這裡將介紹常用的四大牌陣及其變化型，共有十種設定（請見下列），讓大家能在不同的觀點與意義上去發掘每張牌卡的深層意義，用以對應人的想法、問題的提醒及牌義說明。

多變牌陣：大十字牌陣（關係設定占卜法）

強調人與人的關係，能覺察問題之中所產生的影響，以及看出未來的發展。

◆大十字牌陣多變型一：人際關係牌陣

釐清有關愛情、工作與一般人際相處上的心態對事件的影響。

◆大十字牌陣多變型二：戀情關係牌陣

能知道對方在愛情中對自己的看法，以及兩人未來在戀情上的發展。

◆大十字牌陣多變型三：事件關係牌陣

著重於處理事情的本質狀態，以及在事件中所扮演的角色與遇到的干擾。

◆大十字牌陣多變型四：吉普賽十字牌陣

是古老的經典牌陣延伸，探求內心感受與環境、阻礙等的相互影響。

象徵牌陣：四元素牌陣（內外在占卜法）

運用火、水、風、土四元素象徵，來解答行動、情感、理性及務實層面問題。

◆四元素牌陣之四方牌陣設定

◆四元素牌陣之大十字牌陣設定

◆四季牌陣之大十字牌陣設定

時間牌陣：星曜日（七曜日）牌陣（一周運勢占卜法）

以七張塔羅牌分別代表一周七天的運勢狀況，並預測當周整體運勢。

流年牌陣：塔羅流年牌陣（全年運勢占卜法）

在每年的最後一個月使用，可以預測來年的運勢狀況。

◆時鐘牌陣（十二月分運勢牌陣）

用十二張塔羅牌來分析十二個月的運勢，外加一張全年整體運勢象徵牌。

◆占星牌陣（十二宮位運勢牌陣）

以占星學中的十二宮位概念對應塔羅牌來瞭解整年各方面的運勢。

瞭解牌陣中牌與牌的關聯性，才能將問題徹底剖析，看出其中的人事物干擾，更能從不同面向與觀點來觀察全貌，綜合所有從牌卡中領悟到的訊息，尋找出尚未成型的智慧！

大十字牌陣

（關係設定占卜法）

大十字牌陣是占卜師常用的牌陣，從不同系統所發展出來的位置意義都不相同，可說是變化多樣。在此要介紹常見的四種經典多變型，以及運用在四元素牌陣中的另外兩種變化型。記得使用前請選擇出一組牌陣定義！

❧ 大十字牌陣多變型一：人際關係牌陣 ❧

將大十牌陣設計成棋盤一樣的概念，中間三張橫向牌卡是現在、過去及未來的解讀依據，下方是自己的心態，上方則是對方的心態。從這個牌陣可以十分清楚的看出人與人的關係，還有針對事情的不同看法。

【直接抽牌】

將牌切好，展開呈扇形，隨意挑出自己喜歡的牌卡，放置在牌陣的位置上。

【古法數牌】

從第一張往下數的第七張牌，放置在 1 的位置；再往下數第二個第七張牌（也就是第十四張牌），放置在 2 的位置；接著往下數六張牌（也就是第二十張牌），放在 3 的位置；接續的下一張（也就是第二十一張牌）則放在 4 的位置；再下一張（也就是第二十二張牌）則放在 5 的位置上。

【延伸說明】

牌陣中的橫向（3、4、5）為楚河漢界，表示不同立場下可能產生的不同決定，而直向牌卡則強調了兩人對現狀的在意及共同目標，可特別留意。

2

對方心態

3

過去延伸

4

現在狀況

5

未來發展

1

問卜者心態

★可另外加抽一張或將切牌的底牌當作建議牌。
★適用二十二張大牌占卜和七十八張全牌塔羅占卜。

大十字牌陣多變型二：戀情關係牌陣

想要直接瞭解情人間的關係時，採用大十字牌陣中的「戀情關係牌陣」就相當適合，無論是已經交往或還在曖昧之中，都可以透過此牌陣探知情侶雙方的行動與思考，以及雙方在這樣想法之下碰撞後的結果。使用這個設定時，務必要有一個明確的目標對象，占卜時請問卜者把對方名字與樣貌在腦海中想一遍。可運用直接抽牌或古法數牌的方式來進行塔羅牌占卜。

【直接抽牌】

將牌切好，展開呈扇形，隨意挑出自己喜歡的牌卡，放置在牌陣的位置上。

【古法數牌】

從頭往下數的第六張牌放在 1 的位置；再將下一張（也就是第七張牌）放置在 2 的位置；接著往下數至第二個第七張牌（也就是第十四張牌），放置在 3 的位置；然後往下數至第六張牌（也就是第二十張牌），放置於 4 的位置；最後將下一張（也就是第二十一張牌）放置在 5 的位置上。

【延伸說明】

在大十字牌陣中的直向（2、4）與橫向（1、5）都有特別的參考意義與價值，自己的行動與對方的思考設計在橫向連線，而相反的部分作為直向連線，其目的是要讓我們反思，在只有兩人專屬的親密關係中，就應該一動一靜，才不會硬碰硬。

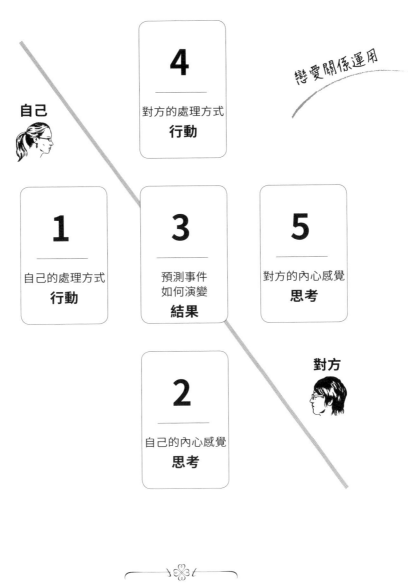

4
———
對方的處理方式
行動

自己

戀愛關係運用

1
———
自己的處理方式
行動

3
———
預測事件
如何演變
結果

5
———
對方的內心感覺
思考

2
———
自己的內心感覺
思考

對方

★可另外加抽一張或將切牌的底牌當作建議牌。
★適用二十二張大牌占卜和七十八張全牌塔羅占卜。

✤ 大十字牌陣多變型三：事件關係牌陣 ✤

　　如果想要仔細探求未知的事物時，可以使用大十字牌陣中的「事件關係牌陣」。在這個牌陣設定中，人的角色相對變小，主要是討論人經手事情之後的發展，而非討論人的特質或做法，重要的是觀察事情的變化及發展狀況。可運用直接抽牌或古法數牌的方式來進行塔羅牌占卜。

【直接抽牌】

將牌切好，展開呈扇形，隨意挑出自己喜歡的牌卡，放置在牌陣的位置上。

【古法數牌】

從頭往下數起的第七張牌放在 1 的位置；再往下數至第二個第七張牌（也就是第十四張牌），放置在 2 的位置；接著往下數至第六張牌（也就是第二十張牌），放置在 3 的位置；然後將下一張（也就是第二十一張牌）放置在 4 的位置；最後將接續的下一張（也就是第二十二張牌）放在 5 的位置上。

【延伸說明】

若是以二十二張大牌選用這個牌陣，另有配合「塔羅靈數」的占卜法，差別在於 5 結果牌，是以開牌後的 1 ～ 4 牌面數字相加來找出代表牌。兩位數字若大於 22，則減去 22；若減去 22 還大於 22，則將個位數字與十位數字相加。

3

問題主因

1

過去發展

5

最後結果

2

現在影響

4

解決方法

★可另外加抽一張或將切牌的底牌當作建議牌。
★適用二十二張大牌占卜和七十八張全牌塔羅占卜。

🍃 大十字牌陣多變型四：吉普賽十字牌陣 🍃

　　若塔羅牌本身就是一個藝術品，那陳列方式就變得相當重要了。在占卜牌陣之中，吉普賽十字牌陣算是比較華麗的，運用到牌背與牌面的組合，讓占卜的解答像是呈現在一塊畫布上，但因為較為古老，牌陣設定的意義就沒這麼精準了。可運用直接抽牌或古法數牌的方式來進行塔羅牌占卜。

【直接抽牌】

將牌切好，展開呈扇形，隨意挑出自己喜歡的牌卡，放置在牌陣的位置上。

【古法數牌】

從整疊牌卡的最上面開始，依序將牌排成三列，每列五張。由左至右完成第一排的五張，再由上至下完成第二排及第三排，一共十五張牌。除了牌陣中顯示的 1 ～ 5 呈十字型部位的牌卡需要翻開，其他牌卡保留蓋住的狀態。

【延伸說明】

吉普賽十字牌陣的演變是受到宗教的影響而來。畫十字是基督教徒祈禱時的手勢，也是一種紀念儀式，所以此牌陣的翻牌順序就如同畫十字的步驟，從額上（1）到胸前（2），接下來是左肩（3）到右肩（4），最後則是中間合掌（5）。但這個牌陣已經年代久遠，後來基督宗教的各個教派，如天主教、東正教等，也發展出不同程序及方式來呈現畫十字手勢，而這邊還是依照歷史古籍中的方法來進行。

華麗古典運用

1
對方的內心
感覺

3
態度及處理
方法

5
整體結果

4
環境狀況及
阻礙

2
自己的內心
感覺

★適用二十二張大牌占卜和七十八張全牌塔羅占卜。

⚝ 大十字牌陣練習題 ⚝

【問題】

這次向客戶提案是否能順利通過？

【抽牌】

世界牌正位
對方心態

寶劍9牌正位
過去延伸

權杖7牌逆位
現在狀況

太陽牌逆位
未來發展

戀人牌正位
問卜者心態

【解讀】

這次我們採用的牌陣設定是「大十字牌陣多變型一：人際關係牌陣」，用以占卜工作上所面臨的問題。先使用本書所提示的五大解牌技巧來解牌，順著下列檢視表的步驟慢慢分析牌卡中的訊息，就不會手忙腳亂的不知從何下手。

五大解牌技巧檢視表

1. 破題：核心牌為	太陽牌			
2. 評估：好有幾分	80%	60%	40%	20%
3. 連貫：內外影響	理性	感性	個人	他人
4. 依據：挑選解法	關鍵字	直覺式	故事性	神祕學
5. 意向：改變與否	有		無	

Step 1

首先，判斷核心牌——找出「不一樣的」牌，在三張正位及兩張逆位的牌卡之中，核心牌將會出現在太陽牌逆位及權杖 7 牌逆位之中，而太陽牌是二十二張大牌中的一員，在塔羅牌中的地位較為重要，故這次的核心牌就是**太陽牌**。逆位意指「消退」，可以讓我們很清楚的得出一個標題：「**客戶對這次的提案似乎沒有很高的興趣，因為此案無法激起對這件事的活力。**」

Step 2

知道破題關鍵後，緊接著就要來評估一下整副牌的好壞，如同先前所提的，並非看到一張不好的牌，就要把狀況形容得很嚴重，還得面觀全局才能下定論。在這組牌陣之中，雖有剛才所提的太陽牌逆位，還有寶劍 9 牌正位及權杖 7 牌逆位，顯示較為不好。然而，並非全都是負面的牌卡，也有象徵「達成」的世界牌，以及「結合」的戀人牌。在五張牌卡中，還是有兩張牌的牌義是很正面的，所以在優劣準則中將會是弱化 **60% 的好**。

Step 3

接下來，你可以觀察到在這組牌陣中代表人的部分都是好的，反倒是事件的過去、現在與未來上透露出問題的癥結點。從代表「惡夢」的寶劍 9 牌及「為難」的權杖 7 牌逆位，可以發現問題是出自過於小心翼翼的思考這個提案，而且決定權掌握在他人手中，所以在內外影響層面是**感性及他人**會影響這個問題的結果。

Step 4

其實解到這邊，大家都應該知道這個問題的正解是什麼了吧？在選用解法的時候，我會建議以**關鍵字**及**故事性**來相互搭配說明。

Step 5

最後當然還是得綜合當事者的想法來做解讀。因為這題的答案真的很明確，所以我們就設定為問卜者沒有想要改變的意願，意向是**無的**。但身為一位塔羅占卜師，我們還是需要將正向的引導告知問卜者，若此時說一番大道理，著實令人厭煩，不妨打個比方、說個小故事，來傳達希望他思考重新提案的可能性。

對應問題的解答就能整理出建議了。那麼，「這次向客戶提案是否能順利通過？」該給問卜者什麼樣的意見比較好呢？其實問卜者和客戶之間的關係良好，也想要合作，但此次提案因為太過在乎客戶想法，結果顯得過於綁手綁腳，以致案子無法吸引客戶的眼球，若是能將這些束縛拋開，做出一個自己也覺得滿意的提案，也許就能收到很好的成果了。

四元素牌陣

（內外在占卜法）

　　這個牌陣運用了塔羅牌中占有重要地位的四大元素——火、水、風、土。在四元素牌陣中，火、水、風、土分別象徵了行動、情感、理性及務實，也分別代表了春、夏、秋、冬四季，因此又變化出了「**四季牌陣**」，在春分、夏至、秋分及冬至的時間點抽牌，藉以觀察自己未來三個月內（下一季）的狀況。可運用直接抽牌或古法數牌的方式來進行塔羅牌占卜。

【直接抽牌】

將牌切好，展開呈扇形，隨意挑出自己喜歡的牌卡，放置在牌陣的位置上。

【古法數牌】

從頭往下數起的第七張牌放在 1 的位置；再往下數，將第二個第七張牌（也就是第十四張牌）放在 2 的位置；接著往下數至第三個第七張牌（也就是第二十一張牌），將其放在 3 的位置；最後往下數至第四個第七張牌（也就是第二十八張牌），將其放在 4 的位置上。

【延伸說明】

在牌陣的擺放法上有「**四方牌陣**」及「**大十字牌陣**」兩種。若採用四方牌陣的擺法，請依照「**世界牌**」四個角落的四元素位置來擺放，顯現客觀狀態。有時會加抽一張牌卡放置中央，藉以明瞭自己對問題想法的主觀意識。

❦ 四元素牌陣之四方牌陣設定 ❧

1 ─ 風 溝通	**4** ─ 水 情感
2 ─ 土 務實	**3** ─ 火 行動

參考世界牌的元素位置

1. 風：問題的理解、傷害
2. 土：問題的務實發展
3. 火：問題的行動、態度
4. 水：問題的情感、周遭感受

★可另外加抽一張或將切牌的底牌當作建議牌。

★適用二十二張大牌占卜和七十八張全牌塔羅占卜。

四元素牌陣之大十字牌陣設定

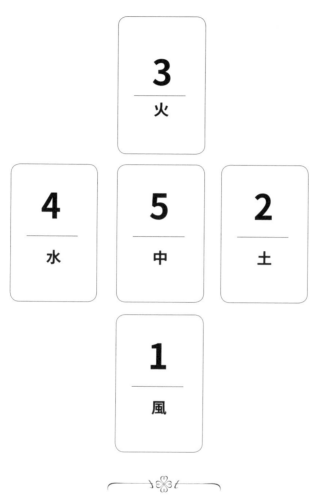

1.風：意志及溝通方式
2.土：現實及努力方向
3.火：行動及執行手法
4.水：情緒及感情狀態
5.中：心靈及精神核心

★可另外加抽一張或將切牌的底牌當作建議牌。
★適用二十二張大牌占卜和七十八張全牌塔羅占卜。

🍀 四季牌陣之大十字牌陣設定 🍀

在春分、夏至、秋分及冬至四個時間點抽牌，用以觀察未來三個月內（下一季）的狀況。使用四季牌陣時，請將牌卡分別整理成二十二張大牌為一疊，權杖、聖杯、寶劍及錢幣各十四張為一疊，共五疊獨立的牌卡。占卜時，可自五疊牌卡中分別抽出自己喜歡的牌卡；若採用古法數牌，則是使用從頭往下數的第七張牌。依大十字牌陣位置擺放，牌義說明如下：

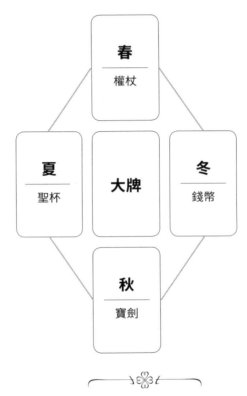

- 權杖—春：代表能量，以及掌握方法
- 聖杯—夏：代表直覺，以及感情生活
- 寶劍—秋：代表思考，以及意識觀點
- 錢幣—冬：代表實際，以及財務變化
- 中間大牌：整體概況
- ★適用二十二張大牌占卜和七十八張全牌塔羅占卜。

❦ 四元素牌陣練習題 ❦

【問題】

我該如何與喜歡的對象拉近距離？

【抽牌】

太陽牌正位
風：溝通

錢幣國王牌正位
水：情感

權杖7牌正位
土：務實

寶劍隨從牌正位
火：行動

【解讀】

五大解牌技巧檢視表

1. 破題：核心牌為	錢幣國王牌			
2. 評估：好有幾分	80%	60%	40%	20%
3. 連貫：內外影響	理性	感性	個人	他人
4. 依據：挑選解法	關鍵字	直覺式	故事性	神祕學
5. 意向：改變與否	有		無	

Step 1

　　先破題，找出核心牌是哪一張。這次全部都是正位的牌卡，於是將以牌的好壞及背景顏色來做判定，四張牌卡中只有**錢幣國王牌**是黃色背景，這張牌和其他的不一樣，於是找到核心牌了。象徵「可靠」的這張核心牌，讓這個問題的標題清楚浮現：**「若能給出實質穩定的安全感，彼此就能有發展的機會。」**

Step 2

　　四張正位的牌卡，關鍵字多為正向，只有寶劍隨從牌的意思稍微弱化，但還不算是真正很差的牌卡，所以在優劣準則的部分可以判定為**80% 的好**。

Step 3

　　在牌與牌的連貫上，我們可以看到牌陣中「熱情」的太陽牌出現在象徵溝通的風元素位置上，表示需要多點互動，而關鍵字為「謠言」的寶劍隨從牌出現在象徵展現行動的火元素位置上，與太陽牌相互呼應，表示多多交流訊息將可製造更多機會。寓意「優勢」的權杖 7 牌在土元素的位置，表示務實條件占上風，且能拉近兩人的距離。綜合上述，在內外的影響上採取**理性與個人**的狀態，較能對此問題產生效果。

Step 4

　以關鍵字來解牌一向是我著重的快速解牌法，再加上解題的牌陣是依照世界牌的四元素位置來確立的，所以我會使用的解牌法就是**關鍵字**及**神祕學**。

Step 5

　最後，當然要看看問卜者是否能按照顯示的結果做出努力。這部分可能需要透過占卜師的引導對談，在這邊先設定問卜者有意願為了自己與另一個人的關係而奮鬥，所以意向是**有的**。

　該如何與喜歡的對象拉近距離？綜合以上的解讀，答案顯而易見：兩個人在一起的機會很大，但需要更多務實的確定感，給對方安心的感受，而展現這些誠意都需要透過更多的互動與交流，才能讓整個發展往好的方向前進。

星曜日（七曜日）牌陣

（一周運勢占卜法）

一周運勢占卜法源於中國古代天文占星學所發明的七曜星，輾轉流傳到西方，搭配一周七日的設定，後又被日本延用至今。在此牌陣中，除了預測星期日至星期六間的七日運勢之外，也能從行星代表的占星學意義上給我們生活建議與提醒。可運用直接抽牌或古法數牌的方式來進行塔羅牌占卜。

【直接抽牌】

將牌切好，展開呈扇形，隨意挑出自己喜歡的牌卡，放置在牌陣的位置上。

【古法數牌】

從頭往下數至第七張牌，放置1的位置；再往下數至第二個第七張牌（也就是第十四張牌），放置在2的位置；再往下數至第三個第七張牌（也就是第二十一張牌），放置在3的位置；再往下數至第四個第七張牌（也就是第二十八張牌），放置於4的位置；再往下數至第五個第七張牌（也就是第三十五張牌），放置於5的位置；再往下數至第六個第七張牌（也就是第四十二張牌），放置於6的位置；接續往下數至第七個第七張牌（也就是第四十九張牌），放置於7的位置。

【延伸說明】

解讀時，可先依每張牌對應的時間（星期幾）做簡單的好壞吉凶判斷，接著再對應每一個行星所代表的意義，加強一周之間的運勢分析，能幫助你從不同面向看出哪一方面特別強運或呈弱勢狀態。

一周運勢提醒

日	一	二	三	四	五	六
1 太陽	**2** 月亮	**3** 火星	**4** 水星	**5** 木星	**6** 金星	**7** 土星
總體運勢	內心情緒	行動欲望	溝通遷移	理想願望	愛情財運	限制困難

・周日：太陽（☉），展現外在樣貌，說明總體運勢。

・周一：月亮（☽），能夠得知內心情緒、心情好壞起伏。

・周二：火星（♂），熱情活力的象徵，行動欲望的展現。

・周三：水星（☿），代表傳達交流之意，揭示溝通遷移的狀況。

・周四：木星（♃），好運之星，有擴張特性，能顯示理想與願望。

・周五：金星（♀），守護美與愛，指引愛情及財運發展。

・周六：土星（♄），揭示限制與困難，諭知需要特別小心之處。

★適用二十二張大牌占卜和七十八張全牌塔羅占卜。

塔羅流年牌陣

（全年運勢占卜法）

　　每到新的一年即將來臨，是不是很好奇來年的運勢呢？在年末的最後一個月，不妨來算算塔羅流年牌陣吧！在占卜前需要先將牌陣中的位置做好意義上的設定，可以運用的設定有兩種，分別為**時鐘牌陣（十二月分運勢牌陣）及占星牌陣（十二宮位運勢牌陣）**。兩種牌陣都是運用**直接抽牌**的方式來進行塔羅牌占卜。十二宮與星座的對照及相應意義，請參閱下表。

宮位、星座意義對照表

宮位	意義
第一宮（牧羊）：印象，與「自我」有關	定位、外表、特徵、展現
第二宮（金牛）：金錢，與「價值」有關	金錢、擁有、成長、取得
第三宮（雙子）：兄弟，與「溝通」有關	學習、互動、交通、手足
第四宮（巨蟹）：家庭，與「安定」有關	內心、祖先、住所、童年
第五宮（獅子）：創造，與「娛樂」有關	子女、休閒、戀愛、享受
第六宮（處女）：工作，與「服務」有關	能力、培訓、福祉、健康
第七宮（天秤）：夥伴，與「平等」有關	伴侶、協議、合作、吸引
第八宮（天蠍）：陰暗，與「轉化」有關	死亡、性愛、羞愧、遺產
第九宮（射手）：哲理，與「探索」有關	觀念、潛力、遷移、經驗
第十宮（魔羯）：事業，與「成就」有關	野心、動機、權威、地位
第十一宮（水瓶）：社群，與「期盼」有關	同好、群體、人脈、理想
第十二宮（雙魚）：隱密，與「直覺」有關	孤獨、沉默、祕密、束縛

🌸 時鐘牌陣 (十二月分運勢牌陣) 🌸

顧名思義，將牌卡依照時針的行進方向排列，時鐘上的數字對應每一個月分，另外加抽一張代表整體運勢的牌卡置於中央。目前較少占卜師使用時鐘牌陣，而多以占星牌陣來進行十二月分的運勢設定。

【古老牌陣設定】

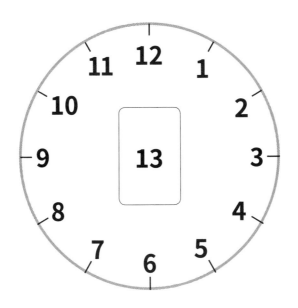

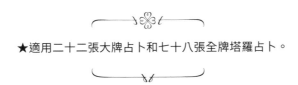

★適用二十二張大牌占卜和七十八張全牌塔羅占卜。

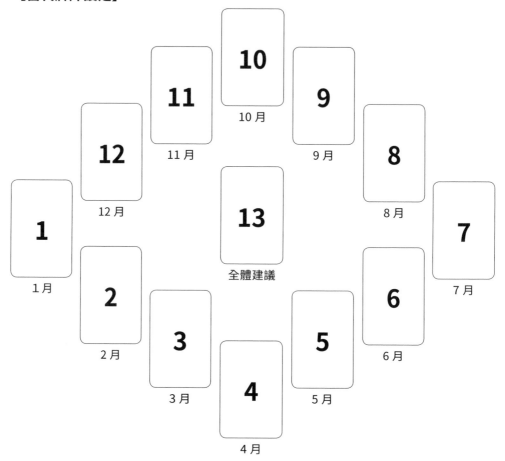

★適用二十二張大牌占卜和七十八張全牌塔羅占卜。

占星牌陣（十二宮位運勢牌陣）

以黃道十二星座的宮位來輔助塔羅牌的涵義延伸，藉以瞭解整年各方面的運勢走向。第一宮～第六宮與自身狀況、個人感受較有關，第七宮～第十二宮與大環境、他人的互動有關。若能運用到越多星盤知識便會越有所得。

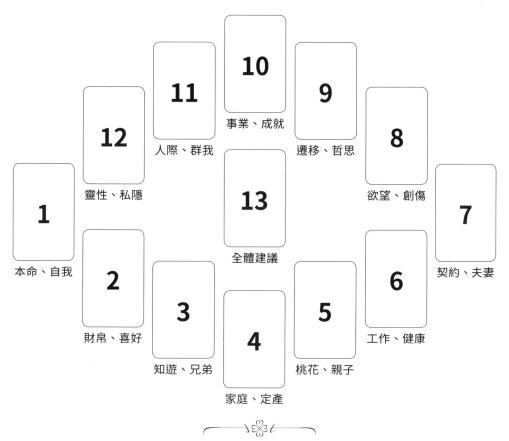

1. 第一宮：自我風格、個人意識
2. 第二宮：價值觀、金錢運
3. 第三宮：學業運、兄弟姊妹相處
4. 第四宮：家庭運、母親關聯
5. 第五宮：戀愛運、子女關聯
6. 第六宮：工作運、身體狀況
7. 第七宮：合作互動、婚姻運

8. 第八宮：性生活、陰暗面
9. 第九宮：海外旅遊、進修運
10. 第十宮：事業運、父親關聯
11. 第十一宮：社群、人際關係
12. 第十二宮：非現實、心靈潛意識
13. 中心牌：整體運勢概況
★建議使用七十八張全牌塔羅占卜。

小動物塔羅牌
Maruco Animal Tarot Card

作者：Maruco
出版：Maruco 小畫室

這副牌以水彩繪製，構圖與設計呈現溫和的氛圍，大牌以二十二種不同的動物來表現，除了主角本身外，還有許多充滿寓意的配角與場景。這麼可愛的塔羅牌，予人一種舒心的療癒感，讓你得以重新擁有信心與能量，接受生活之中的眾多挑戰。

怪奇貓塔羅牌
Weird Cat Tarot

作者：Gabrielle Kash
出版：個人發行

靈感來自貓的好奇心與俏皮，色彩繽紛又童趣。黑底突顯出貓咪們可愛的姿態，而且牠們自成一格的生活態度激發了我們對事物的不同觀點。這套輕巧又友善的塔羅牌，簡化了牌卡中的元素圖像，把偉特塔羅牌的意義幻化為充滿創意的貓咪生活，實在非常有趣。

神話生物塔羅牌
The Mythical Creatures Tarot

作者：Lena Kozachuk & Alex Ukolov & Karen Mahony
出版：Magic Realist Press

這套牌卡是由才華橫溢的俄羅斯藝術家麗娜‧柯扎邱克（Lena Kozachuk）用鋼筆和墨水精心繪製，有著世界神話中的各種神奇和迷人生物，從大眾熟悉的獨角獸和巨人，到鮮為人知的生物角色，都映入我們的眼底。使用冷壓鍍金特殊閃爍技巧，讓牌面上的人物像是鍍了一層金粉般，閃閃發光！

巴哥犬塔羅牌
Mops Tarot

作者：Bianca Burow
出版：PUG & DUCK Verlag

主角都換成可愛的巴哥犬，看到這些無憂無慮的狗狗們，真的有一種溫暖的療癒感。大牌除了原本的二十二張牌之外，還有兩張特別卡，分別是忠誠「Die Treue」和獨角獸「Das Einhorn」；而小牌則是運用巴哥犬身邊的事物來創作，例如四個元素變成（食物）碗、木棍、骨頭和香腸。

烏鴉塔羅牌
Crow Tarot

作者：Margaux Jones Cullinane
出版：US Games

為了向烏鴉的神祕能量致敬，這副烏鴉塔羅牌邀請我們穿越神祕面紗，與我們的直覺力量相連。巧妙創造的七十八張牌融入了傳統偉特塔羅牌的熟悉象徵，使其成為初學者和專業讀者的理想選擇。在牌卡解說書中提供了正位和逆位的含意，還有一個特別設計的烏鴉塔羅牌陣。

內在動物塔羅牌
Circle Inner Animal Tarot

作者：16

出版：個人發行

傾聽內在動物的訊息，所有的生命和宇宙的一切合而為一，如果你願意傾聽，就能感知大自然的回應。我們住在一個廣大連結交織的緊密關係裡，從未脫離過大地。生命的指引無所不在，讓內在清晰的指引帶領著你，帶著孩童般遊戲的心，穿越生命這趟神祕的旅程吧！

月亮美人魚塔羅牌
Mermaid Tarot

作者：Leeza Robertson&Julie Dillon

出版：Llewellyn

牌中優雅的插圖邀請我們接受神祕領域的課程和祝福，提供在塔羅牌占卜中所需要的見解，以推進我們必須面對的挑戰和障礙。透過月亮美人魚塔羅牌的引領，彷彿聽到美人魚的歌聲在呼喚著大地上的人們，讓海洋的力量帶來包容與療癒，讓我們比以往任何時刻都更能感受平靜！

貓熊之道塔羅牌
Way of the Panda Tarot

作者：Kimberly M. Tsan & Celia Libelle

出版：個人發行

捕捉貓熊單純、嬉戲、自省和無憂無慮的本質，以清新舒心的水彩飛墨，將一道道慢活的禪意透過可愛的貓熊姿態呈現出來。以圓滾滾、毛絨絨的貓熊對應塔羅牌中的每一個角色，透過直覺和心理精神特質傳遞出親切而幸福的能量，期待我們也能保有單純，並珍惜當下！

和風香草塔羅牌
和ハーブタロット

作者：麻羽たんぽぽ & 平尾香

出版：和ハーブ協会

二十二張大牌角色都各自結合了兩種日本草藥的設計和含意。藝術插畫家平尾香（Kaoru Hirao）以柔和而迷人的圖案，運用日本特有的和風配色，傳遞出一種優雅的氛圍。留住筆觸的繪製手法，很有自己的風格，並且可以提供更深刻的見解。

東方黎明塔羅牌
The Oriens Tarot

作者：AmbiSun

出版：個人發行

以動物為主題的卡片組，通過神話和空靈的方式反映了大自然，使我們能夠通過精美的塔羅占卜藝術與宇宙及自己建立精神聯繫。參考了傳統偉特塔羅牌的設計及人物設定，經過深思熟慮的研究和分析，精心挑選每隻動物的隱喻意義，讓每張卡都具有豐富的象徵意義和與生俱來的直觀性。

請掃描 QR code 欣賞各式塔羅牌

Chapter 4

知
塔羅思維裡的增益

練習「延伸」：
想要更瞭解塔羅牌，你可以這樣做。

———

想要功夫高深，除了多練習，別無他法。

而若能以思維來修練，牌義就不再難懂！

將思緒投入塔羅世界，讓自己置換成不同人物，

以心窺探，意識自己所創造的事物，

見山是山，再觀見山不是山，終而見山又是山！

———

塔羅牌的歷史由來有此一說：塔羅牌原先不是以牌卡的形式呈現，而是一本書，當君王遇上難解之題時，就會請祭司在這本天書中尋找答案。由此可見，塔羅牌中蘊藏了多少未解之謎。但與其說它神祕，還不如說我們尚未透析牌卡圖像裡蘊藏的知識。當然，研究塔羅牌的老師、學者們也都還在破解塔羅牌與人的關聯性，就如同心理學相較其他醫學來說，也還算是剛起步的階段，研究的年限不長，所以心理學家們也都還在觀察人類與動物的行為對心理層面的影響，竭盡全力想拼湊出一些端倪。

最複雜的是人心，最麻煩的是感情，但這些都是人生之中需要不斷去面對的，如果不能避免，也就只好正面迎戰了。在一張張塔羅牌節錄的場景之中，包含了當下不同的情緒與事件說明，人、事、物都有可能對周遭的發展產生變化，所以我們更要去理解塔羅牌中的每一張牌。在這裡將帶大家從開牌、塔羅裡的數字、塔羅與神話，以及牌義的轉捩點與里程碑，更深入塔羅牌的世界觀，理解符號元素之中揭露了什麼重點，幫助你更熟悉塔羅牌的奧祕。

開牌儀式——締結與牌卡的緣分

　　如果你問我，拿到一副新的塔羅牌時，會不會先進行開牌儀式再使用呢？我的答案是會的。因為塔羅牌畢竟是印刷品，透過開牌儀式來締結與新牌卡之間的緣分，就像是誠心誠意正式結交好友。而我自己的開牌儀式就是好好端詳每一張牌卡的圖面，一邊欣賞一邊映入我的腦海之中，順便確認一下手中的這副塔羅牌是不是七十八張（二十二張大牌及五十六張小牌）的傳統塔羅架構，還是做了什麼樣的變化與調整，例如加入了什麼創意特典卡、重覆角色或自由選擇的備用卡等。

　　在古代，塔羅牌的確有開牌儀式。既名為儀式，就是需要經過一次象徵性的規則，來傳達一種意念，這其中包含了延續傳統、重申信仰及情感通話。有些塔羅占卜師覺得透過開牌儀式就像是與手中的牌卡立下契約，進而能與牌卡所顯示的訊息產生共鳴，解讀時將更能展現與牌卡間的默契。這也許是受到中古世紀黑魔法的影響，類似魔鬼交易，任何的能力都必須付出代價來交換，而塔羅是以靈魂作為籌碼，立下契約，透過儀式，才能喚醒解讀牌卡的本事。以現代的角度來看，比較像是一種心理層面的自我暗示，增加自我的信心，以及對牌卡知識的信賴。

　　另外還有一說，是受到白魔法的薰陶，借助及運用大自然的元素（火、水、風及土）力量，相信世上萬物皆有靈，像是花朵、樹木之中有精靈仙子，山川、泉水之域有靈獸神明。透過類似冥想的過程來達到靜心及感恩，讓自己能尊重世上所有未知的事物，開啟身體的全面感知，提升視覺、聽覺、嗅覺、觸覺及味覺等五感敏銳度，進而加強直覺性及邏輯性。

　　我想，無論是哪一派說法，都是在告訴我們必須對牌卡保有尊重之心。在過去紙張取得不易的年代，獲得這麼珍貴的牌卡，當然要好好照顧，希望能透過儀式來與牌卡更親近，有一種專屬於自己的感覺，就像是為心愛小物取名一樣，每次喚起這個物品的名字，就會覺得心曠神怡。

現在，跟著我一起來看看常見的開牌儀式是如何進行的。日後，當你有了一副新的塔羅牌，便能透過開牌儀式，把塔羅當成一個媒介，讓自己與潛意識締結更深的神祕聯結。

Step 1

將二十二張大牌先整理出來，因為大牌代表精神性的角色，能明確指引出開牌儀式上象徵的意義。

Step 2

在桌面鋪上一塊乾淨的桌布，也有人會特別選用有圖騰的桌布，像是有著保護意涵的大衛之星六芒星圖案，或是有除魔之印稱號的安倍晴明五芒星等，可依照每個人對於各種文化認同來設置。

Step 3

接著在桌布的四個角落分別放上四大元素的物品，下圖是依照**世界牌**圖像中的順次來對應：左上為風，擺上薰香；左下為土，放置礦石；右上為水，準備水杯；右下為火，點燃蠟燭。透過這些物品建立一個保護的磁場，等一下就能用最純粹的能量來抽選出屬於這套塔羅牌的主牌。

Step 4

請依照你習慣的洗牌程序，心中默想著：「**未來的合作夥伴啊！請揭示一張牌卡來作為代表的主牌吧！**」將牌展開後，挑選出一張你喜歡的牌。這就完成了開牌儀式，不分正逆位顯示，選到的這張牌就是主牌。

你在開牌儀式中抽到的主牌，宣告了這套牌卡的解讀風格，若是魔術師牌，牌卡的解答將會比較多元、創新；皇帝牌則是解答訊息較為務實、直接又強硬；若抽到像是死神牌、高塔牌等較負向的牌卡時，也能提醒自己要如何做出正向引導。

輕鬆聊塔羅

個性主牌映照你心

我個人比較喜歡將主牌稱之為「個性主牌」，因為抽牌的人是你，其實當下反應的是你的現況個性，不同的個性在處理不同事物時，當然會有不一樣的配套方式，所以開牌儀式也是一個檢視塔羅占卜師心境的好機會，不然長期使用塔羅牌的占卜師，總是在幫別人卜算解答，有時好像會忘了覺察自己的現況，而在每一次與一副新牌相遇之時，透過開牌儀式幫自己整理一下思緒，瞭解一下自己現下的狀態是否為佳，也是一種良緣締造良機。

結束整牌——心靈歇息的感恩告知

　　一般人可能比較注重開牌儀式，而忽略了占卜結束後的整牌，其實這才是更為要緊之事。

　　我自己的做法是在每天塔羅占卜結束時，將手中的塔羅牌按照大牌二十二張及小牌五十六張的架構，重新整理順序，讓牌卡回歸到原本的狀態，也讓自己的身心靈得到暫歇的訊號，結束因解牌而不停轉動的萬千思緒。

　　為什麼我會說整牌比開牌更重要呢？主要原因有二：

　　一來是在此過程中可檢視牌組張數是不是有遺失。在與問卜者互動的時候，偶爾會將牌卡不小心弄丟，而透過整牌就能確認牌組的完整性，若是真有不見的牌卡，看是不是要啟用備用卡，或是更換一組新的塔羅牌來使用。

　　二來是讓自己達到休止靜心的效果，將忙碌一整天的心智、啟動感應的天線，透過整牌，也同時清理自身的能量，並抱持著感恩的心來善待手中的牌卡與自己。完整順牌結束後，我會將雙手溫柔的置於牌卡上，輕輕道聲：「辛苦了！」再將其收進布袋之中，代表完成了一次人生任務，也讓自己今日的塔羅占卜劃下一個完美的句點。

塔羅裡的數字

生活中習以為常的數字，其實都帶有不同能量。在西方神祕學中，塔羅牌、占星學與生命靈數都是十分重要的學科，而且在數字的變化上，塔羅牌更是有自己的獨到解說，除了能在占卜解讀上輔以更多的意涵來協助破解問題外，還與生命靈數結合，運用每個人的出生年月日來找出自己的代表牌，分別有代表後天成長的個人牌（Personal card）及先天狀態的靈魂牌（Soul card），更有可以預測每年整體運勢狀況的流年牌（Year card）。

數字構成的圖像

在塔羅占卜的解讀上，圖像對增強想像與引導有極大的助益，所以設計牌卡時便把數字化為圖形，隱藏在不同的物件與場景之中，能激發出更多延伸的答案，將狀況中的人事物串接起來，讓答案更全面、更易懂。

數字與圖像意義對照表

數字	圖像	意義	象徵
1	點 ·	**點的出現**，王牌、起始，自我的認同展現，出發行動的意願。 負面：自信的不足與缺乏。	開始、完全、根源、開創
2	線 •—•	**線的連接**，二元論（陰陽、男女、黑白、是非、善惡等），人事物的相互影響與結合。 負面：合作的受阻與困難。	合作、對立、相對、結合
3	三角形	△ ▽ 火 水 ▽ 風 土　**面的成像**，三位一體（聖父、聖子、聖靈），果決的選擇，改變、變化的創意。 負面：過度驕傲的姿態。	共享、改變、思考、協力
4	正方形	形成世界的四元素（火、水、風、土），四方守護（東、南、西、北），保護及穩固的狀態。 負面：面臨壓力的考驗。	穩固、保護、限制、穩定

數字	圖像	意義	象徵
5	五芒星	打破限制、規則、框架、規範，可說是最複雜又最麻煩，亦可代表東方五行（金、木、水、火、土）相生相剋概念。 負面：錯綜混亂中的困境。	失落、衝突、紛亂、碰撞
6	六芒星	△▽（火 水）兩個三角形反正交疊，代表水火的交融、男女的結合，亦可象徵同理心的展現、尋找和諧的認可。 負面：不願意面對與沉溺。	慈悲、和善、接納、分享
7	七芒星	西洋有 Lucky 7 一說，認為 7 是幸運數字，是能量最強的符號，選擇眾多，也最不穩定，代表內心的直觀、完整的祝福。 負面：精神上的偏執。	機會、奮鬥、慎思、費勁
8	八芒星	兩個四方形帶來雙重穩固，數字 8 橫放為數學符號∞，代表具有無限大的能力、等待的意志及毅力、實際的成果。 負面：重新評估決定。	內省、行動、評估、打算
9	九芒星	無限循環的數字，完備的關鍵，理想的概念，如同九宮格填入 9 個數字後，所有連線相加，數字都能相同。 負面：不斷逃避現實。	累積、體悟、成果、孤獨
10	十個點	不能連線成為任何圖形，回到原點。象徵成功的喜悅、即將再出發。1＋0＝1，即回到1的開端，能展開更多可能。 負面：不願接受事實結果。	圓滿、釋放、完成、轉化

占星骰子

靈數生日塔羅

很多人會以為只有發生狀況、要處理事情的時候，才能借助塔羅牌的幫助，其實不然。塔羅的確是屬於占卜之術中的「卜」術，以抽選的方式來論斷吉凶，而占星術與生命靈數則是「占」術，運用推定的方式來趨吉避凶。每一種不同的神祕學都有其必要性與功用，而研究神祕學的學者專家們就想到運用不同的學理特性來截長補短，於是在占星學中就出現了也能進行「卜」術的占星骰子。在骰子的不同面上安排了行星、星座及宮位，運用時可將單一事件的解答化為一個星盤上的狀態，例如木星在射手座落入第九宮，就能對應出解答了。而靈數生日塔羅就是將生日加總的數字帶入塔羅角色，用以分析每個人的性格與天賦特質，進而找到自己的優勢特長。

認識個人牌

個人牌指的是人出生後便息息相關的牌，代表了外在特質，可以藉此瞭解周圍的人對你的印象，以及後天所形成的面貌。

【計算方式】

以生日 1981 / 02 / 05 為例。

將出生年月日裡所有的數字拆開後相加，若是得出大於 22 以上的數字，則須將此數字減去 22，所得出的數字對應的塔羅牌即是個人牌。

例：① 　　1 年　　　　　　　　　②
　　　　　9　　　　　　　　　26　將①的結果減去 22
　　　　　8　　　　　　　　－ 22
　　　　　1　　　　　　　　────
　　　　　2 月　　　　　　　　4　4 皇帝牌就是個人牌
　　　＋5 日
　　　────
　　　　26

★計算靈數生日塔羅時，沒有編號的 0 愚者牌，通常會被視為 22。

認識靈魂牌

　　靈魂牌指的是內心方面和與生俱來的先天資質，也能夠知道你的性格天賦是什麼，藉此瞭解你的信念與優缺點。

【計算方式】

以生日 1981 / 02 / 05 為例。

將出生年月日裡所有的數字拆開後相加，再將所得到的數字拆開，再加總一次，所得出的個位數字對應的塔羅牌即是靈魂牌。

例：①　　1 年

　　　　　9

　　　　　8　　　　　　　②

　　　　　1　　　　　　　　　2　　將①的結果拆開再相加

　　　　　2 月　　　　　　＋ 6

　　　 ＋ 5 日　　　　 ─────

　　 ─────　　　　　　 8　　8 力量牌就是靈魂牌

　　　　 26

★若是遇上 8 的牌卡，可自行決定要依照偉特系統 8 力量牌、11 正義牌，或是馬賽系統 8 正義牌、11 力量牌的角色排序，兩者解說皆可。

認識流年牌

　　流年牌是象徵當年運勢的牌，可直接對應塔羅牌義解讀，預測吉凶。

【計算方式 1】

若 2017 年時占卜，生日 1981 / 02 / 05 為例。

個人牌中算出的數字加上西元年拆開的所有數字，若結果大於 22 以上，請將答案減去 22，再將所得數加上 2017 分別拆開的數字，所得到的答案便是流年牌。

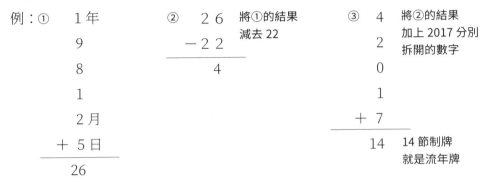

例：① 　 1 年
　　　　　9
　　　　　8
　　　　　1
　　　　　2 月
　　　＋ 5 日
　──────
　　　　26

② 　 2 6
　　－2 2
──────
　　　　4

將①的結果
減去 22

③ 　 4
　　　2
　　　0
　　　1
　＋ 7
──────
　　14

將②的結果
加上 2017 分別
拆開的數字

14 節制牌
就是流年牌

【計算方式 2】

若 2017 年時占卜，生日 1981 / 02 / 05 為例。

將出生年 1981 換成 2017，成為 2017 / 02 / 05，再將所有的數字拆開後相加，若結果大於 22 以上，請將答案減去 22，所得到的答案便是流年牌。

例： 　 2 年
　　　　0
　　　　1
　　　　7
　　　　2 月
　　＋ 5 日
　──────
　　　17 　 17 星星牌就是流年牌

★也可再次拆開相加 1 ＋ 7 ＝ 8，
　8 力量牌為流年副牌，用以輔助說明。

靈數生日塔羅性格分析一覽表

數字	牌名	優點（正向特質）	缺點（負面惡化）
1	魔術師	你是個「靈巧」的人，頭腦清晰、潛力無窮、口才很好、善於組織、自信亮眼。	你有「懶惰」的毛病，神經緊張、欠缺本領、虎頭蛇尾、推卸責任、意志渙散。
2	女教皇	你是個「冷靜」的人，智慧靈性、有條有理、專業低調、氣質脫俗、獨當一面。	你有「焦慮」的毛病，冷眼旁觀、吹毛求疵、曲高和寡、敏銳細膩、消極行事。
3	女帝	你是個「親和」的人，活色生香、母愛爆發、形象優雅、人緣極佳、品味時尚。	你有「做作」的毛病，只看表面、過於享樂、奢華浮誇、感情用事、沽名釣譽。
4	皇帝	你是個「強勢」的人，自我中心、魄力十足、英雄主義、領袖魅力、企圖心強。	你有「固執」的毛病，獨斷專制、刻板主觀、重男輕女、不知進退、脾氣火爆。
5	教皇	你是個「慈祥」的人，遵循規則、撫慰心靈、關懷眾生、傳承知識、腳踏實地。	你有「保守」的毛病，不知變通、憤世嫉俗、愛說道理、情感抽離、自視甚高。
6	戀人	你是個「柔情」的人，喜愛社交、善解人意、興趣多元、可愛討喜、自在愉悅。	你有「善變」的毛病，關係掌控、愛不持久、眼光膚淺、脆弱心軟、情緒勒索。
7	戰車	你是個「直率」的人，行動迅速、顧全大局、觀點前衛、意見領袖、守護信念。	你有「拖拉」的毛病，猶豫不決、前後矛盾、放空停滯、目標短淺、缺乏幹勁。
8 (11)	力量	你是個「堅強」的人，以柔克剛、循循善誘、沉著耐心、責任誠信、克服困難。	你有「自負」的毛病，不聽勸戒、亂用蠻力、輕浮慌張、輕易放棄、隨隨便便。
9	隱者	你是個「獨立」的人，聰明睿智、深謀遠慮、專注一心、堅持不懈、持之以恆。	你有「孤癖」的毛病，憂鬱厭世、孤芳自賞、隱瞞神祕、漠不關心、難以相處。
10	命運之輪	你是個「豁達」的人，富貴幸運、出類拔萃、機會無窮、順流而上、經驗豐富。	你有「悲觀」的毛病，不知感恩、怨天尤人、無法累積、不求甚解、敷衍了事。
11 (8)	正義	你是個「公正」的人，仗義執言、善惡分明、平等待人、言之成理、抱誠守真。	你有「比較」的毛病，假公濟私、伶牙俐齒、無時間觀、好逸惡勞、食古不化。

數字	牌名	優點（正向特質）	缺點（負面惡化）
12	吊人	你是個「奉獻」的人，克勤克儉、吃苦耐勞、謙卑以對、敢做敢當、負責進取。	你有「犧牲」的毛病，靜默無為、被動頹廢、有氣無力、難有突破、丟三落四。
13	死神	你是個「鮮明」的人，一板一眼、看淡生死、心無罣礙、愛恨分明、過目不忘。	你有「自私」的毛病，尖酸刻薄、老氣橫秋、報復心強、同歸於盡、原地踏步。
14	節制	你是個「中庸」的人，不疾不徐、推己及人、彬彬有禮、平心靜氣、神閒氣定。	你有「怕事」的毛病，同流合汙、本末倒置、鬼鬼祟祟、成事不足、拐彎抹角。
15	惡魔	你是個「激昂」的人，全力以赴、所向披靡、左右逢源、風花雪月、感染力強。	你有「執著」的毛病，花言巧語、拈花惹草、大言不慚、金玉其外、無法自拔。
16	高塔	你是個「耀眼」的人，鏗鏘有力、面貌姣好、直來直往、大破大立、無所畏懼。	你有「衝動」的毛病，激進破壞、好高騖遠、走馬看花、不自量力、強人所難。
17	星星	你是個「聰明」的人，口碑載道、八面玲瓏、長袖善舞、獨具慧眼、臨危不亂。	你有「古怪」的毛病，自暴自棄、陰陽怪氣、喜怒無常、大呼小叫、言不及意。
18	月亮	你是個「浪漫」的人，夢幻多情、細緻入微、淡薄名利、相濡以沫、不離不棄。	你有「多疑」的毛病，胡思亂想、穿鑿附會、捉襟見肘、朝三暮四、暗弱無斷。
19	太陽	你是個「熱情」的人，古道熱腸、滿腔熱血、桃花洋溢、幽默開朗、精力充沛。	你有「誇張」的毛病，鋪張浪費、顧此失彼、橫衝亂撞、不識大體、沒大沒小。
20	審判	你是個「念舊」的人，大器晚成、未雨綢繆、重情重義、心隨意轉、交遊廣闊。	你有「徬徨」的毛病，三心二意、反覆不定、悶悶不樂、自我懷疑、不願放手。
21	世界	你是個「兼善」的人，面面俱到、寬大為懷、廣納百川、功成名就、水到渠成。	你有「鄉愿」的毛病，表裡不一、口是心非、畫蛇添足、徒勞無功、故步自封。
22 (0)	愚者	你是個「天真」的人，思想單純、勇於冒險、敦厚老實、創意十足、大智若愚。	你有「任性」的毛病，天馬行空、耳根子軟、容易上當、心浮氣躁、以貌取人。

額外的智慧

　　說起近代塔羅牌額外牌卡的始祖，就要從托特塔羅牌的三張魔術師牌說起。由於印製塔羅牌時需以四的倍數進行，那麼七十八張的塔羅牌就必須加上兩張牌卡才能符合印刷需求，於是出版社就將那兩張空出的牌也設計成魔術師牌，讓大家自由選用，而在說明書中並沒有另外兩張魔術師牌的解說。

　　不過，坊間還有一說，據聞托特塔羅牌中的三張魔術師牌是《聖經》故事中的人物——東方三博士，記載於〈馬太福音〉第二章一～十二節。東方三博士到伯利恆向嬰兒耶穌獻上三個禮物：黃金、乳香和沒藥，後來基督教內相傳三人的名字分別為加斯帕（Gaspar）、墨爾基（Melchior）和巴爾大撒（Balthazar）。不過，這個說法在《托特塔羅解密》（*Understanding Aleister Crowley's Thoth Tarot*）一書中被推翻了，認為就只是一個印刷上的美好巧合。

　　目前的塔羅牌發行出版社會用其中一張來當作標題卡，載明這套塔羅牌的名稱、作者及繪者，另一張則拿來當作廣告卡，印滿該出版社的其他款式塔羅牌。另外，也有一些藝術家會添加自己的創意在多出來的兩張卡片上，放上專屬於自己的定義，延伸創作精神與心靈溝通，例如奧修禪塔羅（Osho Zen Tarot，臺灣前譯「奧修禪卡」）中的師父卡。不過，目前大家比較耳熟能詳的就屬**空白牌**與**快樂松鼠卡**（Happy Squirrel）了。

　　其實每個人都可以自由定義想要添加的牌卡，可用於塔羅占卜之後，能使解讀答案的層次更為豐富，且更有特色風格，是一個很棒的嘗試。唯一要特別注意的是，不管你想添加哪一種牌卡，**請務必遵循相同的抽選機率**，也就是你想加入多少卡片都是可以的，但同樣性質意義的卡片不能加入兩張。曾有學員想將兩張廣告卡都放進牌組中使用，當成空白牌來定義，但其他牌卡都只有一次被抽選的機會，而廣告卡卻有兩張，也就是有兩次機會，這樣的運用就是不公平且不合邏輯的。請千萬特別留意。

空白牌

✦ 空白牌 ✦

前文提到為符合印刷的考量會多出兩張卡片,而在古時顏料可是很昂貴的,因此出版社對這兩張空白卡片原本並沒有設計上色的打算,就讓它們留白,而且還想好了用途:當你手中的牌卡損壞或遺失時,空白卡片就能派上用場了。

是的,空白牌原本是用來作為遺失牌卡的替補。演變至今,有許多塔羅占卜師會將空白牌也加入占卜中使用,緣由或許來自於北歐符文的盧恩石(Runes)占卜,其中有一個空白的石頭,於是乎空白也被賦予了意義,後來也被引用進入塔羅牌之中。

關鍵字:留白

空白牌在卜算中的意涵是無限的未來,沒有框架!也可以解讀為暫時放空、緩一緩之意,就像我們偶爾會想發呆一樣,那種出神的輕鬆,也挺不賴的。先放空一下,或許還有其他意想不到的遠大計畫在等著你,畢竟生命的變化比你想像中的還不可預測,可能會為你帶來一些驚奇。

由於空白牌並不是一張在塔羅牌規則中的牌卡,也有其他占卜師將其定義為「當問卜者沒有好好發問時,就會抽到這張空白牌」。

誠如上述,只要找出定義的方法,你想怎麼使用空白牌都可以,例如當你定義空白牌是遺失的聖杯 7 牌的替補,那它就是聖杯 7 牌了。但若你不打算使用空白牌,請一開始在檢視牌組張數時就將它們取出,或是收進包裝盒中,以免在占卜時誤用了。

快樂松鼠卡

快樂松鼠卡

快樂松鼠卡源自於著名卡通《辛普森家庭‧麗莎的婚禮》（*Simpsons Series 6, Episode 17 Lisa's Wedding*）。故事敘述主角中的姊姊去算塔羅牌，竟抽中死神牌，心裡感到有些擔憂，但後來占卜師又抽了一張牌，稱其是快樂松鼠卡，並告訴她這張牌可能是模糊而神祕的，整體牌義意味著轉變，無須擔心。隨著這部受歡迎的卡通，快樂松鼠卡躍入眾人腦海，再透過集體意識的催化，就成了眾多藝術家創作的舞臺。

不過，到底要怎麼解釋快樂松鼠卡呢？其實，可以由你自己來設定它的牌義。對我來說，松鼠笑嘻嘻的拿著橡實，彷彿簡簡單單的小確幸就能輕易滿足內心需求，帶著一些搞笑、滑稽的成分，還有一點諷刺感，我覺得快樂松鼠卡還滿很可愛。這是我自己的觀點，給大家做個參考。

關鍵字：簡單

「簡單」或許就能帶來幸福吧！放下一些讓自己感到沉重的事，千萬不要太執著，跟自己過不去！生活之中，有很多複雜又難以掌控的事，不妨多點彈性，去享受得到喜悅的過程，還有懂得知足常樂！

現在許多創作者在繪製快樂松鼠卡的時候，會在牌卡說明書中敘述自己的創作動機，與大家分享到底是什麼觸動了繪製的想法，所以若是有機會看到快樂松鼠卡，也可以翻一翻原作者的說明書，或許能看到不一樣的見解喔！

塔羅日記——每日抽牌的自我練習

在學習塔羅牌的過程之中，不可能無時無刻都有人生難解之題可供練習，那該如何獲得解讀的題材來提升對牌義的理解呢？也許有人曾經聽過「塔羅日記練習法」，就是像寫日記一樣，每天運用一點點時間來熟識塔羅牌。說穿了，就是一種習慣的養成、體驗的增長，用以增加對塔羅牌元素架構的印象、牌義的對應，並擴大看事情的眼界，進而對牌卡蘊藏的道理能更加理解與認同。

進行的方式其實很簡單，請先準備一本自己喜愛的筆記本，或是有日期的行事曆，接下來就是決定你習慣抽牌的時間點。我以每日早上出門前抽牌為設定，來說明流程。

剛開始練習的頭幾天，將牌卡以自己喜好的程序完成洗牌，然後抽出其中一張，以此作為今日的狀況分析。接下來，請將所抽到的牌打開，登記在筆記本中，並好好觀察牌中的場景樣貌，或回想一下你所知的塔羅含意，作為當日的提醒。這個方法能夠打開你的精神，讓自己變得較為敏銳，也會對身邊的小事物有更多的觀察，假以時日便有助於提高解讀時的精準度。

過一陣子之後，或許可改用另一種方式進行，比如抽牌後不開牌，等一整天過去之後再翻開牌卡，對應今天所發生的大小事，讓自己能聯想、理解，想想：如果一開始就打開這張牌卡，它要給你的建言會是什麼？

無論採取哪種方式，都要以放鬆的態度來進行，別當成是一次正式的占卜，而是一次自我練習。一開始一定搞不懂每張牌卡所要表達的訊息，但能讓你有再次接觸牌卡的機會，記得一定要把看到的畫面、想到的句子都記錄起來。至於要進行多久，其實沒有一定的準則，但只要持之以恆，點點滴滴累積，慢慢領悟到牌卡中的揭示，久而久之就能找出專屬於你的解讀法則了。

牌義的關鍵里程碑

　　畫，承載了許多記憶和感動，塔羅牌中的每一個畫面都是一個故事，一個時刻的縮影，有些人會憶起當下的情愫，也有人會受到劇情感染，而這些都是記錄了一份心意的發展與對未來的想像。

　　塔羅牌也是如此。每一張牌卡都代表了一個實際的心情狀態，但面對存在於畫作中的不同人物與場景，每個人又都各有不同的情緒和心境，到底我們該如何去瞭解和對應，又該怎樣運用在占卜解讀之中呢？也許你我都該設身處地去體驗，只要明瞭別人的感受，進入角色的思維之中，真正做到換位思考，一切答案就都豁然開朗了！

　　牌，承載了特別的任務，將人生之中所經歷的片段濃縮在七十八張畫作之中。當我們抽到某張牌卡時，其實就是一個提醒，要我們在這瞬間發現自身的盲點，因為接下來的路該怎麼走就是關鍵點。但是，牌卡也貼心備妥了未來的希望，當我們看到不同牌卡的時候，就知道遠方有著各式各樣的里程碑等著我們，那是一道指引的光。

　　現在我們將進入每張塔羅牌的世界之中，當起牌卡裡的主角，用他們的思維來想事情，能更瞭解牌義所要傳達的情緒與意圖，讓我們知道何時該展開行動，進一步覺察因果萌芽的道理，知悉牌卡正位、逆位的關鍵字延伸，再接續觀察牌相上的細節與形態，進而能將整套牌卡之意相互串聯、全面貫穿，學習如何面對問題、處理問題。最後，將你我潛藏的意念對應到每一次的解讀中，達成自我驅動的目的，成就為一位專業的塔羅占卜師。

二十二張
大阿爾克納牌義詮釋

二十二張大阿爾克納中的角色人物，

表現出各式各樣靈魂的原型樣貌，

能解答關於心態與環境的影響。

從愚者牌開展的愚人之旅，

帶領我們經歷不同的生活與觀點，

前進瞭解潛意識的變化與反應，

是十分重要的樞紐所在，

而用這二十二張大牌進行占卜，

也最能透析問題的狀況與解決之道。

愚者

---

0 The Fool

享受當下，
讓心胸自由敞開，
迎接所有未知的可能。

正位關鍵字「冒險」

聯想詞　單純、自由、出發、
無拘束、遠行、新機遇

| 特質 | 壞 | 20 40 60 80 | 好 |
| 屬性 | 弱 | 20 40 60 80 | 強 |

正位意義

　　愚者，是一個很輕鬆的存在。看起來毫無煩惱，帶著天真單純的心，不在意自己破損的衣角，手持著一朵小白花，熱情而有生命力的站在懸崖邊，欣賞著一眼望去的美景，眼前的世界是什麼？令人充滿期待。心善的特質引來身邊好友——狗兒的陪伴，無論是一路上給予支持，還是提醒危險，都是一種友好的象徵。啟程的時刻，也就是相信自己直覺的當下，隨心而至。信賴自身的潛力，讓自發性的行動為你帶來體會，就算是到處流浪，也要大無畏的跨出腳步，因為精神是自由的，這個未知的冒險將為自己帶來無限的可能，給自己一個爽快吧！**愛情裡**，請別讓自己感到後悔，現在就起身為自己做些什麼，告白可行；**事業上**，可以踏出舒適圈，接受一些新轉變，將會是一次很有意思的人生體驗。

逆位關鍵字「任性」

聯想詞 愚蠢、不注意、沒計畫、散漫、亢奮、無知

特質	壞 ——◇———————— 好
	20　40　60　80
屬性	弱 ————◇—————— 強
	20　40　60　80

逆位意義

　　「明之山有虎，偏向虎山行。」這句話明顯表達出愚者牌逆位的心情，為了做而做，為了反對而反對，就是任性又怎樣？其實心中早就知道這不是一個好決定，但就是賭一口氣，非做不可。因為你覺得自由被限制了，只想打破心中的不快，就算是愚蠢的行動也在所不惜！衝動會讓我們做出不適當的反應，若你真的執意而為，就請你為自己招致的結果負責。說真的，沒人能百分之百的告訴你什麼是好、什麼是壞，端看你自己如何看待。若你真的能信賴自己的直覺和信心，說服自己這是一個對的選擇，也許還值得一試。倘若還是以過往失敗的經驗與懷疑的態度行事，也許該停下腳步，好好三思！**愛情裡**，不是傻傻的追求就會有結果，令人感覺只是想玩玩而已；**事業上**，各方面都需要多點規劃、少點橫衝直撞，避免粗心大意。

愚者的塔羅思維

・**過去（意圖）**：相信直覺，放開恐懼，活在愉悅之中，重拾孩童般的單純，想讓夢想起飛，就跟隨你的心！

・**現在（目的）**：自在的投入未知，展開新階段的冒險，刺激感到無力的生活，瘋狂一回，擁抱自己做的每個決定。

・**未來（動作）**：活在當下，說走就走，懷著開朗的心情大步前進，也許有人告誡你會遇到一些危險，但在還沒發生之前，一切都沒什麼好擔心。

延伸學習

關聯解析

當世界牌逆位之時，在解讀上有此一說：解答為回歸沒有編號的愚者牌，凡事得重頭再來。

場景雷同

一樣站在頂峰，有開拓新視野之意，但權杖 3 牌多了探索、領導、海外航行、貿易交流等解釋。

魔術師

I The Magician

變化是創新的起步，
擁有專業才能，
並能整合資源。

THE MAGICIAN.

正位關鍵字「創造」

聯想詞 技能、領導、整合、
有創意、靈活、專業

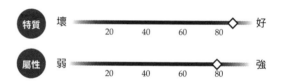

| 特質 | 壞 ——————————————◇—— 好 |
| 屬性 | 弱 ——————————————◇—— 強 |

正位意義

　　人生本來就是一齣戲，而站在舞臺上的你我該如何演得精彩呢？身著引人注目的紅袍且高舉手中權杖的魔術師，擁有無限的創造力與新點子，不僅有頭頂上的無限大符號能量加持，加上又能自在運用放置在桌面上的四元素物品——權杖（火）、聖杯（水）、寶劍（風）及錢幣（土），只要有了整合資源的想法，就能將這些力量為己所用，貫徹思路化為熟練的技巧。環境中的白百合與紅玫瑰，塑造出既熱情又純粹的空間，讓我們在思考變化時，能夠秉持明確的目標，朝正向展開行動。這就是從 0 到 1 的過程，把空想化為具體實現，正是築夢踏實的精神。聚光燈正打向你，只需好好將本領表現出來，就能贏得掌聲！**愛情裡**，有新的親密關係正在萌芽，多認識人會更有機會；**事業上**，可以接受一些新的挑戰，讓自己迎接即將到來的成功。

逆位關鍵字「習慣」

聯想詞
分神、不變化、優柔寡斷、虛偽、無目標、懶惰

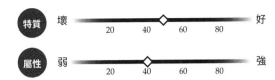

特質	壞			好
	20 40 60 80			

屬性	弱			強
	20 40 60 80			

逆位意義

明明掌握在手中的物品，如果一個不小心從手中滑落，是不是覺得很嘔？當魔術師牌逆位時，映入眼簾的第一幕不就是桌上的四元素全落在地上？無法使用這些資源就容易顯得無助，有時索性放著不管。這也常用來形容江湖術士，因為技藝不純熟，只會讓人看破手腳，且無法將事情處理得盡善盡美，原本能從天地中獲取能量，創造局勢，卻因為自己的不確定性而蒙蔽聰明的心智，只會人云亦云、隨波逐流，不再是大家眼中的專家，甚至有說大話的問題出現。打破習以為常的做法，是面對此一困境的解決之道，透過知識的力量頓悟知所進退的道理，才能在當下拿出最佳表現。**愛情裡**，要避免枯燥乏味，請多製造浪漫與新意；**事業上**，重新找到目標，並保持自律，一步一腳印，才能務實成就。

魔術師的塔羅思維

· **過去（意圖）**：凡事在還未被實現前都不算有價值，需要透過我們的意志去建立、創造、開發，成果才能漸漸成形。

· **現在（目的）**：是聰明伶俐、溝通力強的人，很容易吸引到許多關注，獲得很多新知與協助，輕鬆就能完備計畫中的新方向。

· **未來（動作）**：坐而言不如起而行，主動去實踐你心中的新想法，讓點子付諸實行，令人眼前為之一亮吧！

延伸學習

THE SUN .

關聯解析
太陽牌中充滿活力的小孩，對任何事都感到好奇新鮮，也願意嘗試，能獲得很多新經驗。

ACE of WANDS.

意思相近
掌握資源的權杖1牌，也同樣代表事物的開端，並有本事去拓展推動，展現積極的行動力。

THE HIGH PRIESTESS

女教皇

II The High Priestess

智識常駐你心，
傾聽內在，
靜待每一次被解答的機運。

正位關鍵字 「智慧」

 聯想詞 理性、陰柔、獨身、
冷靜、神祕、壓抑

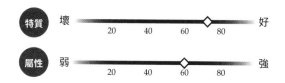

| 特質 | 壞 ————————◇———— 好 |
| 20 40 60 80 |

| 屬性 | 弱 ————————◇———— 強 |
| 20 40 60 80 |

正位意義

　　身為與神溝通的使者，是處女聖母的形象。頭上的月亮三女神（新月、滿月、殘月）陰晴圓缺裝飾，代表了女性的生命循環（女孩、女人、老婦），每個階段都能體會經驗、成長智慧。身後布簾上的石榴與棕櫚，則是多產的象徵、神祕的泉源，黑白柱子上有所羅門聖殿上的符號 B（Boas）和 J（Jachin），象徵著闇與光，意寓陰陽、是非、對錯的二元論，是一個既對立又平衡的事實，只能靠手中寫著 TORA 的捲軸，提醒自己早已通透神聖的奧祕知識，將充滿感情的月亮踩在腳下，控制情緒的起伏，才能冷靜的傳達出正確而有制度的指令，讓一切事物都在軌道之上，背後還藏有一大池平靜的水，代表平靜如水的內在深層直覺將會帶領你，請靜心聆聽指引。**愛情裡**，偏向保守傳統，似冰山美人難以親近，活在自己的小天地中；**事業上**，專業低調，一心一意用有效率的方式完成任務。

逆位關鍵字「膚淺」

聯想詞 閒言碎語、偏心、誤會、狹隘、不思考、放任

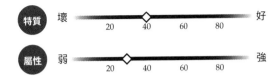

| 特質 | 壞 —————◇———————— 好 |
| 屬性 | 弱 ————◇————————— 強 |

逆位意義

　　堅持獨身好一陣子的你，也想偶爾卸下偽裝，感受溫和的情感交流，一旦離開制度的約束，原先被動的狀態也轉為主動，難免會像脫韁之馬漸漸失去控制，甚至懷疑起之前所堅守的信念，不再理性思考，而讓情緒走在最前頭，似乎忘記了做自己跟有禮貌只有一線之隔。只看到想看的角度，認定單一觀點的事實，將來也容易成為別人攻擊的標靶，導致陷入複雜的人際關係之中。置身於流俗中，或許能得到一時歡愉，但真的是內心想要的嗎？原先擁有的智慧與神祕是一種無法透過言語表達的直覺，而這心靈的省思才是奠定自我樣貌的基石，要將靈感預兆用有意識的明晰表達出來才是。

愛情裡，也許太過壓抑，感覺可以多點釋放，但小心過猶不及；**事業上**，處事不該太刻板或過於隨便，做決定時要留意分寸。

女教皇的塔羅思維

· **過去（意圖）**：無須隱藏你的見解，相信內心的聲音會指導你，用智慧來啟動直覺力，將超越你所知的答案。

· **現在（目的）**：冷靜觀察發生的一切，並敞開心胸，不下任何評斷，沒有干預能更加直觀，有知識的你能夠分享智慧，找出最佳方案。

· **未來（動作）**：欲實現目標，先確認是否值得，直覺與智慧將啟動靈感，而制度化能助你在充裕時間內展開布局！

延伸學習

意思相近

對於所有事物都冷漠以對的寶劍王后牌，同樣也是把自己的心情埋藏起來，方能成就一番功績。

場景雷同

原先為黑白雙柱的殿堂，在教皇牌中變為灰色，象徵兩者的融合與過渡，不再明顯的對立。

女帝

III The Empress

大自然恩賜的美善，
讓夢想能在對的時間被實現。

正位關鍵字「豐收」

聯想詞 生育、愛與美、母性、
萬人迷、幸福、關愛

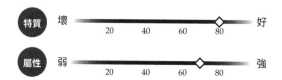

特質	壞 —————————◇———— 好
	20　　40　　60　　80
屬性	弱 ——————————◇———— 強
	20　　40　　60　　80

正位意義

　　在豐饒的森林之中，透過親近自然達到平衡狀態，一切都已經來到成熟的時刻，女帝輕鬆坐臥在這片飽滿的穗子裡，象徵她正散發著最有韻味的母性，孕育著地球上的生命，讓此循環源源不絕。有大地之母稱號的她，如身旁金星符號所代表的，是美與愛的化身，從內心湧出的愛充滿包容與體諒。任何人在女帝身邊都能感受到多情與溫暖，因為她很重視感官所帶來的知覺，所以重視透過親身體驗來確認什麼是幸福。瞭解了這份心情，進而將愛展現與分享，而世間萬物也會給予良好的回應，為你帶來各式各樣的喜悅，擁有著美與善，充滿活力。**愛情裡**，美麗而有魅力的你會受到很多追求，請好好享受甜蜜戀情的到來；**事業上**，計畫都已經萬事具備，只要肯努力就會有豐盛的成果。

逆位關鍵字「失焦」

聯想詞 崩潰、不豐盛、魅惑、
意志薄弱、安逸、虧損

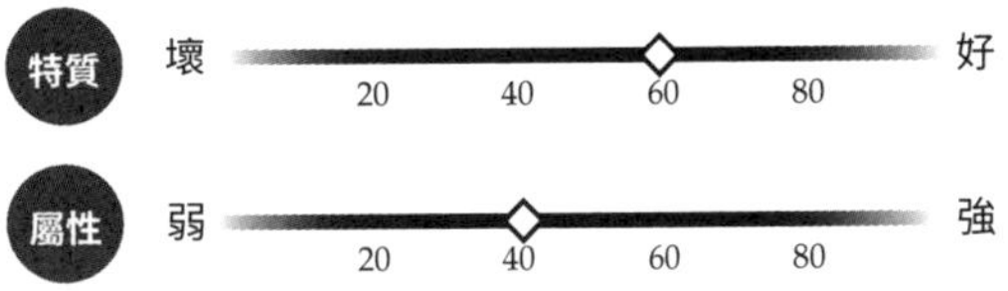

特質	壞	20	40	60	80	好

屬性	弱	20	40	60	80	強

逆位意義

� 倘若不是出於真心，又何必裝模作樣，正因為處事失焦，只是虛晃一招，當然達不到成果，無法以豐收作結。這就是女帝牌逆位要給我們的提醒。母愛的給予不該是隨便敷衍、恣意妄為，只為了展現虛榮心，而做做表面工夫，其實是白費力氣，根本無法好好觀照自己與他人，最後搞得身心俱疲。重要的是該思考怎麼做到恰如其分，特別是情感面的付出，過度濫情或裹足不前都有可能在此發生，也開始跟人比較。對自己特有的女性柔美特質感到迷惑，陷入無法自我認同的狀態，忽略了自己不喜歡的部分很可能是別人欣賞你的地方。**愛情裡**，只想著要享樂，不在乎對方是否真心，欲望太多又任性放縱，目前不適合生育；**事業上**，傲慢又缺乏上進心，價值觀偏差導致計畫發展困窘。

女帝的塔羅思維

· **過去（意圖）**：美與愛是創造力的來源，母性的照顧能表達出關懷，你擁有很多，所以懂得以分享來實現想法！

· **現在（目的）**：你喜歡關懷別人，且珍惜世界，因為你有能力傳達出這些溫柔，體驗感官而獲得樂趣，故能加深與自然的連結，讓你能擁抱生活。

· **未來（動作）**：在生活之中能欣賞美好的事物，善良將成為一種高度，富有同情心，並能理解回應，大家都十分喜愛你，同時你也獲得滋養與充實。

延伸學習

關聯解析

聖杯 3 牌中描繪出享受豐收喜悅的當下，能開心與周遭的人分享也是一種愛的表現。

場景雷同

溫柔的錢幣王后牌主角除擁有包容與母性外，還有豐饒大地所提供的資源，一切都能為她所用。

皇帝

IV The Emperor

**理解什麼是真正的權威，
建構基礎能為我展現責任。**

正位關鍵字「權力」

聯想詞 地位、鞏固、支配、
信念、統御、權威感

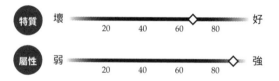

特質	壞				好
		20	40	60	80
屬性	弱				強
		20	40	60	80

正位意義

　　代表父親原型的皇帝牌，告訴我們什麼是責任。在皇帝嚴肅的形象之下，我們也許會因為權威感而有些距離，但也因為他的組織化運作才獲得衣食無缺的生活。穿戴在皇帝身上的盔甲，隱藏了他的情感，因為力求完美的他需要堅持嚴謹的規則，才能掌握手中的事物，創造出屬於自己的王國。除了外在權力，更重要的是自身有沒有足夠的知識與技能，這些本事才是治理國家的根基。打天下後，如何去管理、去展現強盛，如何讓人信服於他的野心和企圖心，都須透過自律的訓練，並瞭解到控制情緒與脾氣的重要性，才能獲得他人的尊敬，進而表現出有建設性的統御力，才能創建真正的穩固。**愛情裡**，顯得較為大男人心態，凡事都以務實來思考、處理，少了情趣，但會認真交往；**事業上**，努力領導，支配得宜，主動出擊為自己贏得好成績。

逆位關鍵字「學習」

聯想詞 執著、暴躁、大男人、
耳朵硬、不負責任、武斷

特質	壞			◇			好
		20	40		60	80	

屬性	弱				◇		強
		20	40		60	80	

逆位意義

　　也許你曾獨霸一方，但現在突然遭遇到挫敗，在不情願的狀態下卸除職責，要你將手上的權威讓出來，重重的打擊了你的信心，總是崇尚眼見為憑的信念已不復存在，也不再是你說了算的時代，意志開始變得薄弱，容易受到別人的言語影響，最後對於自我價值存疑，甚至變得膽小怕事，畏畏縮縮。雖然當皇帝牌出現逆位時在情緒和個性上有強調惡化之意，必須留意控制自己的脾氣與觀點，以免對周遭事物產生不良的干擾。其實在自我觀點被推翻的時刻，應該回歸內在權力的形塑，想想當初建立起的理想形象到底是什麼，是如同父親一般擁有寬厚肩膀，還是像公司老闆一樣有著遠大抱負？先定位清楚，再著手進修各方面的本事，重振雄風。
愛情裡，占有欲強烈，總要對方聽話，令人反感；**事業上**，自命不凡，倚老賣老，指責過多易導致士氣低落。

皇帝的塔羅思維

· 過去（意圖）：已經有先前的成功經驗與規範，使你能有效率的達成目的，帶來一些收穫與肯定，但接下來也該思考這些規範是否合乎時宜。

· 現在（目的）：我是對的，請照我的規則行事！即便是正確的事，若採強硬手段，也可能事倍功半。

· 未來（動作）：過於刻板的想法會影響實質資源的運用，權力的確在你手中，專制可以為你帶來規矩，但未必能使人信服！

延伸學習

意思相近

有目標及企圖心的權杖國王牌主角，自信滿滿又智勇雙全，一下子就能完成自己想要的成就。

關聯解析

錢幣 4 牌中的人物展現出強大的執念，對於自己想要的東西，得到了就絕對不輕易放手。

教皇

V The Hierophant

**精神的完整有助於靈魂的提升，
並引領我們前行。**

正位關鍵字 「援助」

聯想詞 幫忙、貴人、年長、
尊重、慈悲、啟蒙

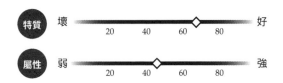

| 特質 | 壞 20 40 60 80 好 |
| 屬性 | 弱 20 40 60 80 強 |

正位意義

　　任何人都能擁有知識，但如何將其傳遞出去，就是另一層次的智慧了。場景所在的灰色聖殿裡，黑與白的融合代表不再以二分法來看待事物。精神層面上，將三位一體（聖父、聖子、聖靈）揭示於權杖和服裝，以三個十字架來表現其神聖，而三層皇冠則象徵身心靈三種不同層次。前方聆聽教導的傳教士，寓意我們總能透過儀式來獲得救贖，感受教皇用人生經驗當鑰匙所開啟的領悟，用以指引出最佳的道路，而且不單單只是告知，還一路相伴，是友直、友諒、友多聞的益友，也是讓精神得到支持的導師。信仰所帶來的是一種心靈上的平靜安祥，每個人都需要在人生路上相互扶持，若你願意奉獻，將是一種高貴的情操。**愛情裡，**能獲得互相依賴的愛，心裡感到十分滿足，結婚是未來的藍圖；**事業上，**擁有他人的信任，能夠得到幫助與合作，也能獲得好經驗及好意見，任務得以完成。

逆位關鍵字「拘謹」

聯想詞 遲鈍、同理心、精神不濟、空虛、耗弱、教條

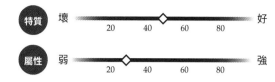

特質	壞 ——————————◇——————————— 好
	20　　40　　60　　80
屬性	弱 ——————◇——————————————— 強
	20　　40　　60　　80

逆位意義

　　因心靈上的不滿足，導致嚴重的困惑，不知何者才是正確的，開始對應該遵循的道路產生質疑。在這個狀況之下，你想尋求貴人協助，不見得是親朋好友，而是一個精神寄託，因為先前你沒有獲得認同與支持，對此感到不安，但當教皇牌顯現逆位時，要我們回想的是：你求助時，有無傳達出你需要安慰？也許對方根本尚未理解你的想法，在毫無頭緒之下只好不停試探，給了很多無用的見解，反而顯得無濟於事，讓你的心情更消沉，其實你只是想要跳脫制式框架，想去試試自己的道路，別人的建議只是參考用，真正握著鑰匙的人是你。去探索心智，找到屬於你的真理吧！**愛情裡**，別害怕從朋友圈中找對象；**事業上**，猶豫不決，易被誤導，前輩的意見可讓你避免錯失先機。

教皇的塔羅思維

· **過去（意圖）**：你很樂意幫助別人，但請以循序漸進的方式進行，才能夠帶來安全的舒適感，也才能確保你想表達的概念能被接受與實踐。

· **現在（目的）**：教導大家可以遵循內在精神面的引領，走向對的道路，彼此相互陪伴與成長，善解人意的智慧已經昇華且融合於日常經驗。

· **未來（動作）**：有貴人給予指導，會有些高標準的要求，但你能以身作則，管理好自己，並打造出良好的榜樣。

延伸學習

場景雷同

同樣在背景上有兩根灰色柱子的正義牌，有地位崇高之意，展現出公認的價值觀及決斷力。

意思相近

充滿慈愛的聖杯國王牌，和皇帝牌一樣以同理心去關懷眾人，並有能力提供實際的鼓勵與幫助。

戀人

VI The Lovers

愛中的浪漫與理想
可以是一種選擇，
也能夠是一種平衡。

正位關鍵字「結合」

聯想詞

和諧、互助、同心協力、
愛情、認同、祝福

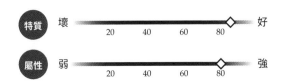

| 特質 | 壞 | 20 | 40 | 60 | 80 | 好 |
| 屬性 | 弱 | 20 | 40 | 60 | 80 | 強 |

正位意義

　　伊甸園的故事是戀人牌所描繪的場景，亞當與夏娃得到大天使拉斐爾（Raphael）的祝福，收下溫暖的愛向光，將決定一段美好的關係。裸身的兩個人是如此天真與純潔，不帶任何執念，盡情體會著天賦的喜悅。然而某日亞當受到蛇誘惑而吃下禁忌之果（蘋果），對異性產生了慾火，於是對夏娃展開追求，進而誕生了人類。愛無對錯，只是一種選擇，而他們選擇遵循心中對彼此的認同與承諾，不單單只是表面的結合，更是陰陽的調和、強弱的平衡，還有表象知覺與潛在意識的貫通，投射出的行為更是直接不再隱藏，在人生各方面都能合作互信。**愛情裡**，出現兩情相悅的對象，戀情即將萌芽，請敞開心胸，欣然接納；**事業上**，找到志同道合的夥伴，所有人都溝通良好，夢想得以達成。

逆位關鍵字「選擇」

聯想詞 第三者、干涉、不一致、躲避、推卸、依賴

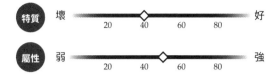

特質　壞 ————◇———— 好
　　　　　20　40　60　80

屬性　弱 ————◇———— 強
　　　　　20　40　60　80

逆位意義

當戀人牌出現逆位的時候，揭示著魚與熊掌不可兼得的道理，如同在傳統婆媳關係之中，當了好兒子就可能做不成好老公；生活上，忙於工作就顧不了家庭。這些角色都是一種選擇，而在當下只能擇一，該如何取捨？尤其是在人際關係的互動上，該順從自己的價值觀，還是去迎合他人的期待，或是逃避處理彼此間的情感，轉向投入第三者的懷抱？不和諧的步調可能會讓你在不耐煩之下做出錯誤的選擇。沒有人知道付出愛時什麼是最好的，但至少要相信自己的直覺，做出不後悔的選擇，無須從別人的回應來看自己。別誤會，沒人逼你要怎麼做，若你真的做不了選擇，不選擇也是一種決定。**愛情裡**，早知這段關係不適合，看你願意做出多少妥協；**事業上**，不信任、不長久的合作只淪為互相利用。

戀人的塔羅思維

· **過去（意圖）**：相信你的本能，你完全瞭解自己的渴望是什麼，也很珍視準備結合兩件事物的決定，這是一個經過深思熟慮後的明確抉擇。

· **現在（目的）**：想將兩股能量合而為一，伴侶間建立起深厚的密切關係，你意識到這對追尋圓滿將是不可或缺的。

· **未來（動作）**：你將知道生活中需要什麼，也知道該如何去獲得你想要的，人與人之間相互關注，將愛帶入生活之中，才能體會完整。

延伸學習

THE DEVIL.

重要差異

相較於表現出愛情的戀人牌，惡魔牌則更著重在欲望的部分，特別在解說愛情時強調性關係。

意思相近

聖杯 2 牌中的兩人互相欣賞、互相喜歡，有愛情萌芽之意，故有「小戀人牌」的稱號！

戰車

VII The Chariot

真實的我會如何邁進？
探索計畫即將展開！

正位關鍵字「勝利」

 聯想詞 行動、獲利、自信、前進、明確、企圖心

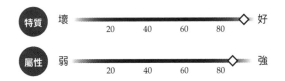

特質	壞 ——————————◇ 好
	20　40　60　80
屬性	弱 ——————————◇ 強
	20　40　60　80

正位意義

　　在實行任何計畫之前，你做好準備了嗎？由黑與白雙色人面獅身所引領的戰車，在理性嚴肅與感性慈悲的想法之下，已經全然達到平衡。緩步平穩向前的姿態，並不是侵略，而是自律的表現，並且明瞭此行的意義，帶著前進的決心，背對城市準備向前採取行動，出發在即。沒有韁繩，代表已不再用蠻力來駕馭，只用手中的權杖便能發號施令，而裝飾在雙肩上一悲一喜的月亮臉孔盔甲，已不至於對你造成任何情緒干擾，而是一種堅強意志力的展現。戰車牌的顯現，提醒我們需要改變與移動的時機已來臨，請開始思考什麼會是你未來的目標，這將是一次挑戰與考驗，務必全神貫注，傾力拿下勝利。**愛情裡**，若確定此人是你傾心的，就拿出積極的態度來追求，打造理想戀情；**事業上**，選擇主動出擊，將能喚醒你的幹勁，認真打拚能夠帶來豐厚成果。

逆位關鍵字「矛盾」

聯想詞 失敗、自暴自棄、困頓、走錯路、混亂、暫緩

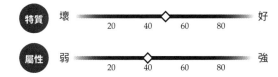

特質 壞 ———————◇——————— 好
　　　　　20　40　60　80

屬性 弱 ———————◇——————— 強
　　　　　20　40　60　80

逆位意義

才剛起步就遭受阻礙，面臨失敗，這條路是對的嗎？也許你本來還想待在原地，但因為發現自己漸漸失去競爭力而有些擔憂，然而行動過於匆促，明明尚有不佳的狀態需要調整，卻仍想逞英雄往前衝。因為自信爆棚而造成輕率，選擇走了不光明的小路，這就是戰車牌逆位要說的重點。在踏上自我瞭解的道路上，若是沒有目標，切勿輕舉妄動的求取表現，因為這樣不但會使周遭的人受到傷害，也會使你無法沉著的觀察局勢，在動作過大之下只會招來徒勞無功的結果，甚至會為了想贏而變得不擇手段、暴力相向。此時應該先停下腳步，觀想內在真實欲達成的未來，把藍圖畫好再實踐顯化。**愛情裡**，個性靦腆害羞，毫無打算，戀情告吹；**事業上**，野心太大，做事紊亂凌散，只知道橫衝直撞。

戰車的塔羅思維

· **過去（意圖）**：這時需採取行動繼續前進，建立方向與信心，你的決心將超越你的能力，與你一起迎接大功告成！

· **現在（目的）**：你充滿勝利的力量，擁有自信與動力，可以面對任何挑戰，請刪除不必要的擔憂，透過你的意志，專心一致將會協助你跨越考驗。

· **未來（動作）**：沒有什麼可以分散你的注意力，請做到堅定、直接、積極且奮進，這股毅力將會為你帶來龐大的能量，贏得最後的成功。

延伸學習

意思相近

權杖 6 牌又稱作「小戰車牌」，表示凱旋榮歸，而其所擁有的領導特質也受到大家尊崇。

關聯解析

同樣持棒的魔術師牌主角，能掌握自我意念、決定方向，具有統御能力，能打造未來的勝利。

VIII

STRENGTH.

力量

VIII Strength

不要害怕運用力量，
明白有愛能成就更崇高的貢獻。

正位關鍵字「勇敢」

聯想詞　以柔克剛、勇氣、耐心、
堅定、努力、持久

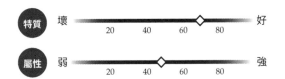

特質　壞 ——————————◇—— 好
　　　　　20　　40　　60　　80

屬性　弱 ————————◇———— 強
　　　　　20　　40　　60　　80

正位意義

　　白衣女子輕柔的撫摸著獅子，使其安靜平和。以柔克剛正是力量牌要告訴我們的道理，如同馴獸師般，若是沒有自信，又怎麼敢靠近野獸呢？而且還需要有十足的耐心，讓獅子慢慢信任她。頭上的無限大（8橫放）符號提醒著我們自身擁有無限湧出的力量，就看你我該如何使用。理性面以人為象徵，而本能面則以野獸代表，能控制住獅子的圖像是在告訴我們要克制獸性衝動，才不會被本性所奴役，而這仰賴勇氣的支持，當然還要有一顆堅定、勇敢的心。當面臨困境之時，不能被恐懼所震懾，應該先慢下腳步，運用柔軟的力量來應對，而不是屈服。仔細觀察透過毅力所培養出來的能量，你會發現它更為持久延續。
愛情裡，鼓起勇氣去追求，更積極的傾聽與互動，將有助於發展真實的親密感；
事業上，找到自己能支配的項目，建立自信，並堅持已鎖定的目標。

逆位關鍵字「軟弱」

聯想詞 沒自信、氣弱、逆境、不同步、害怕、瞎操心

特質	壞					好
		20	40	60	80	

屬性	弱					強
		20	40	60	80	

逆位意義

　　獅子是本能的象徵，力量牌逆位時，獸在人之上，表示由本性帶領，凡事順從身體的知覺，若任其主導一切，妄生出控制所有事物的心，反而會因恐懼無法掌握全局而失去信心，導致熱忱消散，隨便處事，進而爆發失序的風險。自負不一定是來自真實的自信，有時可能是自卑的反彈，本來很膽怯，卻裝得很勇敢，明明不服氣，卻假意很順從，虛應故事的下場是失去自我平衡。承認軟弱並不丟臉，能做到清楚自己正掉入怎樣的情緒裡，才能正視身體出現的反應，怒氣沖沖時就先離開當下，不對人惡言相向，異常亢奮時就先深呼吸，避免信口開河，這樣才是真的隨心所欲。**愛情裡**，對愛很迷惘，不認同、不敢也不想談感情；**事業上**，遭遇太多挫敗，讓你喪失熱情，用自我膨脹來逃避現實。

力量的塔羅思維

· **過去（意圖）**：勇氣與堅定的信念帶領你前進，面對障礙也能通過挑戰，耐心與冷靜能幫助你應對這些狀況！

· **現在（目的）**：只要一心一意的持之以恆，領受挫折感所帶來的成長，待你有足夠的心胸去寬容與同理時，精神力便會帶領著你與對手和解，一同向前。

· **未來（動作）**：有能力成功的你，請自信的穩下步伐。面對局勢，跟隨你的熱情衝勁，並壓抑誘惑，內在的耐力將能征服所有的困難，直到最後！

延伸學習

關聯解析

星星牌有平靜之意，跟力量牌的以柔和情緒面對事物相同，訴求以和平來化解世上一切衝突。

意思相近

刻苦耐勞且寡言的聖杯王后牌主角，總是抱著關懷之心，用和緩優雅的風格來潛移默化。

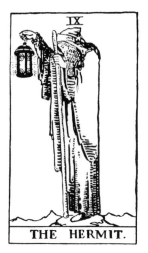

隱者

IX The Hermit

以自省探訪心的寧靜深處，
以智慧看清自我的具體目標。

正位關鍵字「指引」

 聯想詞 內在、慎重、思慮、
真理、釐清、告別世俗

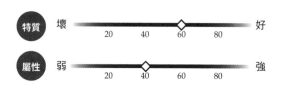

特質	壞			◇		好
		20	40	60	80	
屬性	弱		◇			強
		20	40	60	80	

正位意義

　　一個人的時光，不是孤獨寂寞，而是空出了更多可能。白雪覆蓋的高山上，站立一位穿著長袍的老者，看起來充滿智慧與歷練，卻低頭沉思，手中的提燈彷彿能照亮前方的道路一般，指引出未來的走向，成為深山中的隱士，知識淵博，但大智若愚、謙卑且自在，早已參透捨與得。在人生路上，我們都想追求完美，獲得成長，於是乎越爬越高，當傲然登頂之時，卻發現只有獨自一人，也許這就是「高處不勝寒」的道理。此時，不禁令人思考起為什麼自己會在這裡？又是如何來到這裡？這些答案必須往內心深處探求，回歸心靈感受，獨自去經歷一個人的開悟，唯有傾聽內心的聲音才能找回初心。**愛情裡**，需要自己的空間，不可以太黏，還未決定要公開承認彼此的感情；**事業上**，搞清楚每件事的目標與定位，低調而安靜的處事，偶爾停下腳步有助於好好思考。

聯想詞 沉思、迷失、遺棄、
反社會、閉鎖、拒絕

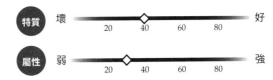

特質	壞				好
	20	40	60	80	

屬性	弱				強
	20	40	60	80	

逆位意義

　　給自己一個空間，舒服的與自己相處，沉澱每天高低起伏的情緒，回歸內省的覺察。如果你是能享受孤單的人，這樣的狀態可能會讓你覺得輕鬆自在，但若是因為自我要求太過、觀點偏執，或是覺得與人互動很麻煩，還不如一個人就好，就要小心了。這是隱者牌逆位發出的警告，擁有智慧與經驗的你，別因過時觀念不被現代人接受就覺得沒有歸屬感，甚至遠離群體生活，說好聽是要捍衛信念，其實是拒絕溝通。當然也有可能是你正歷經一段被擊潰的心境，只是單純的想要沉靜一下，讓自己擺脫羞愧的怒氣。要放下忿忿不平才能看清事實，並在此過程中德術兼修，找到自我定位，最終打破獨處，走入人群。
愛情裡，抱持獨身主義，想到要跟別人生活就覺得渾身不對勁；
事業上，自命清高，聽不進同事的建言。

隱者的塔羅思維

・**過去（意圖）**：退回到一個人的空間，能沉澱思考，找出生活中忽略的一些事物，因為你開始認知到不同之處了。

・**現在（目的）**：想想你到底要去哪裡？盤點一下目前的狀況是符合你想要的，還是只是被生活推著前行，若對人生不滿，要去追尋才會帶來開悟！

・**未來（動作）**：試著向內心聚焦，平和的帶領啟蒙，讓答案浮現。這有可能是一個新的方向，對自己說真話，並理解這是一個更好的處事之道！

延伸學習

THE HIGH PRIESTESS

意思相近

女教皇牌主角與外界保持距離，並傾聽內在本質的聲音，其牌義也有個人獨自修行、提升之意。

關聯解析

有「小隱者」之稱的聖杯 8 牌，述說牌中主角放下一切遁世前的決心，是起步追尋自我的過程。

命運之輪

X The Wheel of Fortune

捉住變化，相信命運，
時間流動
會帶來意想不到的幸運。

正位關鍵字「輪迴」

 聯想詞 轉折點、好運、豐富、
迎接、延續、機會

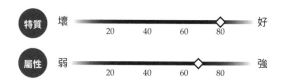

特質　壞　——————◇—— 好
　　　　　20　　40　　60　　80

屬性　弱　——————◇———　強
　　　　　20　　40　　60　　80

正位意義

　　所謂命運，是生命於時空轉換過程中的輪迴，沒人能預期走向，但都祈求好運的降臨。命運之輪有三環架構，由內圈的創始，經過中環執行，形成外圈物質，圍繞在其周遭的人面獅身代表了以智慧看待這一切；輪下的蛇是埃及黑暗之神賽特（Seth）的化身，帶來了破壞與衰敗；而側邊的埃及神明阿努比斯（Aunbis），正緩緩重新起身，帶來揚升之意；角落的四個生物——人、鷹、牛、獅，看書的姿態顯示正從不同角度汲取知識，身長翅膀使其能靈活面對運勢動盪。「塞翁失馬，焉知非福」，故事若沒走到最後，誰都不知道會迎來怎樣的結局。人生就是一連串的選擇，坦誠接受每一個決定，轉捩點將會帶來新契機。**愛情裡，**情投意合的邂逅，緣分使你們相知相惜，幸福降臨；**事業上，**有意想不到的好事發生，請把握這個好機會，可能受到提拔、獲得獎賞。

逆位關鍵字「意外」

聯想詞 起伏、挫折、流失、新局面、異動、變數

特質	壞	好
	20 40 60 80	

屬性	弱	強
	20 40 60 80	

逆位意義

　　弄巧成拙的主因常來自心中的陰晴起伏、搖擺不定。在命運之輪牌翻出逆位時，總是令人發出「怎麼會這樣」的驚呼，它的確諭示了運勢不好，同時也反應出你的想法裡充斥著負面，對很多事情的發展都感到不滿，甚至於有些厭惡，而這些心理狀態會讓你覺得自己益加不幸，乾脆豁出去賭一把，但在這個不穩定的狀態下都以慘賠收場。也許命運還是釋出了一些契機給你，讓你可以轉危為安，但你卻因萎靡不振而錯失，同樣的問題反覆發生，讓你更顯焦慮。然而，輪子的轉動是上上下下的，繞了一圈總會回來，沒有人永遠都在低潮谷底，「十年河東，十年河西」就是這個道理。**愛情裡**，雖過了磨合期，但尚未產生共識，相處上還是覺得累；**事業上**，重新再來，錯誤一再發生，得考慮替代方案。

命運之輪的塔羅思維

· **過去（意圖）**：變化是命運的自然發展，突如其來的發生未必不是驚喜，這個轉折點也許能讓你看到更多不同面向！

· **現在（目的）**：因為改變帶來的廣闊視野讓你的人生觀有了不同的轉折，幸運的你將會發現自己的願景是什麼，並知曉接下來要怎麼完成。

· **未來（動作）**：你開始感覺到事事順利，過去的努力早已建立起未來的架構，站在人生轉捩點，好運即將來臨，前景看好，將有令人興奮的規劃誕生！

延伸學習

意思相近

雖然你已經有一些經驗與成就，但錢幣 7 牌顯示出的靜待也是一個重點，等到時機成熟再行動。

關聯解析

同樣持劍的正義牌，也象徵公義的價值觀，以智慧維持平衡，並整理出一套可遵循的系統。

正義

XI Justice

深刻體會「對等」之意：
我付出多少就該得到多少回報。

正位關鍵字「平衡」

 客觀、公平、中立、
聯想詞 契約、平和、時間性

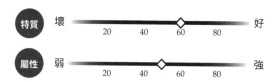

特質　壞　————————◇———————　好
　　　　　　20　　40　　60　　80

屬性　弱　————————◇———————　強
　　　　　　20　　40　　60　　80

正位意義

　　任何事情都需要付出對等的代價，才是公平正義的真理。筆直工整的灰色石柱，象徵著公正精神的規矩慎重，端坐在中央的正義女神，手中的天秤能為追求平衡帶來依據，另一手高舉雙面刃的寶劍，用於揚善罰惡，兩者都是衡量及評斷的工具。她所呈現出的嚴肅莊重，是我們在面對事情時最難做到的一點，公平客觀的看待一切，保持著一定的步調而不被情感所干擾，並運用內在清澈的心智，冷靜分析局勢，還有最重要的誠實，沒有欺騙或隱瞞的將所觀察的結果公開，並負起重要的責任，這才是真正的公平。**愛情裡**，遇到能真實面對彼此的愛戀，目前也正順利的穩定發展中；**事業上**，對推理辯證的工作特別拿手，同時兼顧生活，將時間管理得十分妥當。

逆位關鍵字「偏見」

聯想詞 枉顧律法、不平、罪惡感、誤判、擔憂、損失

特質	壞	◇ 20 40 60 80	好
屬性	弱	◇ 20 40 60 80	強

逆位意義

　　世上所有的事物都是對等的，有付出才有所得，而你準備好要以什麼代價來支付？正義牌出現逆位時，顯示出你對事情的嚴苛，只一味相信自己所見，不願去理解感受，因而對真相產生誤會，不僅導致判斷失準，也表示目前的平等已經失衡，使得某一方獲得較多利益，相對就有人是有貢獻卻沒有回報，也許一開始沒被大家發現，但路遙知馬力，日久見人心，時間長了就會被察覺。若你是占便宜的人，可能就得面對被揭穿的苦果，得承擔過去誤入歧途的報應；但若你是默默承擔的一方，此時就會受到關注，長久以來不利的情勢將得以調整。**愛情裡**，因不平等而心生委屈，導致關係破裂，需要時間修補；**事業上**，因做了錯誤的決策，可能會有糾紛或訴訟。

正義的塔羅思維

· **過去（意圖）**：公平與誠實是你長久以來的信念，請做正確的事！但是有些事請觀察到最後，時間的進程會讓你看得更仔細，也更全面。

· **現在（目的）**：公正權衡所有的選擇是需要耐心的，謹慎看待一切，保持心智的清澈明晰，才能在每個重要的時刻做出正確的決定。

· **未來（動作）**：因為很重要，所以更要思考。如何做到真正的合理公道，並對每個決定負責？自身經驗將成為嚮導！

延伸學習

關聯解析

在審判牌中，吹奏號角的天使有宣判之意，意指關鍵性的一刻來臨，可視為人生的轉捩點。

重要差異

總是想走旁門左道的寶劍 7 牌，跟講求公正誠實的正義牌，傳達出截然不同的意涵。

吊人

XII The Hanged Man

也許拋棄一些包袱，
才能輕鬆自在的面對未來。

正位關鍵字 「犧牲」

 聯想詞　適應、心甘情願、忍讓、
勞苦、考驗、付出

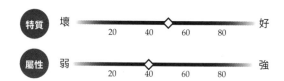

| 特質 | 壞 | 20 | 40 | ◇ 60 | 80 | 好 |
| 屬性 | 弱 | 20 | ◇ 40 | 60 | 80 | 強 |

正位意義

　　雖然被綁在樹上倒吊著，但其姿態輕鬆，或許不是一種為難，而是一種
心知肚明的甘願奉獻。把人倒反過來的這張牌，其實是要我們從不同的角度
來看待世上的種種事物，避免慣性僵化，老是以同樣的想法來看待眼前所見，
要知道我們所見其實並非全貌。而被限制住的狀態提醒著我們：偶爾無為並
非壞事。腳上的紅褲代表存在的基本，身穿藍衣是身心智慧的參透，而頭上
的光環乃是更崇高洞察後的體悟。之所以甘願犧牲，可能為的是一個理想、
一個承諾，才能忍受一切考驗，也將捨與得的道理重現。當你我真的靜下心
來，經由默默觀察將會看得更多、想得更通透。**愛情裡**，沒有進展，還需要
時間等待，單戀的成分大；**事業上**，工作量超出負荷，造成身心俱疲，而且
這樣的狀況還會持續一陣子。

逆位關鍵字「瓶頸」

聯想詞 大破大立、無回報、成長、揚升、隱藏、面對

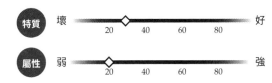

特質	壞 ——◇————— 好
	20　40　60　80
屬性	弱 ◇—————— 強
	20　40　60　80

逆位意義

　　你我都有可能陷入困境之中，大數人為擺脫不適會不斷掙扎，但若沒有靜下心來，搞清楚自己是被什麼事物所綑綁，不就如同一腳踩入流沙之中，越動只是下沉得越快。在吊人牌的逆位呈現上，有一個很有趣的地方，就是若將此牌倒置，反而像是被轉正了。本來可以從不同觀點看事情，但現在又回復先前常用的思考方式；本來領悟到的智慧，又回歸成只看表象的膚淺；誤以為自己已經不再一籌莫展，殊不知腳仍被固定在樹上，依然無法移動，而輕蔑的態度讓你根本沒有發現自己現在脆弱得不堪一擊。請投入時間去整理你摸不著頭緒的現狀，判斷出哪一條才是有價值的道路，才能泰然處之。**愛情裡**，若是彼此已經沒有愛，不如放對方自由吧！**事業上**，離開充滿抱怨的工作，才是真正的解開束縛。

吊人的塔羅思維

· **過去（意圖）**：以暫停代替掙扎，讓自己能靜心思考。抽出時間讓腦子淨空，才能度過混亂，進入真正的冥思。

· **現在（目的）**：打破自身觀點，從新的角度看待事物吧！也許過程令人沮喪，但既然錯誤已發生了，就是修正過來！

· **未來（動作）**：請停下腳步，也許會犧牲曾擁有的事物，但唯有反思才能瞭解自己，擁抱自己的脆弱，休息是為了走更長遠的路。

延伸學習

意思相近

休息的狀態與靜止的心境是寶劍4牌的重點，不是結束，而是暫停，讓自己可以獲得喘息的機會。

關聯解析

在高塔牌中墜落的人們，與吊人牌中的姿勢、方向相同，顯示出逃出困境也許是一種轉化。

死神

XIII Death

花謝還會再開，
醒悟這個道理
是生命的必經過程。

正位關鍵字「結束」

 聯想詞　恐懼、心寒、死亡、
破局、無生命、坦然

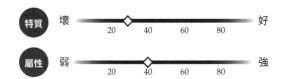

特質	壞				好
		20	40	60	80
屬性	弱				強
		20	40	60	80

正位意義

　　當死亡來臨的時候，你會有什麼反應？是開始思考還有什麼事情想做，還是淡定的接受這一天的到來？有時候，結束就在無聲無息之中到來。騎在馬上的盔甲骷髏，帶著黑旗現身，宣告死亡降臨，在生命結束的當下，無論你的身分地位如何，都無法躲避，人人平等。如果說死亡代表一個階段的完成，是不是就不那麼令人恐懼了呢？就像求學一樣，從一所學校畢業，又成為另一所學校的新生，畢業時因為捨不得老同學而哭哭啼啼，但到了新學校又會遇到新的好兄弟或好閨密，如果一味執意留戀過往，反而會耗盡氣力。別忘了，時間能為你療傷，不妨靜待新機遇的來臨，不要緊抓著哀愁，鬆開手後才能接納更多可能。**愛情裡**，若真的已經沒有感覺了，請好好向對方說明，和平分手；**事業上**，快放棄過往的錯誤堅持，不對的處置會造成問題，該重新建立規則。

逆位關鍵字「重生」

聯想詞 悼念、不甘心、回歸、斷捨離、放手、轉生

| 特質 | 壞 —◇— 好 |
| 屬性 | 弱 —◇— 強 |

逆位意義

　　對於死神牌的逆位，一直是眾說紛紜，有人說是對死亡的恐懼，有人主張是更消沉的完結，也有人認為是終止後的重生，而且有時是加強，有時又是反義，但不管是哪一派的說法，重點其實在於缺乏對生命的熱忱，不相信會有美好的事情發生，沮喪的程度令你失望。天下無不散的宴席，世上萬物都有消逝的一天，只是早晚的問題，我們都該坦然接受這個道理，對於未知的恐懼，也許讓我們不願正視，因而對瞬間的打擊感到無比心寒、悲痛。此時不該陷入消沉的情緒之中，我們能做的是揮去陰霾，學習好好告別，跟過去斷捨離，無論是情感或作為，都可以洗心革面，重頭再開始，再次擁有新生。**愛情裡**，告別過往，但別失去對愛的信心，期待佳人再出現；**事業上**，離職後心情海闊天空，迎接全新的自己。

死神的塔羅思維

・**過去（意圖）**：當發生重大變化時，不得不放棄舊模式，這種被迫改變的感覺令人感到既無力又難受，就讓時間來為你療傷，寄望不久後的全新生活！

・**現在（目的）**：如同行屍走肉般的失望，面對許多無法接受的事，一定會感到憂愁悲傷，提不起精神，但結束與開始往往是在同一瞬間發生。

・**未來（動作）**：世上唯一不變的就是一直在變！變化無可避免，只能接受。鬆開緊握的手，你會發現壓力也逐漸釋放。

延伸學習

關聯解析

死神牌的右方，有與月亮牌相同的雙塔，但更為遙遠，彷彿將牌義的不安做了時間的延伸。

意思相近

寶劍 10 牌中的人肉體被毀，臉孔向光，代表精神不滅，是一個階段的結束，接著迎接新的開始。

節制

XIV Temperance

冷熱交流能同溫，
舒緩而有耐心的節奏
將漸漸達到和諧。

正位關鍵字「淨化」

聯想詞 溫和、溝通、交流、
融合、中庸、冥想

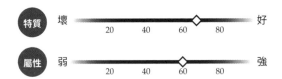

特質	壞					好
		20	40	60	80	

屬性	弱					強
		20	40	60	80	

正位意義

　　生命之中沒有絕對的是非對錯，我們無時無刻都在面對取捨進退的問題，可能會花上一輩子追尋、體悟，不過，中庸之道也許是最好的答案。在天使手中的金杯與銀杯，分別象徵太陽與月亮，互相流動的水是想法與訊息的流通。想要達到共識，交流與溝通便格外重要，而這也是陰陽調和的展現。胸前的正方形與三角形是土元素與火元素的融合，代表剛與柔的相互妥協；而一腳踏地、一腳入水，則告訴我們理性意識與感性潛意識的調和，兩股能量相互接納，教學相長、冷熱調溫都需要相對應的平衡，不能太少，也不能太滿。滌淨刻板印象才能看得更遠，如頭頂的光芒與遠方閃耀的皇冠相呼應，穿過抵達高我道路將是你我的目標。**愛情裡，**凡事直接說出口，才能有討論的空間，使戀情加溫；**事業上，**多與人交換意見，在順其自然中釐清想法，培養彼此的工作默契。

逆位關鍵字「調整」

 聯想詞 不調和、過度、衝突、
疑惑、失去信心、妥協

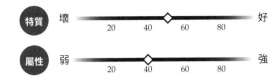

特質 壞 ——————◇——————— 好
　　　 20　40　60　80

屬性 弱 ————◇————————— 強
　　　 20　40　60　80

逆位意義

　　為了堅守一些沒有意義的堅持，做出目的不明的事情，到底想要達到什麼目標，或是想要何種效果？在搞不清楚的狀況之下，自以為是只會白費力氣。我們常以自己的原則做決定，當別人抱持相反意見時，便不想理會，拒絕溝通，總是覺得自己的想法完美無缺。也許你已身經百戰，但魔鬼藏在細節裡，節制牌逆位提醒著我們，人不可能面面俱到，別人也許會看到我們未留意的地方，若沒有廣納百川的智慧，多與他人交流，怎麼能將好的意見納為助力？節制牌出現逆位要告訴我們恰到好處的道理，在堅強與柔韌中找到平衡，經驗人生路上往返來回的種種，每一趟都能讓自己有不同的獲得。**愛情裡**，搞不懂伴侶需求，容易產生爭吵；**事業上**，工作占去太多時間，一意孤行，缺乏分配。

延伸學習

重要差異

權杖 5 牌中的人都想展現己見。此牌寓意別只顧著競爭，卻忘記交流能有更佳方案。

節制的塔羅思維

· **過去（意圖）**：良好的溝通有助合作。理解夥伴的想法，能在彼此的原則中找到平衡點，自在相處，皆大歡喜。

· **現在（目的）**：找到中間立場，很快能將不同意見融合在一起，你冷靜處事的優點總能使事情順利進行，這是一種中庸之道的適切作為。

· **未來（動作）**：對於各式各樣的意見能運用正確的方式互相配合，創造出更強大的作品，並懂得去蕪存菁，將適合者留下來，兼顧現實與理想的需求。

意思相近

擁有相互維持平衡的彈性，是錢幣 2 牌的重要寓意。穩定、良好的模式才能成為未來的基礎。

惡魔

XV The Devil

欲念可以是動力，
但不該過度，
以免成為自縛的沉淪枷鎖。

正位關鍵字 「欲望」

 成癮、動力、掌控、
性、癡迷、墮落

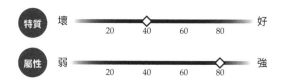

| 特質 | 壞 | 20 40 60 80 | 好 |
| 屬性 | 弱 | 20 40 60 80 | 強 |

正位意義

　　因為想要，所以產生追求的行動，讓自己獲得滿足，這樣的占有欲到底是真的需求，還是一種執念？惡魔的半獸人姿態代表了動物的本能獸性，鎖鏈綁住一對長角、生尾巴的男女，顯示其隱藏不住野性。欲望是一種驅動，但欲望過多反成為誘惑，放任情欲流竄，只會讓我們沉溺其中，無法自拔。人人都想要賺取更多金錢來過優渥的生活，但絕對不能不擇手段，這樣會在不知不覺中被貪心所吞噬，最後只會成為物質的奴隸，到頭來被錢追著跑，那就本末倒置了。懂得在起心動念之時拿捏分寸，避免成為墮落之人，就能解開嗜欲的枷鎖。讓自己找到心靈目標，在能夠負責的情況下，每一個行動都是有意義的！**愛情裡**，不是真心追求，而是有目的性的接近，只想獲得性或金錢；**事業上**，面對引誘，千萬不可隨波逐流，必須發揮自制力來停止惡化。

逆位關鍵字「迷惑」

聯想詞 妄想、極端、邪惡、放蕩、解放、陷阱

| 特質 | 壞 ——◇———————— 好 |
| 屬性 | 弱 ————————◇—— 強 |

逆位意義

　　浪子回頭、金盆洗手都需要極大的決心，由壞轉好是惡魔牌逆位的解釋之一，但瞬間的改變來得太快，做法上還無法跟上腳步，需要慢慢的除去惡習。在倒置的牌面圖像中，人在上，惡魔在下，很多人會以為自己已經取回主導權，不受惡魔奴役，殊不知這是惡魔隱身的橋段，藏在暗處繼續操控我們，就像是暗夜裡倒吊的蝙蝠一樣，觀察得更全面，影響得更徹底，再加上手中的火把變為高舉的姿態，象徵著欲望之火高漲到無法自拔，情欲糾纏更趨嚴重，物質欲念更難離手，為了獲得想要的東西，不惜說謊欺騙、貪贓枉法。我們若能堅強意志，面對順境中非得不可的「貪」，平復逆流裡意氣用事的「嗔」，戰勝意念下顛倒妄取的「癡」，也就不會被眾生煩惱所困了。

愛情裡，只有財富和肉體的歡愉，並無情感交流；**事業上**，掉入巧言令色的陷阱之中，誤以為可以得到翻倍好處。

惡魔的塔羅思維

· **過去（意圖）**：容易被表象所矇騙，抗拒不了誘惑，只要舒服就好，到頭來反而受到控制，成為阻撓成功的枷鎖！

· **現在（目的）**：受壓迫而產生怨恨，開始逃避，浪費時間和金錢，其實你早已發現心靈的滿足遠超過世俗物質。

· **未來（動作）**：剛剛好的欲望是動力，但強大的不滿足則是癡迷。過度放縱已經使你誤入歧途，上癮而無法自拔，必須設法擺脫才能理解快樂真諦。

延伸學習

關聯解析

寶劍9牌中的人因恐懼與憂鬱而有負面情緒，諭示我們必須面對自己的心魔，看破才能醒悟。

意思相近

寶劍8牌中的主角被許多寶劍所困，代表限制與束縛讓人失去自由，就像欲念一樣，是個陷阱。

高塔

XVI The Tower

改變與意外盡現眼前，
原樣已無法保持，
過去已無情粉碎。

正位關鍵字「毀壞」

 聯想詞　變革、災難、不名譽、
破損、事故、危險

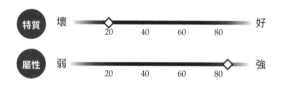

| 特質 | 壞 | ── ◇ ── | 好 |
| 屬性 | 弱 | ── ◇ | 強 |

正位意義

　　當意外突如其來降臨，正是提醒我們改變的時刻到了。自天空打下一道閃電，象徵瞬間的驟變；擊中塔樓，引燃火光，皇冠掉落，表示所擁有的物質已消失，逼迫人們為求生存不得不從高處一躍而下，雖不知此一決定是否正確，但仍有一線生機，因為全黑的天空更令人感到害怕，更沒有安全感。有時近看是破壞，但從宏觀的視野來觀察，又或許是另一層面的建設。若你是一個只知成天工作的人，因為地震使得公司倒閉，反而找回了自己的正常生活，以及與親人相處的時間，可說是因禍得福。很多事在尚未發生狀況之前，我們都不覺有異，但殊不知微小的錯誤習慣正在不知不覺中累積，而領悟的機緣往往在意料之外。**愛情裡**，彼此的誤解是因為隱藏情緒而來，累積太多而造成裂痕，失去彼此的信任；**事業上**，動盪之下更要觀察細節變化，找出對應之道。

逆位關鍵字「瓦解」

聯想詞　壞習慣、欺騙、壓力、困窘、中傷、求變

特質	壞 ——◇—————————— 好
	20　40　60　80
屬性	弱 ————————————◇ 強
	20　40　60　80

逆位意義

　　連地基都要垮下來了，已經不是逃避能夠解決的了。當問題來得太快，我們需要的是夠強大的精神信念，而不再是龐大的財富資產。高塔牌翻出逆位時，諭示突如其來的變化將引爆一連串的效應，一開始可能覺得逃開就好，其實內心早就有底，因為緊張憂慮，所以封閉起自己的心，只能眼睜睜看著現狀改變，為了不想被人識破自己的混亂，還得裝得若無其事，然而積累下來的壓力已經讓你喘不過氣了。現在，只要你願意承認生活正在崩解，不再否定事實，才不會耽擱度過危機的時機。另外還有一種解法，認為高塔牌倒置減緩了意外帶來的衝擊，表示能暫時避開災難。**愛情裡**，愛得不真誠，彼此有事隱瞞，感情貌合神離；**事業上**，內訌造成決裂，錯誤百出，事態窘迫到難以彌補。

高塔的塔羅思維

・**過去（意圖）**：突如其來的意外打亂原本的生活步調，會在不舒服的狀況下接受巨變，這是一個提示，也是覺醒。

・**現在（目的）**：混亂狀況會讓你忿忿不平、情緒高漲，但請重新評估你看到的一切，如你意識到的現今生活必需改變，就不要回頭了！

・**未來（動作）**：重新建設基礎是現在最重要的事，因為破壞之後才能新生，雖然迫使你必須面對後續的事情，但也將一步一步協助你撥雲見日，重見光明！

延伸學習

意思相近

與高塔牌相同，錢幣 5 牌也遇上困難，成為受害者，而且這個傷痕已經有一段時間了。

關聯解析

心痛的原因可能來自於分離後的結果，寶劍 3 牌所呈現出的痛苦與難過是很立即而直接的。

星星

XVII The Star

懷抱著正念與期望，
純粹的心靜
將讓你發現什麼是完美。

正位關鍵字「希望」

 聯想詞 平靜、期待、復元、
美夢成真、目標、富足

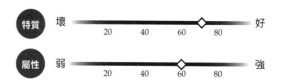

	壞				好
特質		20	40	60	80

	弱				強
屬性		20	40	60	80

正位意義

　　懷抱著相信美好的信念，就是希望。一位純潔裸身的女子，沒有衣服的束縛，也沒有壓抑，少了世俗物質的干擾，更能全然體會精神面的真實，朝大地與水池中注水，用愛讓意識的流動回歸心靈潛意識，而左腳跪地、手中瓶子所流動的水分為五道，象徵五種感官，右腳在水裡，表示自己已經跟潛意識產生連結，懂得什麼是和諧寧靜、安然自處的心情。樹上停著的鳥是朱鷺，是知識之神托特的代表，象徵藝術，也是靈魂時間的監護者，看顧著眾生的阿卡西記錄（Akashic records），觀照著每段生活的點滴。頭頂的大星星是天狼星，閃耀著巨大的光芒，指引著內在的安祥，即是療癒，要我們學習相信自己，想像一下自己的未來藍圖，設定目標，完成夢想。**愛情裡**，只要對愛抱有信心，對象就快出現了，願望即將實現；**事業上**，計畫受到肯定，成果耀眼，收穫豐富。

逆位關鍵字「落空」

聯想詞 事與願違、動蕩、現實、疲勞、憂慮、忽視

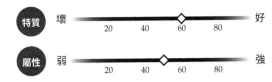

特質　壞 ——————◇—————— 好
　　　　　20　40　60　80

屬性　弱 ——————◇—————— 強
　　　　　20　40　60　80

逆位意義

　　有時心裡的不平靜來自於你真的累壞了，已沒有力氣對事物產生興趣，又何來的期待與夢想。原本代表希望的星星牌出現逆位時，代表你的內心已不再純淨，不相信生命裡的自由，因為現在的你，眼前滿是一件又一件的障礙，造成失落的狀況接二連三，你開始懷疑自己一路走來的方向是否正確，在模糊之中已不確定目標還是不是遠方那顆發亮的星，這是能給予你支持的重要信念。現在你真的要給自己一場旅行，一次真正的休息與放鬆，把壓迫在身上的負擔拋下，讓潛意識的直覺得到釋放，等到下次腦海中再次冒出令你覺得靈感湧現的絕妙好點子時，代表你已順利回到穩定與寧靜的狀態，瞭解未來還是充滿祝福的。**愛情裡**，與其維持精疲力盡的不自在關係，還不如一人生活；**事業上**，期望過高，不切實際，情況發展不樂觀。

星星的塔羅思維

·**過去（意圖）**：因為你對萬物的慷慨，讓自己得到平靜而完美的回報，願意分享，為大家帶來希望，把美夢成真的喜悅也散播給周圍的人們。

·**現在（目的）**：只要肯相信希望，就能為自己開拓出一條發光的道路，心平氣和的接納各種可能，不再恐懼與懷疑，勇敢往前邁進，終能獲得祝福！

·**未來（動作）**：只要對自己更有信心，就能重拾希望。內在的力量會帶來發展與鼓舞，對目標與遠景可以多些期待。

延伸學習

關聯解析
在塔羅牌的意象之中，裸身為沒有束縛、純潔的象徵。世界牌與星星牌中都有此一圖像人物。

意思相近
表現孩提時代單純氛圍的聖杯6牌，告訴我們童年時的單純快樂最能獲致心靈滿足。

月亮

XVIII The Moon

在陰柔敏感下看清實相，
搞懂需要與想要的分別。

正位關鍵字「不安」

 聯想詞　直覺、夢、胡思亂想、
神經質、幻覺、憂鬱

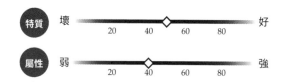

特質　壞 ——————◇—————— 好
　　　　20　40　60　80

屬性　弱 ——————◇—————— 強
　　　　20　40　60　80

正位意義

　　人會產生胡思亂想的情緒，其實來自於對「未知」的不安。被日蝕的月亮臉孔高掛在天空中，散發著微弱的光芒，醞釀出令人恐懼的氛圍，帶出了不安的情緒。從水池爬出來的龍蝦代表潛意識深處的擔憂，戰戰兢兢的朝小徑前進，那是一個出口，還是入口？無人知曉。一旁的狗與狼，分別代表良善人性與本能獸性，當遇上問題時，要相信心靈直覺，還是世俗規範？需要在感性與理性之間謹慎拿捏分寸。在生活之中，時常會面臨心情帶來的困擾，因一時衝動而失察，在資訊不明的狀況下可能就會做出錯誤的決定，要知道害怕往往都是自己幻想出來的，黑暗中的陰影其實是一種心虛。**愛情裡，**太多的懷疑會讓彼此神經緊張、心情煩躁；**事業上，**跟不可靠的人事物配合時，若是覺得其中有太多隱藏、欺瞞，就該更加留意合約的簽定與規則。

逆位關鍵字「克服」

聯想詞
揭露、錯亂、真相大白、
沉默、多確認、好轉

特質	壞 ——————◇—————— 好
	20　40　60　80
屬性	弱 ——————◇—————— 強
	20　40　60　80

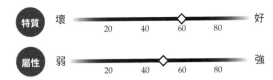

逆位意義

　　若能多收集資訊,將不明事物透明化,就能減少恐懼。如同在暗巷中看到人影,若心生懼怕,就容易胡思亂想,其實仔細一看,可能只不過是一張海報。這就是月亮牌逆位的提醒:月亮不再高掛,將直覺與潛意識的想法壓低,讓理性的思考恢復主導,即是眼見為憑的道理。況且在很多事情的傳遞上,本來就會參雜許多個人的心情意志,等消息傳到你耳裡,不知道還有幾成真實樣貌,若能攤在陽光底下,就可以用清楚明白的方式來處理。特別是在人際互動上,難免有許多敏感情緒參雜其中,在決定或行動前需要有更多判斷的依據,才能讓自己安心,有句話:「做事難,做人更難。」就是這個道理。**愛情裡**,透過更多的相處能更透徹瞭解對方,是不是真的合適;**事業上**,總算真相大白,釐清問題狀況有助掌握事態發展。

月亮的塔羅思維

· **過去(意圖)**:能夠面對自己最深的恐懼,才算是跟內心有所接觸。害怕已經讓你產生了消極的想法,容易做下違背自己意願的錯誤決定。

· **現在(目的)**:看清楚就不會再擔憂,也不會胡思亂想。情感豐沛,但不能依賴、濫情,搞清方向,告別心緒紛亂!

· **未來(動作)**:探索未知不該是帶著恐懼同行,除眼見為憑外,還請相信自己的直覺,小心跨出每一步,你有屬於你的節奏,無須感到分心或困惑!

延伸學習

關聯解析

因緊張不安,選擇把自己困住的寶劍 2 牌主角,躊躇不前,因而選擇坐在原地等待。

意思相近

聖杯 7 牌主角面對眼前的眾多選擇,顯得不知道該如何是好,此刻的心境其實相當慌張。

太陽

XIX The Sun

積極享受歡樂生活，
喚起孩童般的生命力與愛。

正位關鍵字 「熱情」

 聯想詞　鼓舞、開心、活力、
生命、耀眼、光明

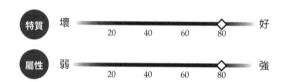

特質	壞 ——————————◇—— 好
20　40　60　80

屬性	弱 ——————————◇—— 強
20　40　60　80

正位意義

　　想一想，你有多久沒有像孩童般的發出純真燦笑了？原本該望著太陽的向日葵，卻向著前方的小孩盛開，讓人感受到孩子的熱情活力，喜樂的笑顏是如此引人注目。陽光是生命的泉源，萬物受陽光滋養而成長茁壯，沐浴在光芒之中，著實令人感到振奮。白馬背上的小孩是能從簡單中從獲得滿足的象徵，生活當中的每一個體驗都是那麼率直自然；手中舉著紅旗，表示用潛意識來控制行動力，表現出真實的自我；而在一面灰牆前的姿態，寓意跨越人造的框架，也可以代表一個階段的分隔，告別過去的不開心，讓太陽的光與熱照射每個角落，把負面驅散。**愛情裡**，對象十分正向有趣，將擁有一段受到祝福且能樂在其中的戀情；**事業上**，只要付出努力、保持熱忱，就有晉升機會，獲得成功。

逆位關鍵字「消退」

聯想詞 消極、垂頭喪氣、幼稚、充電、友愛、取暖

特質 壞 — 20 40 60 80 — 好

屬性 弱 — 20 40 60 80 — 強

逆位意義

當太陽牌呈現出逆位時，第一個映入眼簾的就是日落西山，所有的熱力與溫度都會慢慢消退，就如同我們對於生命的熱忱一般。此時可能會有些無精打采，久而久之也會對自己失去信心，以致無法打起精神，但為了掩蓋自己的情緒，反而會裝得過度熱情，好讓大家察覺不到異常。說真的，這樣一來不但會造成彼此關係熱過頭而灼傷，更會讓自己油盡燈枯。你該反觀自己的內心了，陰影遮蔽了你的光明面，導致你悲觀視事，無論做什麼都開心不起來，也開始有些扭曲的想法，對身邊一切慢慢的有點敵意，這是因為你的心失溫了，在感覺不到溫暖的時候，請找點讓自己覺得快樂的興趣，先找回笑容，再來談振作。**愛情裡**，遇上個性半吊子的對象，令人無法信任；**事業上**，計畫延誤，看不到成功的曙光。

太陽的塔羅思維

· **過去（意圖）**：有著充足活力的你，可以感覺到生活的喜悅與自由，這是一種能量的散發，如同太陽照耀大地般溫暖，並感染著身邊的人。

· **現在（目的）**：滿腔熱情的你現在十分快樂，因為正擁抱成功與收穫。信心滿滿的你肯定了自我，也正享受喜悅。

· **未來（動作）**：對於生命力的期待，造就你開朗又充滿爆發力，對所有事物都抱持著積極的洞察力，人生就是一個遊樂場，真好玩！

延伸學習

意思相近

熱力十足的權杖騎士牌主角，充滿積極的能量，展現出生命的吸引力，耀眼得令人目不轉睛。

關聯解析

像新生兒般純真的愚者牌，行動力滿點，相信這個世界一切都美好，開心過著每一天。

審判

XX Judgement

從過往的影響中漸漸康復，
開始面對舊意識的新轉化。

正位關鍵字「復活」

 革新、試煉、精神覺醒、
療癒、領悟、展現

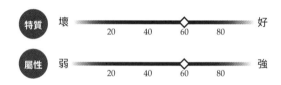

特質　壞 ——◇—— 好
　　　　20　40　60　80

屬性　弱 ——◇—— 強
　　　　20　40　60　80

正位意義

　　有些生命裡的轉變不只是物質表象，而是來自內心。從雲端中出現吹著號角的大天使加百列（Gabriel）開始，告訴我們必須跳脫慣有的舊模式，因為因果總是帶來業力衝擊，你過往的決定在此刻將被檢視，是一張某階段人生的成績單，何事要告一段落，何事該重新開始，都會在這瞬間被做出評斷，種瓜得瓜，獲取成果，將成為未來接續的目標。過程中也許會感到不適，甚至有些難受，但透過自我認識能獲得啟發。在棺材之中的人沒有衣著，反而是一種釋放，抬起頭來的姿態是一種打起精神來的前奏，而紅十字旗幟的出現，讓我們知道這是一種療癒的平衡，這些復活的死者們正透過自我覺醒再次恢復生命力。**愛情裡**，回頭接受過往戀情，也許現在你懂得什麼是最合適的；**事業上**，這一刻能得到起死回生的轉機，別輕易放棄可能重新啟動的計畫！

逆位關鍵字「延遲」

聯想詞 猶疑、陰影面、三心二意、再生、安慰、藉口

	壞		◇		好
特質		20 40	60	80	

	弱		◇		強
屬性		20 40	60	80	

逆位意義

　　人生的每個抉擇都引領我們前往不同的境界，自過去一路累積的經驗體會成就了當下的自己。審判牌逆位時，揭示將有重大的事情發生，是一次人生的領悟覺醒，得重新斟酌未來的方向。有人會說，這是因果的業力，或是經由重生找到真正的自我。不過，人的姿態演變為掉落的樣子，是一種拒絕蛻變的象徵，寧可持續下墜，也不願意成長昇華，因為你在拿不定主意之餘，變得很愛批評，透過數落抱怨讓自己好過一些，成為你心猿意馬的藉口。其實你可以回頭看看過往的自己，相信一定有你覺得值得炫耀的輝煌時期，不妨拿來當作現在的範本，參考當時的思考邏輯，找回當時能痛下決心的自己。**愛情裡，**累積已久的問題爆發了，必須互相檢討才能解決；**事業上，**無法挽救的錯誤反覆發生，是舉步維艱的訊號。

審判的塔羅思維

· **過去（意圖）**：你的判斷結束了舊事物，無法隱藏新方向的到來。迎接解放也許是一種療癒的開始，要相信自己的決定能帶來煥然一新！

· **現在（目的）**：改正先前失準的錯誤決定，請認真評估目前的狀況，雖然一些抉擇是辛苦的，但原諒自己，釋放壓力，才能讓你重新恢復過來。

· **未來（動作）**：不能再三心二意，要決定一個新去向。唯有態度轉變才能迎接不同做法，接受內心呼喚，重燃鬥志。

延伸學習

WHEEL of FORTUNE.

關聯解析

象徵輪迴循環的命運之輪牌，告訴我們時好時壞的常理是很自然的，要掌握機會順勢而為。

THE LOVERS.

場景雷同

在眾多亡者復活的審判牌裡有位天使，而戀人牌中也有天使，揭示生命起源的祝福。

世界

XXI The World

喜樂平安，
一切順利獲得滿足，
請善待自己，並珍惜感恩。

正位關鍵字「達成」

 圓滿、充實、完整、
美好、家、順心如意

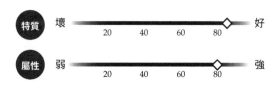

特質	壞					好
		20	40	60	80	
屬性	弱					強
		20	40	60	80	

正位意義

　　如果每件事情都能按照自己的規劃來進行，就是一個圓滿吧！由迎接成功的桂冠所圍繞出來的花圈中，有位舞者正自由愉悅的在靈魂和諧中輕舞著，沒有性別的區分，是男女合一的存在。手上的雙權杖是心靈的滿足，也代表內外整合、進退自如的意涵，紫色的披肩布幔揭示了與生俱來的神性，另一方面，伴隨在四個角落的四種生物（人、鷹、牛及獅），象徵四元素建構出的美好環境，而在花圈上下各有一個隱藏的無限大符號，象徵永恆的循環，能量由腳至頭自然流動，為己所用，一切都是如此完美。所有的事情最後都有一個圓滿結局，是一種水到渠成的順利，也是一個新紀元的起始，所有事物皆是環環相扣、生生不息，成為一個圓。**愛情裡，**遇上兩情相悅的好對象，親友祝福看好，可以步入幸福婚姻。**事業上，**完成階段任務，獲得成就，對於目前的表現感到滿意。

逆位關鍵字「停滯」

聯想詞 麻煩、重來、因果、眼界小、不和諧、放棄

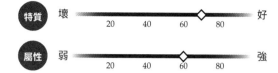

特質 壞 ——————◇—— 好
　　　 20　40　60　80

屬性 弱 —————◇——— 強
　　　 20　40　60　80

逆位意義

　　在塔羅牌中，有幾張牌卡的正位與逆位牌義其實差異不大，頂多是稍微弱化一點。世界牌的逆位正是如此，本來到達了完美的結局，倒置後變成有點延遲與停歇，但該來的還是會來，只不過慢一點罷了。圖像上下顛倒後仍舊是繞成一圈的花環，象徵著可能要把事情重新執行一遍，才能達到你想要的完美狀態。另外還有一種可能，你是否曾經有過完成一項任務卻感到空虛的經驗？事情圓滿落幕，就該設定下一個目標，全力以赴，停滯不前只會讓生活失去重心。若以業力來說，有因才有果，以前的因造就現在的果，而你現在所建設的一切，將成為未來茁壯的基石，永恆延續。**愛情裡**，沒有思考下一步的打算，看不到未來，心生不滿；**事業上**，短視近利，沒有高瞻遠矚的眼光，前功盡棄，有始無終。

世界的塔羅思維

· **過去（意圖）**：你可以自由、平和的享受心靈滿足，因為你已完成一些任務，實現了目標，受到好評與讚賞，稍微慶祝一下，獎勵獎勵自己吧！

· **現在（目的）**：是時候好好品嘗當下人生好滋味了，夢想都已達成，問題也找出解答，這不都是一種祝福嗎？要你接下來享受生活就好。

· **未來（動作）**：渴望成真，計畫生效，事件圓滿解決，安心體會此刻的美好，可以準備展開全新的人生旅程！

延伸學習

關聯解析
強調家族事業成就的錢幣 10 牌，傳達出安定穩當的訊息，入袋的金錢也會分享給自己的親人共用。

意思相近
在情感面打造出令人心滿意足的環境，這是聖杯 10 牌所要告訴我們的：圓滿來自於完美的家。

前拉斐爾派塔羅牌
Pre-Raphaelite Tarot

作者：Luigi Costa

出版：Lo Scarabeo

運用鮮豔色彩和中世紀圖像構成一副富有神祕感和浪漫感的塔羅牌。前拉斐爾派（Pre-Raphaelite Brotherhood）是一八四八年在英國興起的美術改革運動，繼承了浪漫主義，並呼籲繪畫應該回到文藝復興大師拉斐爾之前的樣子，既具有神祕色彩又富有洞察力的完美結合。

金輪塔羅牌
Tarot of the Golden Wheel

作者：Mila Losenko

出版：US Games

來自俄羅斯童話的魔力和智慧，以豐富多彩的斯拉夫民俗文化角度詮釋傳統的偉特塔羅牌。在這個美麗又充滿異國風情的塔羅牌中，給人一種活力又容光煥發的感覺，金色的輪子象徵業力的轉動與變化，以及太陽和生命的無限循環！

陽光普照塔羅牌
Splendor Solis Tarot

作者：Marie Angelo

出版：Alchimia

煉金術之傑作《輝煌的索利斯》（*Splendor Solis*）是揭示煉金術祕訣的明燈。它提出了煉金術的哲學，通過有遠見的想像力，介紹了啟蒙之旅，最早的版本是一五三二～一五三五年，收藏於柏林國家博物館的版畫館，目前的副本是一五八二年製作的，由倫敦大英圖書館保存。

古典解剖塔羅牌
Antique Anatomy Tarot

作者：Claire Goodchild

出版：Harry N. Abrams

以古董植物藥和解剖圖為構想而創作的作品。這些卡片裡用植物和花朵拼貼而成的老式解剖圖為插圖，呈現出新穎的創意。在古典解剖塔羅牌中，自然、歷史與靈性相遇，並牽起了數字、元素和占星學的關聯，透過這些符號元素傳遞出強大的信息。

維多利亞時代塔羅牌
Victorian Tarot

作者：Tarocco Studio

出版：個人發行

牌卡呈現黑白色調，搭配優雅的古代雕刻，顯得非常神祕。以經典風格營造平衡，有一種和諧感，將有助於展示你的能力和欲望。七十八張牌加上兩張增加的力量牌和正義牌，將 8 與 11 的編號互換，可自由選用，提供了傳統解讀之外的選擇！

魔法書塔羅牌
Tarot of Magical Correspondences

作者：Eugene Vinitski

出版：個人發行

以象徵性的語言，將知識以符號或集體原型傳遞給每個人。魔法書塔羅牌使用了額外的系統與結構，使解牌更具深度，而且塔羅牌的象徵是適合冥想的來源，能讓我們對卡片意義的理解有更深層的認知，並將我們的個性與遠大的目標結合起來。

世界地圖塔羅牌
Tabula Mundi Tarot

作者：M.M. Meleen

出版：個人發行

結合眾多神祕學的托特塔羅牌，一直是學者不斷努力研究的經典牌卡，之中仍有很多我們尚未瞭解的訊息，但或許這些隱藏著能量的符號、元素，能透過不同的藝術家，用不一樣的角度與感受來詮釋。藝術本來就能單獨存在，但若是能結合更多智慧與知識，那就是一種奧義的呈現了！

都市傳說塔羅牌
The Urban Tarot

作者：Robin Scott

出版：US Games

令人驚嘆的牌卡，為自己的內在世界提供了一張地圖，讓我們在二十一世紀的生活環境裡尋求真相，提升洞察力。透過在城市生活的景觀中所發現到的力量，都市傳說塔羅牌運用獨特視角繪製出一系列古老的符號，旨在幫助我們看到現代平凡裡的神奇。

啟示錄塔羅牌
Tarot of the Apocalypse

作者：Swiatoslaw Nowicki

出版：個人發行

依循著傳統偉特塔羅牌的七十八張架構，加入基督教符號和觀念，以及天主教的圖像，藝術風格貼近我們的時代，就好像是繪製出我們生活的點滴，帶有一絲幻想和天馬行空的趣味，讓這副啟示錄塔羅牌有一種戲謔的黑色幽默，告訴我們宗教、心靈與政治之間或許密不可分！

現代女巫塔羅牌
Modern Witch Tarot

作者：Lisa Sterle & Vita Ayala

出版：Liminal 11

運用年輕女性作為設計繪製的主題，重新塑造一種現代的塔羅牌形象，表現女性多樣化的風貌！把時尚的人物和現代生活中的物品相結合，而牌義則以女性主義的觀點及角度來詮釋，是一副充滿活力、時尚前衛且色彩繽紛的塔羅牌，不僅為塔羅牌注入新血，還帶來樂趣！

請掃描 QR code 欣賞各式塔羅牌

陌生又親密的神聖空間

　　結界，源自日本陰陽師的法術之一，用於保護在這個空間中的人事物。密室，是歐美府邸中的私人空間，藏匿了很多專屬的祕密。當我們在運用塔羅牌的時候，也需要一個專屬的空間。我在進行塔羅占卜的過程中，喜歡點上一根蠟燭，讓火光專注我的思緒，同時也形成一個只有占卜師與問卜者的神聖空間。在這個空間之中，你可以盡情的說，而我專注的聽。

　　你我都曾有無法對親人、朋友啟齒的時刻，因為我們有時會太過在意別人的看法，反而在自己身上添加了一個包袱，擔心若是真的說出心裡話，對方會怎麼想，會用怎樣的觀點來看待我們。這一切都讓人感到非常的壓抑，覺得生活裡的每個片刻都快要窒息了，很想趕緊找到一個出口，讓自己好好呼吸。此時，透過塔羅占卜能夠檢視潛意識的聲音，讓你感到愉快或發洩憤怒。不過，不單單只有問卜者能在塔羅占卜的神聖空間中有所釋放，占卜師也能在這樣的場域中有所獲得，因為塔羅占卜是一場有意義的對談。

五十六張
小阿爾克納牌義詮釋

以四大元素（火、水、風、土）

來劃分的五十六張小阿爾克納，

早已演化成撲克牌遊戲，

一樣是四組花色的牌卡，是不是覺得十分親切熟悉？

數字牌中揭示日常生活場景裡的行動與情緒，

宮廷牌的象徵人物則告訴我們不同個性的思考邏輯，

透過各式各樣的組合，展現出人生的多樣性！

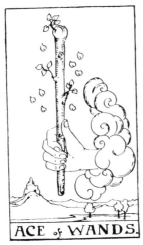

權杖 1
Ace of Wands

**用最佳的方式來展現自我潛能，
新的醒悟正在發生。**

正位關鍵字「起始」

 潛力、啟發、強烈、
增長、新點子、旺盛

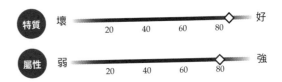

正位意義

　　天空中伸出的手穩穩握住一支正萌發新芽的權杖，這份強勁的堅定力讓我們感受到行動力正在燃起，生命力也透過新生的枝葉預告將有新的開端來臨，這將是你我創造的根源，無限的潛力能夠將靈感轉變成作為，遇上良機或有嶄新點子，未來可能是場精彩的冒險，而你對新事物的熱情將能使計畫順利執行，四周環境資源也很充足，遠方城堡將成為你望向顛峰的挑戰，是時候再次帶來成長，為自己豎起大拇指。**愛情裡**，若看到喜歡的好對象，請勇敢追求，會有好的回應；**事業上**，抓緊時機，朝氣蓬勃，能有好表現，成就傑出。

逆位關鍵字「沮喪」

聯想詞 洩氣、倦怠、心口不一、想不透、枯竭、無力

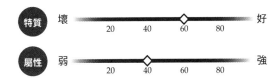

| 特質 | 壞 ——————————◇—————— 好 |
| 20 40 60 80 |
| 屬性 | 弱 —————————◇———————— 強 |
| 20 40 60 80 |

逆位意義

　　想像一下，象徵火元素的權杖是一支火把，若當其倒置，不就延燒到自己的手，不得不鬆手把權杖拋下。無法掌握權杖的狀況提醒著我們：還不是時候，現在不行！權杖1牌逆位是在告訴我們熱情別用錯地方，這樣一來不僅無法成功，還會因為太過興奮而消耗精力，害得自己無精打采而失去生產力。計畫或目標有可能被擱置下來，無法執行，代表時機尚未成熟。逆位往下生長的權杖就如同還在生根的植物，要待根基穩固後才能往上生長，伸向天空。**愛情裡**，空有熱忱，但沒找對方向，關係進展不如預期；**事業上**，開始時太過馬虎，造成資源浪費。

權杖1的塔羅思維

・**過去（意圖）**：熱情與堅定意味著你已等著抓住任何機會，就算是冒險，也已經有了全新計畫，去推動，去接受，去嘗試！它將使你精力充沛。

・**現在（目的）**：面對世界將能激發你的靈感，創造出新時代的生活。潛力無窮、狀態良好的你，將可以完成實際目標，舞臺已經備妥，正等你大展長才。

・**未來（動作）**：相信自己能給予別人啟發，只要你勇敢伸手去掌握，那將都會是你的，成功的必經之路是征服冒險，機會來臨時，請大膽行動！

延伸學習

關聯解析

與權杖1牌同，寶劍1牌也有一隻手握著寶劍從雲中伸出，意指實質掌握未來的運作。

意思相近

權杖騎士牌也擁有爆發的能量，行動力跟隨直覺而產生，有了感覺就去執行，勇往直前。

權杖 2

Two of Wands

洞察自我的精神與行動
是否一致，
好好準備下一步。

正位關鍵字 「觀望」

 規劃、區隔、憂心、
掌握、準備、取捨

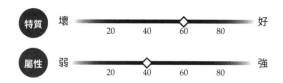

特質	壞			◇		好
		20	40	60	80	

屬性	弱		◇			強
		20	40	60	80	

正位意義

在你已經獲得成就的當下，該如何規劃自己的下一步呢？一手拿著地球，象徵著你可以支配資源；另一手握著權杖，代表正計畫行動；眼神望向遠方，表示心中還有更多野心與渴望，卻身處在城牆之內，顯然你還有諸多的猶豫與考量；在兩支權杖和交叉的紅玫瑰與白百合圖像裡，提醒你要在熱情與智慧之中找到平衡，而這也是一個重要的課題。總之，要先鞏固目前的立足點，站穩腳步後再自信的朝下個目標邁進。**愛情裡**，已有戀愛對象，請照著你的規劃慢慢推進，就能開花結果；**事業上**，被交付領導階層的工作，得開始著手擬定策略方針。

逆位關鍵字「焦慮」

 聯想詞 緊握、沉迷過去、限制、輕信、敬畏、新視角

特質	壞					好
		20	40	60	80	

屬性	弱					強
		20	40	60	80	

逆位意義

　　目前為了自己當初所下的決定感到懊惱，要是當時不要選錯做法，可能就不會遭受挫敗了；另一方面又有受害者心態，怪罪準備的時間不夠充分、方向不夠精準、人手不夠充足等因素，害你只能做出那樣的選擇。如同倒置的權杖2牌，手中的地球會隨之掉落，而且失去就在眨眼之間發生，讓你猝不及防，但千萬別停在錯愕之中，反倒可以藉此再度檢視內在本事與外部資源，也許是福不是禍。**愛情裡**，嘗試新的交友，別因找不到符合條件的對象而輕易放棄；**事業上**，有意料之外的進展，轉折也許有點詭異，但請拭目以待！

權杖2的塔羅思維

· **過去（意圖）**：你一直注視著要去的地方，在腦海中不斷計畫，而且有足夠的影響力可以做些什麼，但你知道還需要更全面的思考才能讓計畫實現！

· **現在（目的）**：等待著順其自然的時刻來臨，你很明智且小心使用著所擁有的權力，現在是個好時機，可以說出你真實的想法，大膽做出選擇。

· **未來（動作）**：若已經做好萬全的準備，知曉自己手中所有的利器，只要三思而後行，別害怕冒險，這是一場值得的人生任務解鎖！

延伸學習

重要差異

若權杖2牌是形容被動，那權杖3牌就是主動，兩張牌的意思相近，因而不易解讀。

意思相近

隱者牌主角也一樣獨自站在高處思考事情，沒有太多動作，只是單純反思所經歷的一切。

權杖 3

Three of Wands

站得越高，視野越遠，
讓意念廣傳，
以信任之名出發。

正位關鍵字 「遠見」

 聯想詞 抱負、貿易、氣魄、
探索、先見之明、綜觀

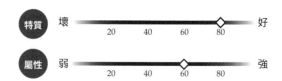

特質	壞				好
		20	40	60	80

屬性	弱				強
		20	40	60	80

正位意義

　　「登高望遠」一詞頗能傳達這張牌卡的意境。站在山巔上的人面向廣闊海洋，看著海面上的船隻揚帆出航探索，帶來商業貿易的生意交流，他的眼光遠大，綜觀全局，透過執行新計畫展現出領導特質，自信的與人展開合作交流。握住權杖的堅定背影，顯現出將有所作為的決心，英勇無畏的放手一搏，才能展望自己的目標、開拓新的可能，而身後矗立的兩支權杖，則是先前成就功績累積的後援，對於擴大版圖、更上層樓有著強大的支持力。**愛情裡**，別人喜歡你比較多一點，兩人世界你占上風；**事業上**，海外合作運倍增，可能有跨境合約簽定，將帶來不錯的收益。

聯想詞　未顯現、膽小、不切實際、束手無策、傲慢、衰竭

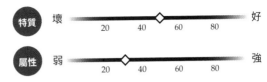

| 特質 | 壞 ——————◇—————— 好 |
| 屬性 | 弱 ————◇———————— 強 |

逆位意義

　　計畫還處於摸索階段，難免會有些遲疑而無法如願，挫折感讓你感到厭煩，請回頭思考一下，真的已經做足準備了嗎？有時候，我們把事情想得太簡單，因為當下自信滿滿，沒有意識到自己的野心過大，在瞻前不顧後的狀況下，其實想法未盡周全，而淺慮短謀也會造成你粗心大意，這些都有可能成為未來鴻業遠圖的阻礙。這也暗示著過程中沒有得到預期的成果，無法進行下一步，要時刻謹慎小心，提高警惕，是權杖 3 牌逆位時要給我們的忠告。**愛情裡**，被動，無法交心，像是在單戀，未見成果；**事業上**，交流中斷，訊息擱置，為時已晚。

權杖 3 的塔羅思維

· **過去（意圖）**：視野擴大了你的成就，透過探索而獲得的遠見，使你理解如何應對可預見的難題，而獲得周遭其他的觀點，也讓你學會如何領導與展望。

· **現在（目的）**：到目前為止投入了很多熱情與精力，終於開始看到成果了，這要感謝自己的提前計畫與長時間堅持，才能傳遞更遠大的信念。

· **未來（動作）**：成功將成為別人的範本，歷練閃耀光芒，提點充滿價值，還可以展開野心，不被地域所限制，指導大家一起獲得更多。

延伸學習

意思相近

坐在王位上卻半起身的權杖國王牌主角，似乎還有一些作為及打算，把自己的目標放得更遠。

關聯解析

圖像描繪出一國之君的皇帝牌，有著領導統御之意。皇帝將責任背負在肩上，建立穩定的基礎。

權杖 4

Four of Wands

擁有你所需的日常，
每個環節的穩定迎來豐足生活。

正位關鍵字「穩固」

 聯想詞　慶祝、收穫、安穩、
節日假期、團聚、感恩

| 特質 | 壞 | | | | 好 |
| 屬性 | 弱 | | | | 強 |

正位意義

　　當你完成了一場人生任務，你會給自己什麼作為犒賞，是好好享受美食，或是跟親朋好友相聚，還是想要直接回家？在一座城堡前，正展開一場慶典，由四支權杖所圍成的正方形掛著歡迎的花架，呈現穩定而歡樂的感覺，前方是帶著花來迎接你的人，敞開心胸向你招手，正邀請你參加歡慶。慶祝源自於對事物的感謝與珍惜，在努力之後可以讓自己享受一下平靜與安穩。該讓自己接受一下來自別人的激勵與鼓舞，這是給自己的一份小確幸。**愛情裡，**彼此相處就像是老夫老妻，有一種平凡的幸福感；**事業上，**辛苦了好一陣子，總算得到成果，可以放鬆享樂一下。

逆位關鍵字「失色」

聯想詞 轉換、暫別、失態、未完整、不安定、健忘

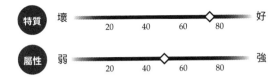
逆位意義

　　翻出權杖 4 牌的逆位時，四支權杖雖然反轉向下，但根基仍穩固，表示狀況沒有變得太壞，頂多有一些稍嫌不完美的缺憾，或是自我心情上的抵觸，就像是明明要去參加節日聚會，但因為工作繁忙，內心覺得有點麻煩，但實際騰出時間之後，還是與朋友相談甚歡。處於長期安定的狀態下，我們偶爾會覺得所擁有的一切都是理所當然，忘了需要心存感激，也可能因為沉浸在安逸之中，讓經年累月所鞏固的成果一點一滴消耗而不自知，悄悄失去了競爭力。**愛情裡**，味同嚼蠟的關係讓你感到有點倦怠；**事業上**，處於慵懶慢悠的狀態，做起事來淡然處之。

權杖 4 的塔羅思維

· **過去（意圖）**：完成了一個階段的目標，感到安心，辛勤之後當然可以稍微慶祝一下。已經打下了穩定基礎，有下一步努力以赴的目標。

· **現在（目的）**：一起開心慶祝，分享成功，因為你正身處一個和諧豐盛的狀態之中，享受辛苦之後的回報，歡欣鼓舞感受這種釋放的自由。

· **未來（動作）**：請放心！一切將順心如意，任務完成，卸下責任，就要回到輕鬆自在，親朋好友的迎接正是喜樂的來臨，擁抱你所建設的穩固吧！

延伸學習

意思相近

與權杖 4 牌意思相近，有三個人在舉杯跳舞的聖杯 3 牌，正開心慶祝農作物的豐收。

關聯解析

象徵圓滿的大花圈，除了在權杖 4 牌中出現，世界牌上也有，畫出象徵完整美好的圓。

權杖 5

Five of Wands

解除停滯伴隨著抵抗，
與自由移動的意志產生衝突。

正位關鍵字「切磋」

聯想詞 競爭、辯論、挑戰、
抵抗、紛擾、侵略性

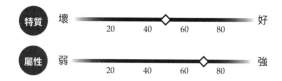

| **特質** | 壞 —————◇————— 好 |
| **屬性** | 弱 ——————◇—— 強 |

正位意義

　　在多元社會之中，總會有不同的聲音與意見，五個人各自穿著顏色不同的衣服，象徵著觀點差異，各有姿態則代表每個人的角色不同。光明正大的熱身，準備展開比拚，更像是一場競賽，手中高舉的棍棒，代表著自己堅持想要表達的立場，這的確是一場衝突，但仔細一看，這些交錯的權杖並未真的打在一起，在虛張聲勢下有一種制衡的力量，不至於產生混亂，反倒能透過切磋來碰撞出一些新穎想法，在競爭之下看到彼此的掙扎，明白眾多角度的見解。**愛情裡**，吵架也是溝通的一種，才能明瞭對方的真實心意；**事業上**，也許大家的意見不中聽，但交換想法後就會有好方案。

逆位關鍵字「協調」

 聯想詞 超越、連通、不守規則、協作、跳脫、打破僵持

特質	壞			好
	20	40	60	80

屬性	弱			強
	20	40	60	80

逆位意義

　　有一種解讀認為可能是真的打起來，還有一種解讀是相互找到解決之道，而這兩個意涵都有可能出現在權杖 5 牌逆位的狀況中。前者的解讀認為：牌卡倒置後，從原先的裝模作樣，變成真的進入激烈搏鬥之中，迫害升高，引發眾怒，讓人想要從中獲勝，搞清楚誰才是老大。後者的說法則認為：當每個人手中的武器都掉落地面，代表放下成見，將衝突與壓力都釋出，大家相互叫囂的目標已經不在，也無須刻意製造爭端，何必浪費精力上演無意義的橋段，反倒能同心協力一致對外。**愛情裡**，面臨複雜難解的問題，爭吵不斷，甚至上演全武行；**事業上**，耗費力氣去爭執，導致延誤、不愉快，不過最終還是達成共識。

權杖 5 的塔羅思維

· **過去（意圖）**：每個人都想要表達自己的想法，以異議作為吵架的開端，像是站在十字路口，若不平靜下來將會充滿無盡的麻煩與挫折感。

· **現在（目的）**：因為害怕而叫囂，誰都不想被看穿，所以選擇製造混亂。與意見不同的人打交道使你耗盡精力，期待爭吵可以早點平息。

· **未來（動作）**：提出問題其實是一種挑戰，或許能有不同面向的覺察，擬定策略是關鍵，這也許需要額外的耐心，請仔細觀察，千萬不要輕舉妄動！

延伸學習

重要差異

若權杖 5 牌顯示的是意見不合而造成紛爭，那麼錢幣 3 牌的合作就是很明顯的相反。

意思相近

寶劍 5 牌中的人物各自走往不同方向，顯示每個人的想法是不同的，也不打算進行溝通討論。

權杖 6

Six of Wands

燃燒起精神活力，
在崇拜與欣賞中
帶著深深的祝福。

正位關鍵字 「榮耀」

 聯想詞 領袖、名望、被看見、
激勵、團結、影響

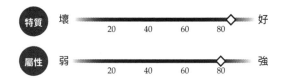

特質	壞					好
		20	40	60	80	

屬性	弱					強
		20	40	60	80	

正位意義

　　一個人的成功，身邊往往有許多支持的人，是團隊的努力才促成勝利凱旋！駕馭白馬的人高舉權杖，前端掛著象徵優勝者的桂冠，就像是獲獎般受到肯定，接受群眾列隊簇擁歡迎，享受眾人的歡呼與擁戴，這是多麼榮耀的一刻。遠近馳名的你用熱力感染著大家，所帶來的捷報佳音激勵了眾人的信心，讓所有圍觀的人也舉著跟你同方向的權杖，表示已經接受你的領導，願意跟你走同樣的路。**愛情裡**，耀眼的你令人目不轉睛，引來桃花滿滿，好消息近了；**事業上**，被推舉成為領袖，帶領大家實現計畫，迎接成功。

逆位關鍵字「驕傲」

聯想詞 狂喜、表面得利、不對盤、妒忌、弱點、垮臺

特質 壞 —— 好
20　40　60　80

屬性 弱 —— 強
20　40　60　80

逆位意義

　　小心驕傲成為你的絆腳石，害你跌跤，就如同權杖 6 牌逆位一樣，人從馬背上摔下來了！因為你的自大，以盛氣凌人的姿態對待夥伴，差勁的態度導致沒有人繼續跟隨你，你的領導能力受到眾人質疑，開始變得善妒，認定其他人一定會背叛你，於是就先暗中搗蛋，讓事情無法順利進行下去，彰顯自己還是比別人稍微優秀一點，不去關心計畫的發展，只在乎表面虛假的樣貌，金玉其外掩蓋不了敗絮其中的事實，只能失敗收場，最後吃盡苦頭的還是自己。**愛情裡**，對戀情不忠，不敢給承諾，沒有當擔；**事業上**，早就被人看出是虛有其表。

權杖 6 的塔羅思維

· **過去（意圖）**：勝利捷報傳來了，這是屬於你的時刻，大家也為你所帶來的好消息感到喜悅，你得到所有人的尊重與崇拜，努力終被看見。

· **現在（目的）**：為自己一路以來的信念感到自豪，已盡力讓成功觸手可及，同時贏得獎勵與光榮，讓你可以用一種令人羨慕的耀眼自信登場。

· **未來（動作）**：因為大家的認可而得到好評讚賞的你，沐浴在榮耀之中，左右手的相挺讓你取得成功，請朝這樣的方向繼續前進。

延伸學習

關聯解析

聖杯 9 牌主角對自己所擁有的一切感到自豪，是大家所關注的焦點，而他也很喜歡目前的狀態。

意思相近

戰車牌的主角信心滿滿，已做好出征準備，未來只需指揮得宜，順利前進，便能贏得勝利。

權杖 7

Seven of Wands

意識到本質的萌芽，
堅持以自我擁有的能力
來肩負責任。

正位關鍵字「優勢」

 聯想詞　堅持、領先、捍衛、
提升、表述、意見領袖

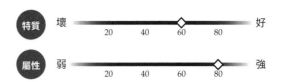

特質	壞 ──────◇────── 好
	20　40　60　80
屬性	弱 ────────◇── 強
	20　40　60　80

正位意義

　　站得比別人高是一種優勢，也可能是一次考驗，就如同登臺演講。在山頂上的人，手持的權杖方向與下方權杖不同，看起來是一種戰鬥的防禦姿態，因為正在捍衛自己的信念與立場，縱使與大家的想法不一致也在所不惜，高舉的右手有種克服障礙的堅毅，將會繼續奮戰不懈，努力以赴去實現理想。不過，雙腳卻一腳穿靴、一腳穿鞋，顯示出些微慌亂匆忙，但還是十分自信勇敢，願意去處理與之敵對的人事物，做出最有利的宣示！**愛情裡**，對方比較欣賞你，準備戀愛，但彼此價值觀還需要磨合；**事業上**，充滿鬥志，打破陰霾，戰勝險境，成績優越。

逆位關鍵字「為難」

聯想詞

脆弱、偏執、迴避、
被攻擊、尷尬、阻礙

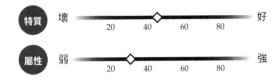
特質　壞 ——◇—— 好
　　　　　20　40　60　80

屬性　弱 ——◇—— 強
　　　　　20　40　60　80

逆位意義

　　有時雖然想要堅持一件事，但發展卻事與願違，走到目前的狀況，不知道是放棄好，還是再撐一下。當權杖 7 牌出現逆位時，表示優勢已經不在，可能是你一瞬間受到太多複雜狀況干擾，待辦事項太多，而你又覺得自己應該一一克服，才不辜負別人對你的期待，害怕沒完成就會受到大家的詆毀。其實此刻不該受到自己或別人偏執情緒的影響，你應該在站穩立場之餘做一點妥協，以退為進，也就是捨棄一點對盡善盡美的期待，保留你真的需要完成的目標就好。**愛情裡**，遇上不錯的對象，再考慮一下；**事業上**，堅毅觀點能打敗茫然困局。

權杖 7 的塔羅思維

· **過去（意圖）**：懂得抵抗壓力與捍衛身分地位，才能占上風。你以正確的行動克服障礙、戰勝恐懼，知道站起來才能挑戰成功之路！

· **現在（目的）**：只要堅定立場，相信自己能站穩，就沒人能擊倒你，因為挺直腰桿的意念早已為你嚇阻許多對手。

· **未來（動作）**：雖然接下來還會遇上險阻與衝突對立，但你已得勢，處於有利的狀態，只要堅定信念、下好決策、掌穩舵，戰鬥只是一時的，威脅將會過去。

延伸學習

關聯解析

權杖 5 牌中的人們揮舞著武器，代表每個人都有自己的意見與觀點，也是一種戰鬥前的宣告。

意思相近

除了權杖 7 牌展現出上對下的優勢外，錢幣 6 牌也有類似情境，是另一種階級制度高低的顯像。

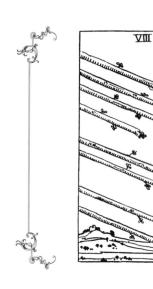

權杖 8

Eight of Wands

快速的行動,
讓所有人事物
都能在一瞬間成為過去。

正位關鍵字「迅速」

 聯想詞 效率、即時、好行程、
加速、活躍、快捷

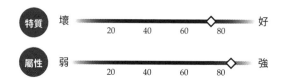

| 特質 | 壞 ——————————— 好 |
| 屬性 | 弱 ——————————— 強 |

正位意義

　　在廣闊的天空中有八支權杖衝上雲霄,飛行的狀態呈現出迅速感且有效率的樣子,沒有拘束及干擾的前往目的地,也劃出了一條清晰的路徑,後方的背景模糊而簡單,與權杖的移動成為明顯的對比,自由的來來去去是一種旅程的象徵,而每支權杖排列整齊朝向一個方向,展現了目標相同的一致性,朝下的樣貌則讓我們知道接下來即將抵達,完成任務。追求速度是一種狂熱,你的能量一經啟動,就想要強而有力的快速得到成果,開始與結束都在一瞬間。**愛情裡,**對彼此的好感提升,戀情加溫,進展神速;**事業上,**計畫發展突飛猛進,將能一鼓作氣順利實踐。

逆位關鍵字「衝動」

聯想詞 恐慌、盲目、不集中、耽擱、萎靡、操之過急

| 特質 | 壞 | 20 | 40 | ◇ | 60 | 80 | 好 |
| 屬性 | 弱 | 20 | 40 | 60 | ◇ | 80 | 強 |

逆位意義

　　當我們急著啟航之際，已經想好怎麼降落了嗎？驚慌之下做出草率倉促的決定，會給自己帶來後續的麻煩，急於成功真的是好做法嗎？或是天真的你誤以為當下做出反應就好，但不精準的想法根本杯水車薪，起不了作用，反而卡在原地，停滯不前。在生活中，我們都有可能面臨突如其來的考驗，此時應該更務實的觀察造成延遲的主因，安神定魄才能做出不讓自己後悔的行動。「欲速則不達，見小利則大事不成。」就是權杖 8 牌逆位時要給我們的訊息。**愛情裡**，變心擾亂彼此相處，想回歸自由；**事業上**，不耐煩的急驚風決策將造成白費工夫。

權杖 8 的塔羅思維

· **過去（意圖）**：什麼是快？就是事情發生的速度讓你來不及反應與思考就結束了。當行動一直發生，時間將只是參考值，很多事瞬間就塵埃落定了。

· **現在（目的）**：處理事情的效率對接下來的發展有很大的影響，跟著一起動起來，就會發現思考方法也跟著快速飛躍前進！

· **未來（動作）**：事情進展快速，請馬上採取行動，沒時間讓你猶豫不決了。一旦果斷的確立方向，會比想像中更迅速完成，達成目標。

延伸學習

意思相近

「速度」在寶劍騎士牌中也能夠看見，從背景的快速流雲，就可感知「快」的意涵。

重要差異

如果「快」是權杖 8 牌的要義，那麼寶劍 4 牌的「慢」與「暫時停下來休息」就是相對的意思。

權杖 9

Nine of Wands

堅強又可靠的內心，
引領我跨越甦醒時刻的門檻。

正位關鍵字「防護」

 舊傷、堅韌、反抗、
保衛、鍛鍊、紀律

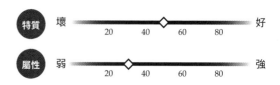

| 特質 | 壞 | 20 | 40 | ◇ | 60 | 80 | 好 |
| 屬性 | 弱 | ◇ | 20 | 40 | 60 | 80 | 強 |

正位意義

　　也許先前的挫敗感尚未消逝，使你遍體鱗傷，甚至綁上繃帶，做起事來小心翼翼，就算完成任務，也還是站在原地等待，依舊戒慎恐懼，深怕有個差錯，這樣的憂心警覺本來是想要捍衛自己的信念，卻在不知不覺中躲進了自己建構出來的堡壘中，身後的權杖如同柵欄般保護著你，才覺得稍微放心。你也發現自己正面臨衰退與自我懷疑，但因為是一個人的時刻，反而可以好好回顧過往，想想到底為什麼會造成現在的局面。**愛情裡**，舊傷口會慢慢癒合，經驗能讓你修習得分，懂得自我保護；**事業上**，經歷一段艱困的虛弱時期，緩解疲憊後才能蓄勢待發。

逆位關鍵字「磨難」

聯想詞 毅力、繼續、學習相信、受害者、輕率、放逐

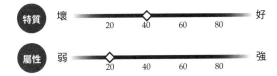

特質 壞 ——◇—— 好
20　40　60　80

屬性 弱 ◇—— 強
20　40　60　80

逆位意義

　　也許現今面對的難題已經超過你能負荷的範圍，越抗拒就越難受，應該先在失敗經驗中找出可行之道。當權杖 9 牌顯現出逆位時，代表可從圍欄中找到出口的人似乎就要突破限制與阻礙，得到一些放鬆，慢慢復元過來，但苦難並未就此終止，空等待是無法得到好的執行方案的，只會讓人更加氣餒。未來需要不斷嘗試不同的做法，別再用勾選法來挑出自己想要的，而是用刪去法讓自己知道什麼是切合實際的，痛定思痛才能有助打破屏障。**愛情裡**，不願與人接觸，還是想宅在自己的小天地裡，無心戀愛；**事業上**，逃避先前的錯誤，不負責任。

權杖 9 的塔羅思維

· **過去（意圖）**：曾經受傷、現在正在等待復元的你，也許內心還有些苦澀難受，疲憊不堪，讓自己先採取一些防衛措施，並不是反應過度。

· **現在（目的）**：你該關注的不是表面上的失敗，而是本身的潛在問題，想想該如何拒絕，才不會讓自己重蹈覆轍！

· **未來（動作）**：是不是真的要放棄？再給自己一段思考的時間吧！需要謹慎的跨出下一步，想想哪些事真的具有堅持不懈去完成的價值。

延伸學習

關聯解析

持續專注從事一件重覆的事，這是錢幣 8 牌的主要意涵，這樣的毅力將不斷累積自身的能量。

意思相近

自願懸掛在樹上的吊人牌主角，需要有堅忍的意志，才能完成此一提升身心靈的考驗。

權杖 10

Ten of Wands

再艱苦也要克服，
透過建設性的轉變過日子。

正位關鍵字 「重擔」

聯想詞 勞動、責任、承擔、超載、背叛、最後階段

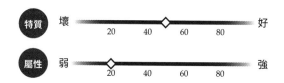

| 特質 | 壞 ─── 好 | 20 40 60 80 |
| 屬性 | 弱 ─── 強 | 20 40 60 80 |

正位意義

　　「我做得來」是一種承諾，若超過自己的負荷能力而不自知，就如同彎腰抱著權杖的人一樣，感到負擔相當沉重。十支權杖成為壓迫，除了阻礙你的視線外，還使得你累到不知該往哪裡走，造成進度如牛步拖拉。你口中的責任和義務不斷累積，早已成為你的包袱，雖然早感不公，有些抱怨，但還是勉為其難告訴自己必須前行，這已是最後階段，必須為了家、為了大局著想，但辛勞過度會讓你力不從心，造成事情收尾時更加吃力。**愛情裡**，對一味付出感覺疲倦，精疲力盡，困住自己；**事業上**，雜事纏身造成手忙腳亂，徒勞無功給你帶來巨大壓力。

逆位關鍵字「卸下」

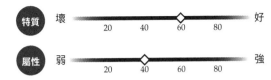

聯想詞 放開期待、委派、脫離、和緩、清理、釋重

| 特質 | 壞 ——◇—— 好 |
| 屬性 | 弱 ——◇—— 強 |

逆位意義

　　總算可以卸下一些壓力，重擔已經背負在身上好一陣子，必須清理一下，釐清本來不屬於你的責任。過去也許想獲得大家信賴，為求表現而攬下很多工作，明明發現手邊的事情已忙得不可開交，但依舊抱著鴕鳥心態，認為不去看就能不覺擔憂，用虛假的表面功夫來掩蓋一切，忽略身體所發出的警報。在權杖 10 牌翻出逆位時，表示正視身心健康是很重要的，否則你就是即將被一根稻草壓垮的駱駝。明白自己該放下什麼、緊握什麼，檢視該如何重新做出妥當的分配。**愛情裡**，隱瞞矛盾，無法確認是否真心；**事業上**，從繁重的壓迫中稍微脫身，找回適中步調。

權杖 10 的塔羅思維

· **過去（意圖）**：這陣子的生活過得很艱難，負擔很重，而且越來越多，導致你必須時時刻刻去處理，千萬別壓垮自己，得學會如何放鬆。

· **現在（目的）**：壓迫的狀態會讓你感到倦怠，責任感不該是超重負荷，能者多勞的弦外之音是「人人勞久了，也可以是能者」，因此別背負他人的課題。

· **未來（動作）**：你開始意識到沒必要負責一切，懂得委託別人、尋求幫助，否則壓力只會越積越高，所以別再推遲了。

延伸學習

意思相近

錢幣 5 牌中，負傷又貧困的兩人在雪地中行走，顯示出面對未來的一切都覺得十分艱難。

關聯解析

寶劍 6 牌中有一個在船上低著頭的人，代表面臨著人生的低潮與失落，需要一段時間才能平復。

權杖隨從

Page of Wands

象徵人物：研究員

找到每個目標的焦點，
就是滿足創造力的人生使命。

正位關鍵字「野心」

聯想詞 開發、潛能、膽大心細、
熱忱、率真、新方向

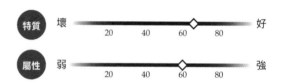

特質	壞					好
		20	40	60	80	

屬性	弱					強
		20	40	60	80	

正位意義

目不轉睛，是我們對某件事產生興趣時才會有的反應。專注研究起權杖頂端的人，抬著頭想要展開一些行動，但又很謹慎的想搞清楚所有狀況，想在思考周全後才做出反應。這樣的準備工作是一種對知識的探索與琢磨，能從中找到理想及前行的目標，畢竟邁出這一步對你來說可是一個全新的布局，當象徵權杖的火結合隨從的風，成為火中之風，就是以熱情來研究知識，立即展開計畫，是一位有著滿腔熱忱的少年。**愛情裡**，坦率真誠的心會打動對方，多製造浪漫能讓你擁有甜蜜戀情；**事業上**，不斷學習新知會讓你倍感青春，也有助於在工作中瞭解新技能。

逆位關鍵字「不穩」

聯想詞 局限、焦躁、缺乏引導、
阻止、半吊子、難上手

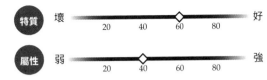

特質	壞			◇		好
		20	40	60	80	

屬性	弱		◇			強
		20	40	60	80	

逆位意義

　　當權杖隨從牌出現逆位的狀況，顯示你現在缺乏對事物的好奇心，或是做起事來總是三分鐘熱度，只試一下就放棄，甚至事情不如預期時就會耍脾氣，推翻所有的過程，就像玩遊戲輸不起的孩子一樣翻桌，然而這樣的輕率之舉都被別人看在眼裡。你的驕縱蠻橫已對他人造成影響而不自知，而且無法靜下來觀察事件的細節，以至於有時覺得事不關己，有時又感到焦慮不安，反覆無常使你淪為說空話的二流人物。**愛情裡**，情人已恃寵而驕，難以相處；**事業上**，分心或一頭熱都會壞事。

權杖隨從的塔羅思維

· **過去（意圖）**：你的熱情會啟發你迎接挑戰，帶來令人興奮的冒險，有時你會感到躁動與不耐煩，是因為還沒做好全盤的瞭解與研究。

· **現在（目的）**：對冒險的懷疑與探索能讓你想到新的應對方法，樂觀面對挑戰，解決問題就像遊戲破關一樣輕鬆上手。

· **未來（動作）**：準備邁出生命之中重要的一步，新的探索使你充滿熱力，知識帶來的適應力讓你足以應付許多狀況，接下來就用雙手去掌握機會！

延伸學習

關聯解析

正要變戲法的魔術師牌，把自己的潛能化成實際的樣貌，展現在眾人眼前，獲得關注。

意思相近

權杖 2 牌主角手中掌握著資源，但仍觀望著新的方向，在還沒做好準備前，暫緩所有行動。

權杖騎士

Knight of Wands

象徵人物：陽光男孩

**耀眼的行動就是充沛能量的釋放，
奔赴心之所向。**

正位關鍵字 「奮進」

 開朗、精力充沛、熱血、
前景、激發、年輕力壯

特質　壞 ———————◇——— 好
　　　　　20　40　60　80

屬性　弱 ———————◇——— 強
　　　　　20　40　60　80

正位意義

　　騎在一匹躍起奔騰的馬上，高舉權杖的人看起來氣魄雄大、精力充沛，動作誇張的樣子，渴望被別人看見，不停的動顯示出自我存在的價值，體現勇往直前的積極。若有想要追求的事物，一定會全神貫注的展開行動，也許看來有些衝動，但先做再說的態度告訴我們：凡事只有自己動手才能操之在手。當象徵權杖的火結合騎士的火，成為火中之火，就是以熱血來展現活力，馬上掌握機會，是一位有著古道熱腸的青壯男子。**愛情裡**，直接了當的勇往直前，可以征服對方，讓他投入你的懷抱；**事業上**，充滿爆發力的個性使你做事非常有效率，在開拓業務上非常出色。

逆位關鍵字「魯莽」

聯想詞 怒火、霸凌、耍賴、愛現、不顧危險、性慾強

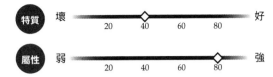

特質　壞 ——◇—— 好
　　　　20　40　60　80

屬性　弱 ————◇ 強
　　　　20　40　60　80

逆位意義

　　如果不熟識你的人對你產生誤解，不斷欺負，惡意攻擊，這就是霸凌，也是權杖騎士牌逆位要告訴我們的提醒。我們都不該對惡意的抹黑低頭，不瞭解事情全貌的人並沒有資格無中生有來中傷你，當然這樣的狀態也可能出現在你身上，化身正義魔人，未經考慮就恣意在網路世界中對人用言語來發動筆戰，在群情沸騰之下成為凶手。要避免自己成為有勇無謀的人，其實只需做到「己所不欲，勿施於人」，別讓熱情燒過頭而成為一種危險，此時請克制住自己的不耐煩，三思而行。**愛情裡**，肉體慾火旺盛，只求發洩；**事業上**，橫衝直撞，一事無成。

權杖騎士的塔羅思維

· **過去（意圖）**：你總是充滿自信，展現出火熱的性格，十分受到歡迎，而且你也急公好義，想為周遭的人們做些什麼，但有時會稍顯急躁。

· **現在（目的）**：熱情又勇往直前的你，喜歡從行動力中找到生命的樣貌，性感又充滿誘惑力，毫不畏懼將成為眾人焦點，但別讓輕率使你丟了面子喔！

· **未來（動作）**：愛冒險、有魅力的你，對於事物感受反應強烈，請小心別太衝動，為了一點小事而動氣，會讓別人覺得你空有蠻力、不用腦袋。

延伸學習

關聯解析
受到眾人歡呼的權杖 6 牌主角是大家的焦點，也象徵著帶領所有人迎接勝利，凱旋而歸。

場景雷同
常被拿來與權杖騎士牌比較的寶劍騎士牌，還多了一種急躁的破壞，而且不顧他人想法。

權杖王后

Queen of Wands

象徵人物：女中豪傑

**相信直覺，願意伸出援手，
熱心的善念是一種人性溫暖。**

正位關鍵字「真誠」

聯想詞 大膽、穩定、無私、
吸力、洋溢、自發性

特質 壞 ———————◇——— 好
　　　　20　　40　　60　　80

屬性 弱 ———————◇——— 強
　　　　20　　40　　60　　80

正位意義

　　手握權杖是權力的表徵，另一手拿著向日葵，是鼓舞人心的正向指引，這朵花可能是來自一份贈禮，或是代表光芒四射的能量。她的個性率真友善，大方坐在王座上，不受世俗拘束敞開雙腳的姿態透露出堅定豪爽的態度，也同時做最真實的自己。前方有一隻黑貓，代表直覺的靈性，散發出性感的魅力，當象徵權杖的火結合王后的水，成為火中之水，就是以熱心來關懷內在，擁有自信直覺，是一位熱情洋溢的熟齡女性。**愛情裡**，會有轟轟烈烈的戀情發生，就讓自己全然享受當下；**事業上**，分享自身經驗，振奮士氣，凝聚團結，提升豐收。

逆位關鍵字「善變」

聯想詞 激烈、火爆、報復心、掠奪、強勢、指派

特質	壞			好
	20	40	60	80

屬性	弱			強
	20	40	60	80

逆位意義

　　你已經被人當成母老虎了！這是權杖王后逆位要告訴我們的啟示。火爆脾氣已然遮蓋所有優點，無論你的出發點是否良善，不對的方式只會招致錯誤的認知，即使是善的，也不見得能讓所有人都接受。現在的你對任何事都懷有強烈情緒，似乎無時無刻都在上演灑狗血的鄉土劇，總是咄咄逼人，實在令人無法恭維，有時甚至會為了隱瞞自己的錯誤而避重就輕，加上過度以自我為中心，且妒忌心作祟，總是看不慣別人有好表現，而將好處都留給自己，最終被人發現，導致眾叛親離。**愛情裡**，情緒暴躁讓關係受損；**事業上**，公私不分，行事充滿批評與比較。

權杖王后的塔羅思維

· **過去（意圖）**：充滿對生活的熱忱，有著四海之內皆兄弟的豪爽個性，很吸引人，也能結交新朋友，而自信滿點的你也總能幫助大家處理問題，積極應對。

· **現在（目的）**：信賴直覺靈感，對生活充滿熱情又創意十足，在你身邊總能感覺到有趣、溫暖。指揮若定，安排大小事，慷慨大方，照亮一切來鼓舞人心。

· **未來（動作）**：受到歡迎而有些忙碌。樂觀能夠帶來信心，平易近人能將熱情感染他人，凡事全心全意投入，能在優雅光采下獲得激勵。

延伸學習

關聯解析

在圖面上也有向日葵的太陽牌，象徵溫暖與喜悅之情，帶來令人安心的氛圍及舒適的感受。

場景雷同

同樣坐在王座中央，雙手持物的皇帝牌，給人一種權威感，身上的盔甲代表情感的疏離。

權杖國王

King of Wands

象徵人物：創業主

展示天賦與才能，
自我肯定之下打造新銳創舉。

正位關鍵字 「盡職」

 聯想詞 壯志凌雲、開闊、永恆、
創辦、帶領、靈機一動

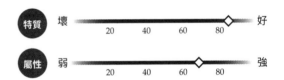

特質	壞					好
		20	40	60	80	

屬性	弱					強
		20	40	60	80	

正位意義

　　喜歡挑戰，而側坐在王座上的姿態，還有稍微超出石基的權杖，暗示著能隨時起身展開行動。對於各式話題都能投入，透過啟發看到遠大的面向，其實早就準備好要獲得勝利。代表火元素充沛能量的火蜥蜴，除了陪伴在腳邊外，圖騰上的火蜥蜴也頭尾相連成為一個圓，代表所有都是完整的，而且能導向實際成功。當象徵權杖的火結合國王的土，成為火中之土，就是以熱誠來完成紀律，能夠聚焦熱力，是一位熱心的成熟男人。**愛情裡**，可以成就理想中的愛情，是可靠對象；**事業上**，經驗將帶來致勝方針，機動性強成為優勢，萬事順利。

逆位關鍵字「阻斷」

 聯想詞　不耐煩、盛氣凌人、怯懦、錯判、專制、失業

特質　壞 ———◇——— 好
　　　　　20　　40　　60　　80

屬性　弱 ————◇—— 強
　　　　　20　　40　　60　　80

逆位意義

　　盛怒之下可能會做出為了反對而反對的舉動，不理會後續進展，只求當下的情緒發洩，就是權杖國王牌逆位給我們的提醒。這樣的做法也許有種過癮的快感，而別人也會給予諂媚的回應，但未必是真心信服，只能滿足虛榮心。凡事都想速成，渴望當下就要有結果，卻彰顯自己下了一個愚蠢決定，以致重蹈覆轍，如此缺乏自律會造成執行上的後繼無力，破壞了整體計畫的進行，若當下缺乏果斷的智謀策略，就該參考過往經驗才是上策。**愛情裡**，來者不拒，根本不明瞭自身心意；**事業上**，行事獨裁，聽不進建言，招致混亂。

權杖國王的塔羅思維

· **過去（意圖）**：也許你有一些創新的大膽想法，但這是一個賭注，得先綜觀全局，做好配套，等到時機成熟，再起身指出這條成功之道！

· **現在（目的）**：有著原創性想法的你，是大家的焦點，也很尊敬且信服你的領導，接下來只要相互配合，就能激發熱情的行動力，一舉獲得勝利。

· **未來（動作）**：若說你那充滿戲劇張力的點子能改變世界，一點也不誇張！拿出你活躍的勇氣，讓每次出擊都強而有力，成就傑作，令人難忘。

延伸學習

意思相近

代表勝利的戰車牌，也象徵即將前行，朝向未知的挑戰邁進，擁有自信與能力，將獲得成就。

關聯解析

掌握起始能量的權杖 1 牌，有股純粹熱情所轉化的動能，只要再輔以好計畫，將有一番作為。

聖杯 1

Ace of Cups

世上的美善，
就是透過愛
來理解我們身處之處。

正位關鍵字「豐沛」

 聯想詞 人脈、新關係、喚醒、
喜悅、積極、滋養

特質	壞				好
		20	40	60	80

屬性	弱				強
		20	40	60	80

正位意義

　　感情的呵護就該溫和輕柔，捧著聖杯的手充滿珍惜慈愛，柔情似水的道理也在此呈現。白鴿銜著聖餅飛入水杯，揭示愛的力量成為真實。聖杯上的倒 M 符號，相傳是耶穌在最後的晚餐所使用的器皿，表達出豐富的意志與情操。由聖杯之中流瀉而下的五道水流，則是代表人的五種知覺感官。在水池中綻放的蓮花，象徵著情感滿溢下潛意識的覺醒。對精神心靈感到十分滿足的你，現在能用很坦率的心情表現關愛。**愛情裡**，現在是談戀愛的好時機，只要自己打開心扉，將遇上新對象；**事業上**，積極完成工作任務，良好的人際交流將為你帶來豐收。

逆位關鍵字「貧瘠」

聯想詞 濫用、言而無信、單戀、失去知覺、矯情、拒愛

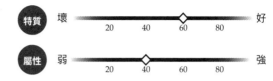

	壞					好
特質		20	40	60	80	

	弱					強
屬性		20	40	60	80	

逆位意義

是因為沒有用心感受而產生空虛，還是想要拒絕某些內心感覺而感到精神匱乏？倒置的聖杯1牌在一瞬間水被傾瀉而出，情感付出太多，已消磨你的親切與熱忱，別人回饋得太少，讓你感到矛盾，明明很替別人著想，但是對方卻沒有真心相待，因此你開始與人保持距離，這是一種不愉快的分裂感，多愁善感到好像無人與你同一陣線。現在請解放心靈，不去想成為別人期待的樣子，而是真正找回自己的體會，深入潛意識重新瞭解「我是誰」。**愛情裡**，形同陌路，生活空洞，雖是交往狀態卻感孤獨；**事業上**，無法誠懇處事，沒有回報。

聖杯1的塔羅思維

· **過去（意圖）**：你能清楚表達滿滿的愛，情感中的需求得到滿足，可能會展開一段新關係，同時間打開自己與別人的心，帶來幸福感。

· **現在（目的）**：只要你感覺到愛的牽引，這份新體認將會為你帶來喜悅，真愛離你越來越近，擁抱真心就能在心靈的層次感到滿足。

· **未來（動作）**：讓最真實的感官來引領，將充滿感情的意志放在前方，好好呵護，開始建立愛的新起點，人與人之間的聯繫將被加強與顯化。

延伸學習

意思相近

水的流動也象徵著情感的傳遞，與聖杯1牌同樣擁有水流的星星牌，有著體悟、經驗、感受之意。

關聯解析

如果聖杯1牌是端著一杯水，那錢幣1牌就是務實的掌握著一枚錢幣，意指你正安全的擁有它。

聖杯 2

Two of Cups

感覺與情緒密不可分，
在對等的愛中結合，
產生親密關聯。

正位關鍵字「平等」

聯想詞 好感、親密、分享、
連結、夥伴、婚約

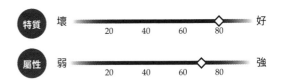

特質	壞	好
屬性	弱	強

正位意義

　　人與人的相處講求一個平等，舉杯的兩人正對彼此產生好感，頭上戴著花環，心中十分喜悅，現在是交流的時刻，無論是手上的杯子或所站的位置都是同樣高度，代表彼此尊重、互相信賴且地位相等。在天空中央的獅頭及張開的羽翼，象徵上天的祝福與心靈契合。由兩條蛇纏繞的赫密斯之杖，有著商業合作、醫藥療癒之意。兩個人慢慢透過互動觀察彼此，進而有了情感能量的交換，產生信任理解的共鳴。**愛情裡**，會遇上一見鍾情的心儀對象，即將展開甜蜜戀情；**事業上**，均等互惠，各自貢獻優越本事，互蒙其利，合作愉快。

逆位關鍵字「誤解」

聯想詞 分離、投射、爭辯、
性冷感、破滅、地下情

特質	壞			◇		好
		20	40	60	80	

屬性	弱		◇			強
		20	40	60	80	

逆位意義

我們總是把自己認定的事實套用在別人身上，但自己覺得好，別人可不一定認同，這就是聖杯 2 牌逆位時要給我們的警語。兩人在相處上正面臨衝突，訊息無法交流，彼此雖然有意，也有一些行動，但另一方總是無法正確感知，漸漸對愛產生懼怕與擔憂，幾經動搖之下，產生更多猜疑與試探，更無助於情感面的信任。有時候情感關係在乎的是一種剛剛好的平衡，兩者的需求是否對等，不該費盡心神來維繫，這樣一點都不自在。**愛情裡**，一方無法打開心房，形成單戀；**事業上**，陷入權力鬥爭之中，私心盤算利益。

聖杯 2 的塔羅思維

· **過去（意圖）**：因為吸引力的影響，你覺得找到了人生夥伴，這是一個對等的關係，可以發展成伴侶，也能是一同分享的舒服狀態。

· **現在（目的）**：經由互動與對話發現愛的樣貌，進而瞭解如何待人，這是一種十分貼心的平衡狀態，懂得這個道理將使你更引人親近。

· **未來（動作）**：吸引力將兩人漸漸拉在一起，得以延續彼此的關係，也許看出了共通之處，將其昇華成一種情感的連結。

延伸學習

關聯解析
平等傳達彼此心意的聖杯 2 牌，如同節制牌中的兩杯水相互交流一般，打開意識融合。

意思相近
擁有大天使祝福的兩人，在戀人牌中彼此袒誠相見，即將譜下專屬於他們的人生戀曲。

聖杯 3

Three of Cups

共同一致的觀點
帶來多重的滿足，
能志同道合真好。

正位關鍵字「歡慶」

聯想詞

聚會、獲益、好閨密、
友情、好客、結盟

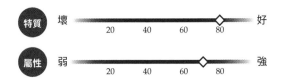

特質　壞 ——————————◇—— 好
　　　　　20　40　60　80

屬性　弱 ——————————◇———— 強
　　　　　20　40　60　80

正位意義

　　人的一生中總有幾個知己好友，能夠陪伴著我們經歷生活中的喜怒哀樂。圖中三位女子舉杯共同慶祝農作物的收成，光看腳邊堆滿的南瓜與手中拎著的葡萄，就知道收穫是多麼豐碩，接下來是不是該舉行一個慶功宴？大家跳著舞的樣子多麼開懷，就因為志趣相投、意見一致，彼此友善相待，在美好的環境下團隊合作，相互配合，支持打氣，讓大家的潛能都能發揮，而過程中的煩惱問題也都能迎刃而解，產製出許多美好的收穫。**愛情裡**，多參加活動，與友人的點滴將為你們共創回憶；**事業上**，身邊夥伴能相互協助，彼此妥協，達成共識，分享成果。

逆位關鍵字「多餘」

聯想詞 懷念、私人、放縱、外遇、不忠、糾紛

特質	壞	20 40 60 80	好

屬性	弱	20 40 60 80	強

逆位意義

　　適度慶祝是一種犒賞與慰勞，但過度玩樂就是一種放縱，而且對人的感情也不該超過，以免讓自己收不了心。當聖杯 3 牌出現逆位的時候，杯子就掉到地上了，可能是貪杯後大家都醉倒，忘記明天還有重要的工作，享樂太甚造成睡過頭而誤事，也可能在酒酣耳熱之際講出心裡話，才發現彼此的價值觀與真實目標根本齟齬不合，最後不歡而散。沒有夥伴相互支持，就算成功也覺得似乎少了一味。**愛情裡，**飽暖思淫慾，甚至可以考慮三人行；**事業上，**樂極生悲之下功敗垂成，目前孤立無援。

聖杯 3 的塔羅思維

· **過去（意圖）：**當需要協助時，能有朋友在身旁扶持，是一件美好的事。因為有朋友們的陪伴，處理起生活上的小麻煩就變得簡單輕鬆多了。

· **現在（目的）：**花點時間跟喜愛的朋友共度歡樂時光，會讓你感到精神振奮，變得更有元氣，這樣的社交活動將能為你充電。

· **未來（動作）：**與人相處融洽的你，有一群可以一起歡慶的重要好友，你們一起工作與生活，有一個共同的目標，繼續前進就會達成夢想。

延伸學習

關聯解析

錢幣 3 牌中的人物各有專長，正貢獻出自己的技能，一同成就未來可預見的完美成果。

場景雷同

衣食豐足、正在進行慶典的權杖 4 牌，舉手歡迎著遠道而來的親朋好友，一起同歡。

聖杯 4

Four of Cups

請睜開眼觀察事物全貌
直到最後，
才不會落入自我揣測。

正位關鍵字「不滿」

聯想詞 無精打采、挫敗、漠視、
無聊、不知足、悲觀

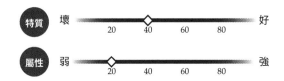

特質　壞 ——————◇—————— 好
　　　　　　20　　40　　60　　80

屬性　弱 ——◇—————————— 強
　　　　　　20　　40　　60　　80

正位意義

　　人生不如意之事十之八九，在倦怠的情緒之下，往往會錯失了不少良機。樹下抱胸盤坐的人，看起來是不是有一種不想起身的懶散氛圍呢？可能在汲汲營營之後，想找個地方獨自作白日夢，如沉思出神，也許是想從大樹的根裡汲取精神能量，但前方的三個聖杯又讓人看清現實，由於不認同現狀，形成過度負面，害你鑽牛角尖，卻忽視了有一朵雲正遞出帶來契機的聖杯。**愛情裡**，總是喜歡翻舊帳，容易令人厭惡；**事業上**，因為缺乏動力，對於一切漠不關心，甚至拒絕新機會。

聯想詞　自省、耐性、錯失良機、
預兆、考慮、突發奇想

特質　壞　————◇————　好
　　　　　20　40　60　80

屬性　弱　————◇————　強
　　　　　20　40　60　80

逆位意義

　　想要讓事情有新的轉機，除了等待之外，為什麼不回頭想想先前沒被你選中的方案裡是否有可行者？過去行不通的，在目前這個時間點或許可行。擺脫無聊感，翻轉觀點，是聖杯 4 牌逆位要告訴我們的。一直消極下去，並不會讓你感到舒適，只會更令人坐立不安，原先能靜靜冥想的姿態也被打擾，中斷了事物之間的連結，甚至感覺有些機會也一一逝去，這讓你陷入一種摸不著頭緒的情況中，到底該怎麼辦？勢必要重新再來了，現在請相信自己靈光一閃的好點子，好或壞得試過才知道。**愛情裡**，培養共通興趣能擺脫低潮；**事業上**，新見解能克服舊問題。

聖杯 4 的塔羅思維

· **過去（意圖）**：生活中總有一些遺憾，可能造成挫折，讓你無精打采，想要慵懶度日，在這種狀況下會有很多無濟於事的消極思考。

· **現在（目的）**：失敗的時候，不要只顧著失望，很多事情不會理所當然的發生，好好想一想，透過思考，你能在每次挫折中另有獲得。

· **未來（動作）**：隨著時間的流動，你開始意識到應該學著激勵自己，已經過了一陣子無聊與不滿的日子，也許需要一些鍛鍊來接觸新機會！

延伸學習

關聯解析

錢幣 4 牌中的人物頭上頂著錢，手和腳也緊守著錢，充分表達出對金錢的執著、不安與緊張。

意思相近

對現況感到無趣的聖杯 4 牌人物呆坐原地，相較之下，聖杯 8 牌則是採取行動，轉身離開。

聖杯 5

Five of Cups

悲傷與痛苦會讓你
忘卻自己仍然還有其他擁有。

正位關鍵字「憂愁」

聯想詞　失望、創傷、悔恨、
荒涼、自憐自艾、悲痛

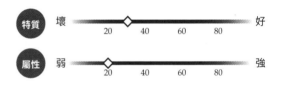

特質	壞					好
		20	40	60	80	
屬性	弱					強
		20	40	60	80	

正位意義

　　倘若一直陷在失去的後悔與悲傷中，只會顯得更茫然無力。牌卡中有一位低著頭、身穿黑斗篷的人，光從他的姿態就能感受到他的失落，因為前方腳邊有三個打翻的聖杯，象徵先前的破壞造成失去而帶來痛苦，時間無法倒流，所以現在已無法做出彌補，只能眼睜睜看著事情發生，引發自我嫌惡，卻沒留意到自己的背後仍有兩個站立的聖杯。當悲嘆平息之後，才會發現原來狀況沒有想像的糟，身邊還是有人陪伴與支持。**愛情裡**，悲觀主義讓彼此相處諸多不順，失去後才瞭解對方的重要；**事業上**，已經出現虧損，不要光顧著懊惱，而忘了立即處置止血。

逆位關鍵字「釋放」

復原、更新、癒合、
釋懷、覆水難收、暫時

特質	壞 ━━━━◇━━━━ 好
	20　40　60　80

屬性	弱 ━━━◇━━━━ 強
	20　40　60　80

逆位意義

　　學著修補心靈受傷的裂痕，是恢復療癒的起始，當聖杯 5 牌顯現逆位的時候，請相信接下來狀況都會好轉。要從一段失落的情緒裡走出來，的確需要一些時間，因為悲哀的情緒往往比快樂更善於盤桓於心，但你漸漸會發現，周圍的人都懂你的感受，沒有逼迫你把難過埋藏心底，而是理解接受，並要你擁抱自己的氣餒，像是跨越牌中遠方的橋，遠離令你不舒服的悲痛，與親友重逢，然後你就能寧神釋懷，驚覺事情真的沒你想的那麼糟糕，一切都過去了。**愛情裡**，別看壞不看好，能逐漸修復失落的情感；**事業上**，失誤是成功的先導，能讓你增長見識。

聖杯 5 的塔羅思維

· **過去（意圖）**：人生都有不如意，而你花了大把的精力與時間沉溺其中，但要你現在立刻頓悟，的確有點難。

· **現在（目的）**：浪費很多時間在遺憾上，結果真的沒有那麼糟，沒有人覺得被辜負了，儘管有些期望沒有達成，擁有的還是比失去的多。

· **未來（動作）**：抬起頭來做一些對自己有益的事，可以避免一直難過，不該在後悔中打轉，並非真的別無選擇，請慢慢試著將負面情緒消弭。

延伸學習

關聯解析

在生命的過程之中，必然要面對告別的課題，死神牌中的揭示告訴我們，這是自然的循環。

意思相近

寶劍 6 牌之中的人物受到了苦難與傷害，需要長時間的療癒，才能慢慢將悲傷釋懷。

聖杯6

Six of Cups

**表達愛意的最好方式是分享，
交換情感，迎接幸福來臨。**

正位關鍵字「回憶」

 懷舊、童年、過往、
內在小孩、禮物、給予

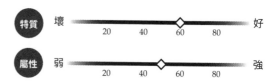

| 特質 | 壞 ——————◇—————— 好 |
| 屬性 | 弱 ——————◇—————— 強 |

正位意義

　　懂得分享是一種單純的愛，古老的莊園象徵對昔日的懷念，有位年齡稍長的男孩將手中盛滿花的聖杯遞給小女孩，這是一份禮物，也可以說是一種呵護，因為女孩可以不用自己細心照料花木，透過男孩的照顧就能有美麗的鮮花可以欣賞，兩人建立起一種安全而有保障的關係。這張牌卡是不是讓你想起孩童時曾經被人溫柔呵護的回憶？善良天真的兩個人面對面，無憂無慮的相視而笑，想必已經收下了彼此的心意。**愛情裡**，孩提時代的初戀或老朋友出現，可能變成口袋名單之一；**事業上**，工作環境舒適自在，保守穩定有餘，但成長趨緩。

逆位關鍵字「忘懷」

聯想詞 寬恕、感傷、留戀、
再出現、保護、交換

特質	壞 ———————◇——————— 好
	20　40　60　80
屬性	弱 ——◇——————————— 強
	20　40　60　80

逆位意義

　　兒時的經歷會在潛移默化中對現今的我們造成影響，甚至會讓我們沉醉於過往而不願前進，這就是聖杯 6 牌逆位的提醒。就像讀一本書，十三歲時閱讀與三十歲時來看，可能會有不同體悟，每個階段都會有當時的一些感觸，而我們潛意識中的記憶很可能跟事實不太一樣，因而美化或惡化了某些事物，是時候打破這樣的情緒牽絆，別再說嘴當年勇，釋放留戀的過去，活在當下，聚焦未來。**愛情裡，**若要翻舊帳，接下來還是得找到相處對策，不要只是情緒發洩；**事業上，**跨出舒適圈，嶄新的視野將帶來成長。

聖杯 6 的塔羅思維

· **過去（意圖）**：從過去的回憶找到自己現在的樣貌，童年的記憶將對你目前的觀點產生影響，瞭解能給予祝福就是一份禮物。

· **現在（目的）**：無憂無慮的你願意做好事，也因此讓自己被善行、善意所圍繞，單純想為別人做些什麼的慷慨之心，能帶給你滿足與幸福感！

· **未來（動作）**：兒時所體會到的友善，將讓你懂得以和諧的角度來看待事情，也願意與人分享，寬容與大方會形成好循環。

延伸學習

關聯解析

太陽牌象徵著熱情、開心與活力，牌面中騎在馬背上的小孩代表純真，呈現出一種簡單的喜悅。

意思相近

代表分享快樂的聖杯 10 牌，大家都能找到喜悅的生活方式，表現出怡然自得的樣子。

聖杯 7

Seven of Cups

好好平息心靈喧囂，
沉思、傾聽內心，
解決世俗的干擾。

正位關鍵字「幻象」

聯想詞　想像力、一廂情願、新意、
誘惑、白日夢、短視

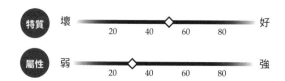

特質	壞					好
		20	40	60	80	
屬性	弱					強
		20	40	60	80	

正位意義

　　進入一段夢境就像是在看電影，什麼奇幻的想像都能實現。從牌中人物的背影看起來彷彿陷入迷惑，不知道該如何抉擇，飄浮在眼前的七個聖杯，每一個都裝著不同的東西，人頭、發光的布、蛇分別代表心靈、自我、智慧或誘惑，而城堡、珠寶、桂冠及怪物則是指冒險、財富、勝利及恐懼，最特別的是在盛裝桂冠的聖杯上浮現了骷髏頭，提醒我們勝利是需要付出代價的。另有一說：七個聖杯象徵七宗罪，面對試煉得思索何者才是最重要的部分。**愛情裡，**心猿意馬，令人無所適從，搞不清你的真實心意；**事業上，**不切實際，愛說大話，反覆無常，造成狀況混亂，難以收拾。

聯想詞 看清、優先順序、專心、
打破虛幻、選定、消散

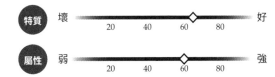

特質 壞 ————◇———— 好
　　　20　　40　　60　　80

屬性 弱 ————◇———— 強
　　　20　　40　　60　　80

逆位意義

　　下定決心是聖杯 7 牌逆位最重要的意義。人的一生不斷面臨選擇，無論你是忙到分身乏術而無法好好思考，還是有選擇障礙，面對選擇難題時最終還是得做個定奪，其實只要運用邏輯思考，就有助於釐清問題。如果事情來得又急又亂，就需要先排定前置作業時間，理清優先順序，擬定計畫，就如同閉上眼時更能聽見水聲、感覺風動，只要摒除雜念，專注一心，就能認定自己所選。**愛情裡**，漸漸瞭解自己想要什麼，可以選定交往對象；**事業上**，有清楚明白的規劃，離目標又更近一步。

聖杯 7 的塔羅思維

‧ **過去（意圖）**：總覺得什麼都好、什麼都想要，雖然真的有很多很棒的想法，但難以做決定，要知道多頭馬車是無法並行的，不要再編織白日夢了。

‧ **現在（目的）**：要避免做出倉促的決定，就該懂得將誘惑放下，每件事當然都有其優點，但也都要付出相對的努力與代價。

‧ **未來（動作）**：若再繼續不切實際草率行事，放縱於妄想空談之中，就只會陷入假象而已，等到夢醒時分，將發現一切只是一場空！

延伸學習

關聯解析

人的欲望是無窮無盡的，惡魔牌的提醒就是告訴我們要戰勝貪心的枷鎖，不被綑綁。

意思相近

抽到情感豐沛的月亮牌，表示面臨選擇時顯得優柔寡斷，不知道該如何決定。

聖杯 8

Eight of Cups

正視你那令人窒礙難行的擔憂，
打破停滯不前的態度。

正位關鍵字「追尋」

 聯想詞 拋棄、逃脫現實、離婚、
走開、掙扎、漂泊

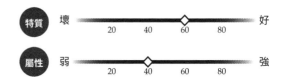

| 特質 | 壞 | 20 | 40 | 60 | 80 | 好 |
| 屬性 | 弱 | 20 | 40 | 60 | 80 | 強 |

正位意義

　　當你覺得待在原地已經不舒服，不要只是抱怨，請立刻起身離開。牌面上的人從堆疊的聖杯缺口中走出來，正往山上前去，之所以離開由八個聖杯所疊起來的成就，是因為他已經發現自己並未得到滿足，或許天色昏暗，月亮遮蔽了太陽，帶來不安的感受，但他依舊前行，往更高的地方尋找自我價值，即便這個過程可能有些冒險。即使必須放棄手中擁有的一切，即使未來可能不如預期順利，但還是想要去追尋，因為你就是覺得少了些什麼，才想聽從靈魂的引領，探尋內在需求。**愛情裡**，刻意迴避親密關係，無法敞開心胸接納情感；**事業上**，為了做而做，日子過得相當空虛，當務之急是調整生活現狀。

逆位關鍵字「捨得」

聯想詞 退一步、旅行、轉移、致歉、稍縱即逝、兩難

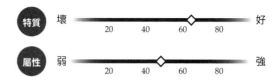

特質	壞 ——————◇—————— 好
	20　40　60　80
屬性	弱 ——————◇—————— 強
	20　40　60　80

逆位意義

你曾有過感到疲倦卻怎麼睡都無法恢復元氣的經驗嗎？這是因為沒有找出導致內心疲憊的主因，只想用睡眠來逃避內心所對抗的空洞現實。在聖杯 8 牌出現逆位的時候，你渴望尋求突破的心情，跟你覺得目前難以放手的安穩，成為兩股拉扯的力量，真的不知道選什麼才好的時候，乾脆逃開一下吧！讓自己吃頓美食，享受一下目前所擁有的快樂，然後開悟就這樣不經意的出現了，協助你做出改變，所以若是睡眠無法消除你的疲憊，不妨出去走一走。**愛情裡**，告別的時候到了，離開會讓彼此過得更好；**事業上**，打破常規方能見到轉機，有捨棄才有獲得。

聖杯 8 的塔羅思維

· **過去（意圖）**：應付目前的生活就已經耗盡力氣，你的付出遠超過你的獲得，也試著堅持好一陣子，可以試著讓自己脫離，找個出口。

· **現在（目的）**：當面臨情緒煎熬的時候，坐在原地是無法找到答案的，雖然起身改變需要勇氣，但你會體驗到變化能釋放疲倦！

· **未來（動作）**：艱困時期就快要結束了，遠離麻煩，並繼續前進，才能帶領你走向未知。向熟悉的事物告別，將發現什麼是你需要優先考慮的。

延伸學習

關聯解析

登高才能望遠，在山巔上的權杖 3 牌主角，明白當自己處於不同位置上就該有不同的思考模式。

意思相近

獨處才能擁有沉思時刻，站在高山上的隱者牌主角正進入反思，傾聽著自己內心的指引。

聖杯 9

Nine of Cups

責任已了，夢想已成，
辛勞過後可以陶醉享樂一番。

正位關鍵字「成就」

聯想詞 採購、積累、滿意、
物質豐足、自豪感、嫁妝

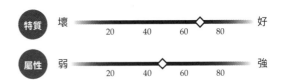

特質	壞				好
		20	40	60	80

屬性	弱				強
		20	40	60	80

正位意義

　　一償宿願，完成夢想，現在內心感到滿足、驕傲，如同端坐在牌中央的人一樣，將九個聖杯像獎盃一般展示出來，表情上盡是風光的樣子，但聖杯放置的位置又高又遠，彷彿怕大家發現自己其實沒那麼超群卓越。想在這場盛會中向大家大肆炫耀自己的豐功偉業，殊不知眾人只是遠遠看著得意洋洋的你，並未與你接近，因此你其實未能真正與人分享喜悅，只是自我陶醉罷了。**愛情裡**，兩人關係良好，珍惜彼此之間的付出，得到回饋；**事業上**，長期規劃的計畫總算實現，獲得報償，別人投以羨慕眼光。

逆位關鍵字「虛假」

聯想詞　貪婪、裝模作樣、自大、過失、沾沾自喜、沉溺

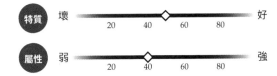

特質　壞 ——○—— 好　20　40　60　80

屬性　弱 —○—— 強　20　40　60　80

逆位意義

聖杯散落一地，人也從椅子上跌落，長布幕也可能會被掀開，這些都是聖杯 9 牌逆位時可以想見的畫面。原本惺惺作態的樣子已經被大家看清了，藏匿起來的失誤也被揭穿，讓你覺得相當丟臉，不過把這些虛假的外表全都攤在陽光下，心裡會有一種如釋重負的感覺吧！拋下令你上癮的物質表象，回歸內心層面，搞清楚真正的快樂不需要靠別人阿諛奉承，當然也無須打腫臉充胖子，豐衣足食之餘，請觀照精神需求，瞭解什麼對你來說才是重要的。**愛情裡**，發現情人有壞毛病；**事業上**，因自滿而誤信，導致虎頭蛇尾。

聖杯 9 的塔羅思維

· **過去（意圖）**：志得意滿的你覺得自己狀態不錯，大家也都看到你的成果，證明了自己的與眾不同，有種自豪的虛榮感。

· **現在（目的）**：日子不就是要拿來開心玩樂的嗎？在社交聚會中自鳴得意，告訴所有人你完成了目標，這就是一種炫耀。

· **未來（動作）**：你已經得到想要的一切了，也很滿足於這樣的成果，發現到什麼是你人生中想要追求的事物，順心如意，夢想成真！

延伸學習

重要差異

如果聖杯 9 牌中的成就來自於對事物的掌握及擁有，那聖杯 5 牌的悲傷與失去就是明顯的反義。

關聯解析

錢幣 9 牌中的女人身穿華服，擁有美麗莊園，生活自由自在，呈現出物質豐足的樣貌。

聖杯 10

Ten of Cups

現在的我開始懂得感謝，
每個人的相遇都是一份禮物。

正位關鍵字「滿足」

 聯想詞 養育、暖心、真情流露、
大家庭、理想國、美滿

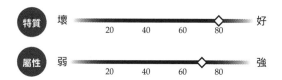

特質	壞	好
屬性	弱	強

正位意義

　　晴朗天空中畫出一道彩虹，在彩虹當中有十個聖杯，下方有一對伴侶，在小房子前一手彼此相挽、另一手敞開迎向彩虹，兩人的姿態是多麼和諧，共同迎接現有的富足美好，一旁還有兩個攜手轉圈的孩童，無憂無慮的玩耍，正是大家心目中的理想家庭樣貌，這是一個多美的情景，令看到的人都感覺喜樂愉悅，無須金銀珠寶的堆疊、華服的妝點，只要能與所愛的親人平安自在又健康的生活著，每個日常都是很棒的祝福。**愛情裡**，幸福感加深延續，願意走入白頭偕老的婚姻生活之中；**事業上**，獲得肯定，得到實質收益，穩健持續的經營，未來一片光明。

逆位關鍵字「不合」

聯想詞
缺少、分裂、不當得利、
貌合神離、嫌隙、超過

特質	壞 ——◇———————— 好
	20　40　60　80
屬性	弱 ————◇—————— 強
	20　40　60　80

逆位意義

　　當彩虹消逝，所有人不再同心，就不成一個家了，這就是聖杯 10 牌逆位所呈現的狀態。我們都期盼事事如意，但總有各種考驗來干擾，例如意見不合而爭論、口氣不佳導致相互指責，或是憤慨相待，都是因為內心價值觀分歧所致，沒有一定的對錯，卻讓大家開始各走各路。我們做每件事都需要達到身心真切的允諾，若是彼此的默契被破壞，連帶對未來的希望也落空，擔心掉入對方過度的情感索求中，產生被強迫接受的壓力，最後只好用分裂來表達拒絕。**愛情裡，**情緒管理不佳；**事業上，**度量狹小，要求不合理。

聖杯 10 的塔羅思維

· **過去（意圖）：**請好好享受這一刻的平安，你已經成功建立幸福的基礎，親朋好友也跟你保持密切聯繫，彼此都是心中重要的存在。

· **現在（目的）：**身邊圍繞著歡樂、愛與友誼，就是你目前的生活，這樣的和諧很美，彷彿可以一直幸福下去。好好活在當下，體驗每一天。

· **未來（動作）：**最終，你發現家是你最大的支柱，值得花些時間來慶祝美好、享受生活，是時候跟親人多多相聚，談天說地，聊聊近況！

延伸學習

關聯解析
聖杯 10 牌之中傳達出了感情的完整之意，而錢幣 10 牌中則是傳遞出了物質完備的重要訊息。

意思相近
當一切事物都按照自己所想的計畫安排，世界牌的圓滿會讓人得到愉悅、喜樂及美好成果。

聖杯隨從

Page of Cups

象徵人物：好奇寶寶

對於生命中的任何事都保持興趣，
將喚醒潛藏朝氣。

正位關鍵字 「感受」

 聯想詞　青春、開放性、驚喜、機靈、敏銳、接納

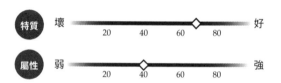

特質　壞 ——————◇—— 好
　　　　20　40　60　80

屬性　弱 ———◇———————— 強
　　　　20　40　60　80

正位意義

　　從杯子裡跳出一條魚，而身穿花俏服飾的男孩正在跟魚對話！若是你有足夠的想像力和好奇心，就不會對此番景象感到奇怪了。他的心思細膩，容易多愁善感，有些敏感，卻十分討喜，總是在你我身邊傾聽陪伴，把別人的事當作自己的一樣關心，既體貼又富有同情心。象徵聖杯的水結合隨從的風，成為水中之風，就是以感受來激發創意，生性多愁善感，是一位展現充盈情感的年輕人。**愛情裡**，需要時間理解心意、增加新體驗，情緒目前處於脆弱狀態；**事業上**，請先靜靜等待時機來臨，多點觀察對大局有利，請多凝思默想。

逆位關鍵字「分心」

聯想詞 過度敏感、纖細、麻木、浮誇、奉承、憔悴

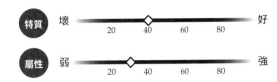

特質 壞 —◇————————— 好
　　　20　40　60　80

屬性 弱 ◇————————————— 強
　　　20　40　60　80

逆位意義

　　當我們翻開聖杯隨從牌逆位時，表示這個當下會變得非常敏感，因為懼怕情感，所以對所有人都顯得很有防備，不再以單純的眼光看待事物，總覺得對方接近你一定另有所圖，不相信人與人之間的友誼。當然，你也有可能是那個一味討好別人的角色，用花言巧語來獲得利益，只看到人脈而非人情，但這些只是讓你無法專注於真實情感的分神作為，最終會讓你做出情緒激動之下的誇張反應，而無法肯定自己所體察到的直覺。**愛情裡**，依賴成性，造成對別人有錯誤期待；**事業上**，容易隨聲附和，無法堅定意志，忽略要解決的問題。

聖杯隨從的塔羅思維

· **過去（意圖）**：能傾聽內在感受到的夢想與創造力，可以將愛從精神中引導出來，擁有如同孩子般的純真與好奇，富有同理心，能為他人著想。

· **現在（目的）**：感受與直覺的增強，帶來內在的信任和力量，打開心胸與人連結，每一次的經驗獲得都是學習，且更能具體展現出你的想法！

· **未來（動作）**：鼓勵自己，相信你所體會到的感受，溫柔的情緒滋養將擴展你的靈性與想像力，在柔軟的溝通之下，會聽到許多真心話。

延伸學習

關聯解析

十分感性的女帝牌，強調與自然的連結，鼓勵我們去感受存在於身邊的一切，那是生命的根基。

場景雷同

錢幣 2 牌的主角跟聖杯隨從牌一樣，站在海洋前方，但多了不穩的動作，後方波浪也更洶湧。

聖杯騎士

Knight of Cups

象徵人物：白馬王子

展現我的靈感意願，
如夢似幻的優雅多情是一種詩意。

正位關鍵字「魅力」

 柔情、浪漫、品味、
夢想家、唯美、寵愛

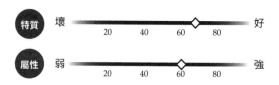

| 特質 | 壞 | 20 40 60 80 | 好 |
| 屬性 | 弱 | 20 40 60 80 | 強 |

正位意義

　　崇尚心靈之美、平舉杯子直視前方的人，平穩的騎在一匹白馬上，溫和漫步的姿態優美斯文，期待每個人也都能如此溫文有禮，想要把這個世界感化成為烏托邦，遵循理想主義中的愛與純潔，一切照著內心的感受與情緒行事，對於美與藝術特別有感，反應在人與人的互動之中，敏感纖細，懂得察言觀色。當象徵聖杯的水結合騎士的火，成為水中之火，就是一位以親切贏得人緣、風度翩翩又浪漫多情的青壯男子。**愛情裡**，身邊總是圍繞著愛，只要信賴彼此，就能共創美好願景；**事業上**，能做到感同身受的體諒，用溝通來促進人際關係，和平共事，攜手前行。

逆位關鍵字「欺瞞」

聯想詞 諂媚、沒真心、作弊、可疑、情緒化、不承諾

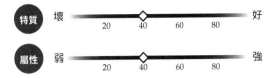

特質	壞 ——◇—————— 好
	20　40　60　80
屬性	弱 ——◇—————— 強
	20　40　60　80

逆位意義

　　請小心別掉入諂媚之言的陷阱中，當聖杯騎士牌出現逆位的時候，我們都有可能變成喜歡甜言蜜語的人。懶散的心情讓我們沉醉在幻覺之中，可能曾經遭遇情感上的失望，所以對許多事情的觀點都變得逃避，有時會將事情美化得天花亂墜，或是隨便答應根本做不到的事。因為過往沒有得到情緒滿足，似乎也沒被真心對待，於是對感情抱持懷疑的態度，當然也就無法理解承諾有多重要了。凡事都先別太樂觀，好好分清楚實際與虛妄的界線。**愛情裡**，言不由衷的相處讓你十分疲累，但也不願放棄；**事業上**，不坦率待人，話語前後抵觸。

聖杯騎士的塔羅思維

・**過去（意圖）**：浪漫是一種天賦，而愛應該以優雅平和的方式展現。人與人之間最重要的就是心的交流，而你正邁向完成理想的道路。

・**現在（目的）**：理想崇高，前景可期，這是一個信任與鍛鍊直覺思維的時刻，創造力能透過藝術天分展現，在日常生活之中有更不凡的作為。

・**未來（動作）**：能為人帶來浪漫、內心擁有精神性高我的你，充滿魅力與吸引力，許多人視你為偶像般的存在，期待聽聽你的經驗與建議。

延伸學習

關聯解析

人的情緒總是變化多端，月亮牌正傳達出令人著迷、充滿靈感的意識，讓我們產生更多想像。

意思相近

當兩個人受到彼此吸引，創造出能結合的機會，聖杯 2 牌拉開一段浪漫故事的序幕。

聖杯王后

Queen of Cups

象徵人物：藝術家

同理與體諒的感情深度，
吸引靈魂們的神祕啟發。

正位關鍵字「奉獻」

 直觀、同情、高情商、
體諒、共感、愛滿溢

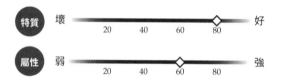

特質　壞 ————————◇———— 好
　　　　　20　　40　　60　　80

屬性　弱 ——————◇———————— 強
　　　　　20　　40　　60　　80

正位意義

　　以溫柔的姿態端詳著手上的聖杯，著重靈性感知的直覺，透過神祕力量的引領覺知洞見。悠然輕靠著王座，被代表情感的水給包圍，散發清新脫俗之美，但仍身處在陸地之上，代表將想法化為務實，如同教堂造型的豪華聖杯，就是她的藝術之作，無論大海或土地，皆在有容乃大的柔情之中，情感豐沛，容易感動落淚，也常激起別人的同情。當象徵聖杯的水結合王后的水，成為水中之水，就是以慈悲來溫柔陪伴，相信心靈能量，是一位展現柔情似水的熟齡女性。**愛情裡**，一期一會，遇上摯愛，被幸福籠罩；**事業上**，任勞任怨的付出，讓大家產生憐憫，伸出援手。

逆位關鍵字「猶豫」

聯想詞 動搖、敲詐、抑鬱、情緒勒索、退縮、依附

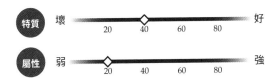

| 特質 | 壞 | 20 40 60 80 | 好 |
| 屬性 | 弱 | 20 40 60 80 | 強 |

逆位意義

　　什麼都不想做，只想一個人躲起來享受與世隔絕的寧靜，你有過這樣的經驗嗎？而這就是聖杯王后牌出現逆位時透露出的心情。迷失在自己的感情之中，任由悲傷蔓延、敏感加深。當然，每個人都有心裡專屬的祕密基地，你可以在這裡切斷所有不開心的連結，但也會漸漸失去對人的信任與互動；另一方面，也可能在情感面產生更多的需求，迫切想得到回應，若無法稱心如意，就有可能展開報復。上述兩種惡劣的情緒都是極端的展現，若想要走出不適，必須多認清事實，不再靠感受度日。**愛情裡**，舉棋不定，緊抓或無視這段關係；**事業上**，態度十分冷淡，絲毫不在意。

聖杯王后的塔羅思維

· **過去（意圖）**：在靜思中聆聽能帶來內心的寧靜，美麗的療癒能量傾瀉在你的身上，擁抱著全世界的愛，願意包容、接納、給予、陪伴。

· **現在（目的）**：靈感直覺讓你產生創造力，擁有無條件愛的治癒能力，憐憫之下產生支持，讓人願意信賴，將心打開，對你訴苦而得到舒緩。

· **未來（動作）**：善良敏感容易成為情緒波動的來源，不能再沉沒於感覺之中，而要讓自己與周遭的人保持真實感，發揮創作力，試著去做，打造成果。

延伸學習

關聯解析

是否為犧牲，不可以只看一個面向，換了姿勢的吊人牌，將帶你從新的角度來看事情。

意思相近

相信靈感與希望能為人們帶來愛的星星牌，自由流動的純粹情感是一種信任與祝福。

KING of CUPS.

聖杯國王
King of Cups

象徵人物：慈善家

適切的控制情感、保持距離，
進而創造出一種自我價值。

正位關鍵字「仁慈」

聯想詞　明智、外交、聆聽、
諮詢、講道理、安撫人心

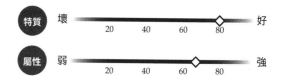

特質　壞 ——————————◇—— 好
　　　　　20　　40　　60　　80

屬性　弱 ——————————◇———— 強
　　　　　20　　40　　60　　80

正位意義

　　置身於波動的水域之中，端坐在四方形基石當中的人，一手握權杖，一手持聖杯，兩者維持在相等的高度，代表找到情感與物質的平衡。經由認知潛意識訊息而充滿創意的他，除了能理解由感受所生成的情緒，更耐心找出完成這個夢想的需求，令人獲得滿足，在心胸寬大的包容當中，整理出不強勢、關懷弱者的溫暖做法。當象徵聖杯的水結合國王的土，成為水中之土，就是以**實質幫助**來安定人心，做到令人信賴，是一位展現謙虛穩重的成熟男人。**愛情裡，**在倍感疼愛的相處中，能將彼此關係做長遠的考量；**事業上，**親力親為，全面瞭解，以德服人，能得到大家的信賴。

聯想詞 回收、疏離、惆悵、
懦弱、多愁善感、古怪

| 特質 | 壞 | 20 40 60 80 | 好 |
| 屬性 | 弱 | 20 40 60 80 | 強 |

逆位意義

　　當聖杯國王牌出現逆位的時候，散發出一種可憐的氛圍，但其實是自己根本愛錯了方向，過度關心或自以為是的付出，在沒有得到對方允諾前，一切都嫌多餘，而那些被壓抑的情感無法宣洩，最後只能往內心去，導致你掉入自己的黑暗面中，任憑老奸巨猾、別有用心、不照準則、粗製濫造等消極做法不斷把你帶向陰影之處，而你也樂於待在該地，因為走向陽光對你來說太過刺眼，現在的你需要肯定自我價值，對過往釋懷，原諒所有的一切，包括自己。**愛情裡**，沒有信賴感，是一段苦戀；**事業上**，喜行於色，想使壞，但司馬昭之心路人皆知。

聖杯國王的塔羅思維

· **過去（意圖）**：你的仁慈建立在能給予實質善心的行為之中，透過溫柔而平靜的話語，讓身陷困擾的靈魂得到救贖，開始懂得斟酌與寬大。

· **現在（目的）**：成熟又富有同情心，透過關懷體貼給予適切支持，鼓舞人心的願景得以體現，是想像力與生命力的結合，兩者兼顧就會成功。

· **未來（動作）**：只要傾聽與認同就夠了，這樣安靜的力量伴隨著諒解，讓自己運用感知直覺獲得機遇，並且跨越挑戰，引導掌控情感中的務實做法。

延伸學習

關聯解析

能夠優雅的進行動作需要的是平靜中庸的心，而節制牌教我們的正是如何找到平衡的那一點。

意思相近

要協助別人，不僅要傾聽，還得提供有效建議，而教皇牌的知識傳授值得我們學習。

寶劍 1

Ace of Swords

信仰與理念，
經由清晰思緒的實踐，
成為崇高的精神構想。

正位關鍵字「征服」

 聯想詞　秩序、新思想、精準、實相、能力、強化意識

特質　壞 —————◇———— 好
　　　　20　40　60　80

屬性　弱 —————————◇ 強
　　　　20　40　60　80

正位意義

　　從雲端伸出的手，堅毅而不偏不倚的緊握著寶劍，展現出決心，心智集中，投入精神；在頂端的桂冠，是獲得權力與成就的象徵，而寶劍穿過皇冠，揭示著即將展開新構想的開端，潛力賦予權能，另一方面也提醒你我：在處事時有企圖、有野心固然很好，但不可過猶不及、鋒芒太露。強調置中的寶劍象徵正義，凡事得通過秩序與法律的規範才叫公平，而背景的高峻山峰是一個能讓人冷靜思考的環境，有助於理清自我的思想與意念。**愛情裡**，雖然順利獲得一段戀情，但過程有點霸道、冷酷，不夠感性；**事業上**，積極接受挑戰，方案完備，贏面十足。

逆位關鍵字「自負」

聯想詞　困境、渾濁、拒絕戰鬥、
失去重心、算計、誹謗

特質	壞			◇			好
		20	40		60	80	

屬性	弱					◇	強
		20	40		60	80	

逆位意義

　　不假思索就出手！當寶劍1牌出現逆位時，這樣的處境很容易發生在你我身上，覺得先前的經驗一定能夠應付這次的狀況，其實不然，過多的自信讓你無法清楚思考，在還沒透過腦袋全面規劃時，隨便以非客觀的判斷來行事，明明無須急於決策，但就是想趕緊打發這件事，因為你的心裡感到困惑、煩躁，意志薄弱，有些喪氣，但又自傲的不想被人看出破綻，結果造成一塌胡塗的局面。要是當初能先停下腳步，確認是否有更好的新做法再跨步向前，也許會更好。**愛情裡**，對於彼此相處漫不經心，難有發展；**事業上**，若遭受責罵，別在此時亂做決定。

寶劍1的塔羅思維

· **過去（意圖）**：有了一個清晰的想法，將為自己帶來一個新挑戰，運用邏輯與智力掌握事物的發展，能明快的完成目標，並獲得價值。

· **現在（目的）**：新的周期即將展開，透過你的能力做好妥善的安排，當你決心要做，將會負責任的克服所有難題，知道什麼才是正確的方案！

· **未來（動作）**：每處理完一件麻煩事，你都將其視為一個成就的新起點，過程中沉著以對，精準的運用你的優勢，輕鬆掌控全局。

延伸學習

ACE of WANDS.

關聯解析

主動、積極又勝券在握的權杖1牌，用充滿生命力的方式來傳達出全新的創意與人生使命。

KING of SWORDS.

意思相近

專業技能已純熟到足以統御群雄的寶劍國王牌主角，手握寶劍的姿態是一種能力的展現。

寶劍 2

Two of Swords

該相信已知的事實，
還是本能的感受？
何者是準確的判斷？

正位關鍵字 「逃避」

聯想詞　艱難、對立、畏懼、
防禦、戒備、孤立

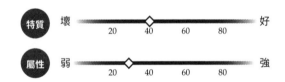

特質	壞					好
		20	40	60	80	
屬性	弱					強
		20	40	60	80	

正位意義

當我們內心直覺與外在觀點產生衝突時，就會陷入兩難的境地。一位將眼睛矇住的女人，已經困惑到覺得不去看這些煩心事是一種保護，起碼可以達到短暫的平衡，於是開始把自己封閉起來，拿著兩把劍交插在胸口，做出防衛的動作，抗拒對外的聯繫，因為對任何事都有不信任的敵意，寧願選擇將自己推入一個僵局之中，背後的一大片湖泊，象徵著拒絕正視潛意識傳遞出的真實感覺，既然現狀無法改變，就以靜觀其變來拖延，反正也做不出決定。**愛情裡**，明明發現兩人相處上的狀況，卻寧可睜一隻眼、閉一隻眼；**事業上**，計畫停滯不前，但也無可奈何！

逆位關鍵字「解脫」

聯想詞 直視、未知、接受恐懼、有所作為、卸除、摒棄

特質　壞 ○—————————○—————————好
　　　　　20　40　60　80

屬性　弱 ○—————————○—————————強
　　　　　20　40　60　80

逆位意義

　　在寶劍 2 牌顯現逆位的時候，打破現狀的行動是必然的，因為象徵情感的水因倒置而滿溢出來，心情越發混亂，拉鋸不斷，先前被壓制的恐懼一次襲來，讓你更害怕做出任何行動，只願待在原地。但除了上述的解釋之外，還有一說認為是不再只想維持平靜的假象，想要所有突破，於是打開遮住雙眼的布，放下手中的寶劍，開始懂得為自己做些什麼，讓自己主導命運，而不是只能被這些安排推著走，告別劃地自限的謊言，睜開眼認清何謂真實。**愛情裡，**不能再假裝一切都沒事了，把話說開吧；**事業上，**需要處理實質的錯誤，才能跨越歧見。

寶劍 2 的塔羅思維

· **過去（意圖）**：一直試圖找到內心的平衡，因為害怕而先選擇妥協，艱困中的你視線模糊，心緒也受到干擾，請仔細留意身邊忽略的警告。

· **現在（目的）**：否定目前的真實感受，雖然不可能永遠這樣做，但可以暫時什麼都不要選擇或決定，因為你做不到清楚思考，先停在這裡就好。

· **未來（動作）**：請務必相信一切都還好，重要的是不要著急，也許你目前還不想看到真相，靜待準備好的那一天來臨，跟自己和解，傷口才會癒合！

延伸學習

關聯解析

因為遭受挫折而將自己封鎖起來的權杖 9 牌，其實也有暫停休養之意，藉以獲得沉思空間。

意思相近

若比較寶劍 2 牌與寶劍 8 牌，最大的差異在前者的困境是自己造成的，後者則肇因於他人。

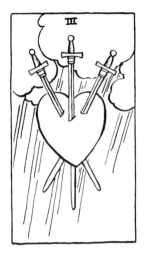

寶劍 3

Three of Swords

令你看不清的苦痛
已經滲入思想，
需正視，並以愛療傷。

正位關鍵字「傷心」

 聯想詞 　疼痛、抽離、心碎、
傷害、丟失、殘忍

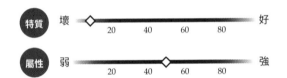

| 特質 | 壞 | ◇ | 20 | 40 | 60 | 80 | 好 |
| 屬性 | 弱 | 20 | 40 | ◇ | 60 | 80 | 強 |

正位意義

　　撕心裂肺，獨自忍受傷心帶來的痛楚，這樣的感覺很鮮明，就如同一顆心上插了三把寶劍。心被刺穿的傷痛反映出我們受到的傷害，失落與悲慟縈繞在心中，有時突如其來，亦或許久久揮之不去。灰色的天空也下起雨來，帶來一種悵惘苦澀的氛圍，就像我們難過時可能會大哭一場，釋放心裡的負面能量，此時唯有找出問題癥結，才能徹底找出導致痛苦的解藥。**愛情裡**，壓抑許久對於伴侶的期待落空，不僅引發爭吵，亦感失望悲傷；**事業上**，要你對不合理的安排妥協，如此不尊重的方式令你心寒。

聯想詞 治療、拋開、紓解、傷痕、停損、淚水

特質	壞					好
		20	40	60	80	

屬性	弱					強
		20	40	60	80	

逆位意義

　　看著寶劍 3 牌逆位顯示出的圖像，你覺得是有人握住寶劍刺向愛心，還是寶劍正從愛心上滑落呢？這兩個解釋都有人用，一個是我們成為發動攻擊、造成別人傷害的凶手，而且現在所面臨的難過可能被延長了，明明受傷害的人不是你，卻要你來承受椎心泣血；另一個則是痛苦慢慢消退，正減輕悲傷、得到療癒，反過來的雨雲代表停下來的淚水，傷口漸漸癒合，但是我們還是看得到傷痕的存在，的確需要一些時間來沖淡曾經沉重的感受，才能走出痛楚。**愛情裡**，傷痛已過，心情平復，不再有疑慮、猜忌；**事業上**，計畫中的阻礙被解決，大家恢復工作情緒。

寶劍 3 的塔羅思維

· **過去（意圖）**：你的心情很不好，可能是來自被孤立或被拒絕的傷害及誤解，讓你覺得自己是很糟糕的人，這種感受相當鮮明又直接。

· **現在（目的）**：感覺被人背叛與出賣，那種揪心的痛苦真的相當傷人，而且你除了要面對自己的受傷情緒及孤獨之外，同時還要接受損失。

· **未來（動作）**：也許你會受到很多尖銳的無情攻擊，引起傷心難過，讓自己正視悲傷，學著共存，無須特別採取行動，就讓時間將惡言惡語自然消弭。

延伸學習

關聯解析
身上插滿寶劍而死亡的寶劍 10 牌主角，當下受到了許多苦難與折磨，但毀滅後才能迎接轉變。

意思相近
因為遭受難過事件的打擊，心中有揮之不去的悲傷，這張寶劍 9 牌傳達出了苦惱與無能為力。

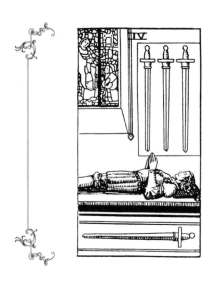

寶劍 4
Four of Swords

停下腳步
能與寧靜和諧相遇，
理清一條新的途徑。

正位關鍵字「休息」

聯想詞　睡眠、和平、養精蓄銳、安靜、祈禱、暫停

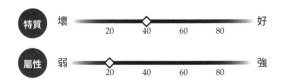

特質　壞 ——◇—— 好　20　40　60　80

屬性　弱 ◇—— 強　20　40　60　80

正位意義

　　人人都需要獨處的時間與空間，這是疼惜自己的時刻，闔上眼，靜下心，或是好好睡一覺。花窗上的聖母圖騰帶來了心靈庇護，使平躺的人暫停了所有的動作，雙手合十的姿態是在祈禱，舒緩了情緒，牆上整齊排列三把寶劍，可見早已安排好事情的先後順序，但寶劍位於頭部正上方，還是造成了壓迫感，而身旁橫放的寶劍，是能隨時起來作戰的象徵。停歇後的閉關是一種修行，調整心情使壓力平息，才能恢復元氣。**愛情裡**，若遇上意見不同的狀況，請給彼此空間，拉開距離，喘息一下；**事業上**，中止不完善的計畫，不要硬著頭皮執行而蒙受損失。

逆位關鍵字「恢復」

 聯想詞　起身、緩慢、消除、沖淡、撫平、復甦

| 特質 | 壞 | 20 | 40 | ◇ | 60 | 80 | 好 |
| 屬性 | 弱 | 20 | ◇ | 40 | 60 | 80 | 強 |

逆位意義

　　人由躺著的姿態轉變為由上往下的俯瞰狀態，象徵著我們將慢慢清醒過來，這就是寶劍 4 牌逆位顯示出的訊息，感覺像在飄浮的模樣，可以全盤俯視自身所處的環境，瞭解全貌，甚至陰影之處也能看得一清二楚。搞懂先前讓你感覺疲憊的原因，不再停留於某一個懷念的時刻當中，經過了獨處的靜心之後，可能從一場疾病中復元，重整旗鼓後可以重新回歸日常軌道之中，在攝生養性、轉換觀點後讓心明眼亮，恍然大悟原來壓力是促使你成長的動力。**愛情裡**，突然對某人產生好感，互動增多；**事業上**，開始看清局勢，枕戈待旦，仍要小心行事。

寶劍 4 的塔羅思維

· **過去（意圖）**：退一步思考，方能體會安詳。當事情超過負荷時，並不會帶來好成果，反而會造成壓力，不如休息片刻、改善步調。

· **現在（目的）**：真的太累了，給自己一段喘息的時光，停下來慢慢想，感受寧靜帶來的幫助，修復身心靈，讓自己達到平和狀態。

· **未來（動作）**：沒有什麼事是迫不及待的，要放鬆生活，避免過度操勞，經過歇息才能維持身體強健，而思路方向明確才能繼續推行計畫。

延伸學習

關聯解析

以殉道的方式將自己倒吊起來的吊人牌主角，堅持自己的信念，以安靜的方式來等待眾人理解。

意思相近

追求靈性成長，最快的方式，就是讓心思沉靜，暫別世俗的隱者牌說明了獨處也是一門修行。

寶劍 5

Five of Swords

以鬥爭喚起注意，
延伸思想卻帶來絕望與失敗。

正位關鍵字「爭議」

 聯想詞　苦惱、不公平、取巧、損害、自不量力、挑釁

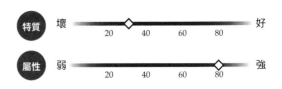

特質	壞					好
		20	40	60	80	

屬性	弱					強
		20	40	60	80	

正位意義

　　用尖銳筆觸呈現流動的雲，令人感到緊張詭譎。各自走往不同方向的人，似乎無法相互配合，產生爭執。最前方站了咧嘴一笑的人，手中拿著三把寶劍，展現了自私的野心，有些揚揚得意，看來是贏得了這回合的勝利，遠處有兩個走避的人，像是被擊潰的失敗者，已無戰鬥意志，隨意將寶劍扔在地上，可惜獲勝者已經無法空出手來拾起地上寶劍，隱喻著虛假的成功，僅是暗自竊喜，並無實質意義。好勝心太強迎來如此結局，不惜處心積慮的欺騙，就只為了自我滿足。**愛情裡**，各持己見，衝突加劇，造成混亂；**事業上**，使用不法的手段，踩著別人往上爬，狡猾取勝。

逆位關鍵字「受害」

聯想詞　利用、不計代價、手段、
哀悼、賠償、負傷

特質	壞	◇				好
		20	40	60	80	

屬性	弱				◇	強
		20	40	60	80	

逆位意義

　　勝之不武的贏家能算是成功者嗎？而輸家又真的是挫敗
了嗎？當寶劍 5 牌出現逆位時，表示你不再是這場戰鬥中的
勝利者，而變成被打倒的對象之一。你因為覺得受傷害而低
頭不語，自怨自艾拋下所擁有的事物，沉溺於痛心疾首的悲
情之中，以受害者自居，卻沒想到比劃結束也可以跟對方握
手言和，透過這個過程反而可以反省造成衝突的原因，弭平
彼此的緊張狀態，為雙方關係做出補償與修護，解決意見不
合、爭執不下的狀況，畢竟透過協調才有機會創造雙贏。**愛
情裡**，因自私的想法而產生爭辯；**事業上**，軟弱無力，有不
確定感，暫時退出。

寶劍 5 的塔羅思維

· **過去（意圖）**：不花心思去在乎別人，只專注於想爭第
一的意念，那你就會自私的為求勝利而不擇手段，因你身處
需要戰鬥的環境。

· **現在（目的）**：認定所有的人都與你敵對，為求出頭而
不管方法是否合理，幸災樂禍的心情讓你產生快感，只設法
獲得自身利益。

· **未來（動作）**：為了私利傾向展開不名譽的行動，不惜
傷害別人來得到滿足，獲勝並不光采，而且在互相抵制下，
別人也會用同樣的方式對付你。

延伸學習

重要差異

寶劍 5 牌指自私
的後果不一定是
開心，相較下，
聖杯 6 牌的分享
能讓我們感受喜
悅！

意思相近

寶劍 5 牌與寶劍
7 牌同樣都是以
不光明的手段來
處事，但後者多
了顧全大局。

寶劍 6

Six of Swords

將自我心靈化為透明，
讓時光撫平悲傷，
等待真理清明。

正位關鍵字「療傷」

 祕密、遠離、他人支持、
過渡、協助、揮別過去

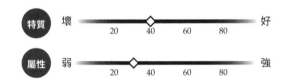

特質	壞					好
		20	40	60	80	
屬性	弱					強
		20	40	60	80	

正位意義

　　每個人難免會有一些不能說出來的事，有可能是一段悲慘的過往，或是一件讓你覺得懊悔的經歷。一艘正在渡河的船上，有一對母子低著頭，悲傷的想隱藏在六把寶劍之後，不願被人發現。暫時拋棄一切並無不當，因為這樣才能將傷痛漸漸放下。船夫撐著木槳，從波濤中駛向平靜的水面，這樣的陪伴與協助是一種人道關懷。這個療傷之旅的啟程告訴我們：不該用過去的錯誤不斷懲罰現在的自己，請漸漸遠離沉重的心情，脫出困境，找到安全的避風港。**愛情裡**，不再執著讓哀戚翻頁，同舟而濟，共度難關；**事業上**，即將告別不愉快，重整步調，重新步上軌道。

逆位關鍵字「僵局」

聯想詞 抗拒、淹沒、爆料、窘迫、後悔、塵封

特質	壞	好
	20　40　60　80	

屬性	弱	強
	20　40　60　80	

逆位意義

　　每個人都有權利選擇該怎麼樣說出自己的心事，無須別人過分熱心插手，但你我可能都曾以自己的主觀想法去傷害到別人，這就是寶劍 6 牌逆位時要提醒我們注意的事情。大量的水湧入，導致船翻覆了，波浪代表情感面的衝擊形成刻板印象、偏見與誤傳，在人云亦云下被迫再次面對，而這樣的緊張讓你產生壓力，不斷懊悔著、糾結著，想為自己找到安全感，但其實此刻應該大聲呼救，宣洩情緒之後才不會被情緒控制，也才能逆流而上，所以請思索突破頹勢的做法吧！**愛情裡**，過度敏感，什麼事都不敢做，深怕失去；**事業上**，不上不下，提出無用的對策，常被否決。

寶劍 6 的塔羅思維

· **過去（意圖）**：你真的遇上一些問題與麻煩，感到難過。想告別無精打采生活的你，試著改變環境，讓新場景、新事物來幫你轉移焦點！

· **現在（目的）**：想要讓自己退出當前生活一段時間，因為搞得一團亂、受到傷害的你得開始拾起這些碎片，才是恢復過來的第一步。

· **未來（動作）**：花一點時間擺脫這些麻煩吧！你早就發現不對勁，但總是放任沮喪蔓延，給自己一些空間，來一場旅行，轉個彎就是療癒。

延伸學習

關聯解析

因負重而低頭努力的權杖 10 牌主角，代表一種責任，很明顯的傳達出他所承受的龐大壓力。

意思相近

只自顧低頭看著已傾倒的三個水杯，聖杯 5 牌中的主角目前沉沒在自己眼前的悲傷之中。

寶劍 7

Seven of Swords

自我視野狹隘，
而懷疑是一種警告，
三思是一帖良藥。

正位關鍵字「詭計」

聯想詞

惡作劇、詐騙、竊盜、
撒謊、因小失大、鬼鬼祟祟

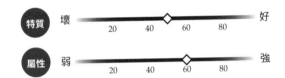

| 特質 | 壞 | 20 | 40 | 60 | 80 | 好 |
| 屬性 | 弱 | 20 | 40 | 60 | 80 | 強 |

正位意義

鋌而走險或許還有機會成功，那就姑且一試吧！從帳篷走出來的人，正躡手躡腳的逃跑，手上抱著五把寶劍，是他偷竊而來、打算對別人造成影響的武器，減少別人的武器就能增加自己的贏面，自以為完成了一次不可能的任務，想藉此達到目的，但沒想到還是遺留了兩把寶劍給對手，這樣多此一舉的行為反倒弄巧成拙，若當初能多點規劃，或許能以其靈活聰明做出顧全大局的策略，這樣才能成就一次有意義的行動。**愛情裡**，不想直球解決問題，雖左右逢源，卻依舊閃躲確認關係；**事業上**，計畫不周全，加上工作分配不均，表現欠佳。

逆位關鍵字「投機」

聯想詞 評估、旁門左道、缺席、暗中、假借、小心

特質 壞 ——◇—— 好
20 40 60 80

屬性 弱 ——◇—— 強
20 40 60 80

逆位意義

　　偶爾為之的耍心機，可能讓你嘗到一、兩次甜頭，但不一定每次都能奏效，在翻開寶劍 7 牌逆位的時候，特別要告訴我們得凡事留心。你可能已經不再有粗枝大葉的舉動，也開始仔細安排起計畫，但內心還是有點偷懶，興起貪圖方便的念頭，就像每次前往熱門餐廳都不訂位，隨便報個姓名就企圖矇騙過關，自以為有謀略卻不正當，只是占到一點小便宜、得到一點刺激感罷了，然而狡猾的手段可是很容易被看破手腳的，別因惡小而為之，不坦誠的避重就輕，最終只會讓自己承擔風險。**愛情裡，**自欺欺人，別再忍受言行不一的對待；**事業上，**掩耳盜鈴並非顧全大局的做法，反而自曝其短。

寶劍 7 的塔羅思維

· **過去（意圖）**：害怕面對現實的你，總是用偷偷摸摸的方式來避開責任，想用「這樣就可以了吧……」的敷衍心態處事，但最終還是不得不去正視問題。

· **現在（目的）**：拖延是一個策略，但不該成為掩飾失誤的手段，問題遲早會浮出水面，千萬別只想撇清自己的義務和責任。

· **未來（動作）**：緩兵之計是你習慣的做法，隱藏一些真相雖然可以暫時減輕負擔，但無法解決根本問題，小心一開始的出發點就錯了！

延伸學習

關聯解析

處於不穩定環境之下的錢幣 2 牌主角，正用充滿彈性的技巧，試著平衡自身，塑造出新局勢。

意思相近

寶劍 5 牌要我們想想：自己的計畫是最佳的嗎？抑或只是自我滿足，贏的也是膚淺表象而已？

寶劍 8

Eight of Swords

深層問題始終沒有解除，
審視自我，
打下掙脫圍困的基礎。

正位關鍵字 「束縛」

聯想詞　宿命、隔離、監禁、
拖延、克制、無助

特質　壞 ——◇—— 好
　　　　20　40　60　80

屬性　弱 ◇—— 強
　　　　20　40　60　80

正位意義

　　其實生命裡的所有綁手綁腳都是自己想出來的，環境真的困住你了嗎？
還是你自己選擇困住自己？一位身在劍陣當中的女子，被矇住眼睛、綑住雙
手，看來像是受到限制與壓迫的受害者，八把寶劍形成了圍障，讓人畏縮恐
懼，看來是遠方城堡裡具有威權的主人下達的處罰，讓她站在此地。但是，
她其實沒有被綁住雙腳，代表仍有脫逃的機會，離開就自由了！端看她願不
願意踏出這一步，抑或是仍舊期待有人出面拯救而毫無作為。**愛情裡，**到底
該對戀人做出多少妥協？不合理的限制不是真愛；**事業上，**陷入四面楚歌的
狀態，任務停擺之下還是能找到破口來處理。

逆位關鍵字「突破」

聯想詞：斷開、出走、揭示、注意周遭、跨越、被救援

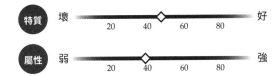

特質	壞					好
		20	40	60	80	

屬性	弱					強
		20	40	60	80	

逆位意義

　　翻到寶劍 8 牌的逆位，首先看到的就是女子身旁的劍陣已經被破壞，似乎可以不用再害怕的拘束自己，掙脫身上的綑綁，除去遮眼布條，讓自己回歸成能夠看清本質的狀態，瞭解所在之處，搞清楚自己被什麼限制，不再滿是藉口的想停在原地逃避責任。是時候打破因哀慟而認為「這樣就好」的念頭，讓自己不再宿命論的看待自己，而是解放舊思維，走出屬於自己的新道路，也許路上盡是泥濘，考驗著自己脆弱與否，但最起碼每一步都令人感到踏實萬分。**愛情裡**，相信緣分是一種浪漫，不是羈絆；**事業上**，忍耐觀察態勢，待時守分，適逢其會。

寶劍 8 的塔羅思維

· **過去（意圖）**：最近諸事不順，在每個選擇上都有障礙與阻撓，你無力去反擊，於是狀況變得越來越糟，只能任由擔憂害怕恣意擺布了。

· **現在（目的）**：這陣子你似乎迷失了方向，有一種無法腳踏實地的感覺，失去自我的存在價值，恐懼讓你退縮，選擇先站在原地等待援助。

· **未來（動作）**：不要期待別人的憐憫，別忘了你是有力量的，請試著跨出第一步，也許會感到不確定與困惑，但與其等待他人相救，不如自己起身尋覓出路！

延伸學習

關聯解析

寶劍 10 牌主角肉身已死，但靈魂不滅，面向光明而得到轉生，代表苦難已過，將迎來意識昇華。

意思相近

惡魔牌裡下方的人們被鎖鏈所困住，表示我們容易受欲望誘惑，而成為執念的奴隸。

寶劍 9

Nine of Swords

放下是為了放過自己，
不再自我折磨
來懲罰過往失誤。

正位關鍵字 「惡夢」

聯想詞 失眠、困擾、悲傷、壞結局、內疚、折磨

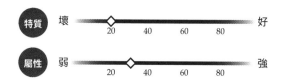

特質	壞	—◇————————	好
		20　40　60　80	
屬性	弱	——◇———————	強
		20　40　60　80	

正位意義

　　圖像中掩面的人，可能是被惡夢驚醒，或者長久失眠而無法入睡，只好起身坐在床上，捂著臉像是相當害怕與擔憂；在全黑的背景之中，排列了九把寶劍，分別穿越了頭、頸及心的位置，象徵這些痛苦讓他在暗夜裡特別煎熬。「日有所思，夜有所夢」，心頭的悲觀與壓抑是來自於現實生活中的迷惘，這些掙扎已經演變成灰心絕望，其實面對自己的脆弱並不羞恥，抱著慚愧的譴責情緒，才會讓痛苦蓄積在心中徘徊不去。蓋著玫瑰與星座符號的棉被，代表還有些保護，寓意時間將帶來療癒。**愛情裡，**不願接受分開或被拒絕的事實；**事業上，**不斷自我質疑造成精神壓力，幾經折磨下來相當沮喪。

逆位關鍵字「清醒」

聯想詞　告解、病識感、挺身而出、撫慰、獨處、調適

特質	壞	◇	好
	20　40　60　80		
屬性	弱	◇	強
	20　40　60　80		

逆位意義

　　我們都一定有被惡夢驚醒的經驗，當睜開眼的那一剎那，拍拍自己的胸口，還好這是一場夢。這就是寶劍9牌逆位給我們的指引。人生中總會發生一些不愉快的壞事，讓你覺得羞愧，甚至於自責，但總有一天我們會走出內疚與憂愁，就如同夢醒的那一刻，夢境裡的一切都會隨風而逝，接下來你無須再用盡力氣驅趕妄自菲薄的情緒，更不用去擔心將會失去什麼，因為你明白這些顧慮都是多餘的，無須浪費太多時間去操煩並未真正發生的事，該是時候讓這些陰影如浮雲般散去，處境會越來越好的。**愛情裡**，告別鬱鬱寡歡，曉得哪種對象是你要的；**事業上**，擺脫流言、批評，冷靜處理問題。

寶劍9的塔羅思維

· **過去（意圖）**：一直懷疑自己有同樣的問題，但你有些束手無策，事情越來越糟糕，如同惡夢糾纏著你，每一個憂慮都是壓垮駱駝的那一根稻草。

· **現在（目的）**：認清挫折，不要覺得自己已經到達極限，張開眼，讓憂慮傾刻淡去，告別帶來不幸的事物，寬恕自己才能要回屬於你的自由。

· **未來（動作）**：若你被罪惡感束縛，就會感到內疚，有所作為才能幫自己一把，即使是很細微的變化也可以，你將能逐漸拿回人生的控制權。

延伸學習

關聯解析

當你掉入難過之中時，修補、重整都是緩步的，就像寶劍6牌中乘船的人需要一段時間來療傷。

重要差異

若寶劍9牌是因為自己的心魔而無法跳脫，那星星牌所展現出的是一種全然平靜下的美好。

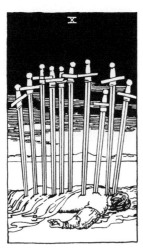

寶劍 10

Ten of Swords

阻斷的路告訴你轉彎的道理，
揮別障礙才能全新昇華。

正位關鍵字「痛苦」

 聯想詞 流逝、終結、寂靜、
絕望、沉痛、棄權認輸

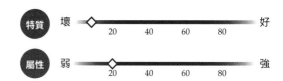

特質	壞 ◇————————————— 好
	20　40　60　80
屬性	弱 ◇————————————— 強
	20　40　60　80

正位意義

　　在陰暗的天空之下，倒臥在地上的人身上插著十把寶劍，從受傷的樣貌看來是受到背後的襲擊，無預期的面臨死亡，代表陷入了窮途末路的絕境，意指失敗，也是結束。但是，他的臉面向黎明日出，看著在全黑之中漸漸露出曙光，象徵肉身雖遭毀滅，但靈魂卻得到救贖，仍有一絲希望，在接受現實的瓦解破壞之後，迎接思想解放，即將重生。無可奈何之時，選擇放手也是一種解脫。最差的狀況已然過去，就要迎接全新的階段，將遇上更好的事物。**愛情裡**，都是你在奉獻付出，是一段身心俱疲的關係；**事業上**，遭到背叛，感到心灰意冷，打擊太大，造成一蹶不振。

逆位關鍵字「改善」

聯想詞 康復、倖存、贖罪、放下、拯救、靈魂昇華

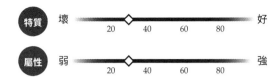

特質 壞 — 20 40 60 80 — 好

屬性 弱 — 20 40 60 80 — 強

逆位意義

　　若以沉重的觀點來解釋，翻出寶劍 10 牌逆位表示「死透了」，不願正視被攻擊的事實，只看自己想看的面向，騙自己一切都沒事；但從新生的角度來看，則是黑暗逐漸退去，刺在身上的寶劍也因地心引力而掉落，消除傷害，即將獲得復元、再生，痛苦的災難已經過去，大地顯露出微曦晨光，你雖然看到了希望，但仍有些懷疑，因為身體殘留受到劇烈衝擊的記憶，就如同表面上的傷口雖然癒合，但可能心理依舊感覺得到神經疼痛一樣，壓力並未這麼快就能消除，然而有改善就是好消息。**愛情裡**，甩開悲情才不會持續耗損；**事業上**，一時獲利要小心隱藏的危機。

寶劍 10 的塔羅思維

· **過去（意圖）**：也許這是你最黑暗的日子，似乎所有事情都跟你作對，讓你不禁在心中問著：「為什麼是我？」而且無法逃避不公平的絕望朝你襲來。

· **現在（目的）**：你正經歷著相當苦痛的挫敗，重重的將你擊倒在地，但事情終究會過去的，不會再更差了，也能谷底反彈，即將好轉起來。

· **未來（動作）**：你的生活過得很悲慘，若想擺脫頹喪的心情，就不能總是自怨自艾的以受害者自居，停止負面想法，才能讓曙光浮現。

延伸學習

關聯解析

審判牌的牌義諭示著「復活」，告訴我們：想要重生，就必須從內心真正做出改變。

意思相近

生命的結束有很多形式，死神牌傳達的訊息是一種自然的循環，緣起緣滅，冥冥之中皆有定數。

PAGE of SWORDS.

寶劍隨從

Page of Swords

象徵人物：狗仔隊

聰明機敏，擅於察言觀色，
學著組織將教會你掌控凝聚。

正位關鍵字「謠言」

聯想詞　善辯、好資質、碎嘴、
靈巧、迅捷、流通

特質	壞 ────◇──── 好
	20　40　60　80
屬性	弱 ─────◇── 強
	20　40　60　80

正位意義

　　獲取很多訊息的確能增加我們的知識，但訊息快速流動的狀態就如同拿
著寶劍的人一樣，需要謹慎留心，一不小心可能就造成傷害。靈活如你，總
是可以很機警的展開行動，但若是還有些不確定，反倒會用輕浮的方式，藉
由冷言酸語探得更多消息來安定內心，在事情尚未底定前都尚有危機需處理。
當象徵寶劍的風結合隨從的風，成為風中之風，就是以溝通來得到資訊，擅
於社交討論，是一位能言善道的年輕人。**愛情裡**，想知道對方在不在乎你，
可以用有多少互動來評估；**事業上**，擁有過人的敏銳洞察力，可以早一步察
覺事情走向，掌握變化。

逆位關鍵字「虛弱」

聯想詞 輕忽、不實在、捏造、
語塞、胡言亂語、測試

特質	壞 ——◇—————— 好
	20　40　60　80
屬性	弱 ————◇————— 強
	20　40　60　80

逆位意義

　　我們有時會不經意的數落別人，以彰顯自己比較厲害，說真的，並不會因此就真的贏過別人，而是自己騙自己，這就是翻開寶劍隨從牌要提醒我們的地方。當兩個人一起批評第三人時，彼此的距離彷彿拉進了一點，但這只不過是互相取暖罷了，久而久之也可能演變成捏造事實的八卦散播站，漸漸失去他人的信任，甚至覺得你的所作所為不過是裝腔作勢，只是一知半解而已，沒有真本領。記得，沉默是金，才能讓你有時間通盤思考。**愛情裡，**不願負起責任，寧可發展成地下情；**事業上，**陰謀詭計難以預料，冒然行動只會鎩羽而歸。

寶劍隨從的塔羅思維

·**過去（意圖）：**你的聰穎讓你充滿了想法，擅長用言語表達，將意識傳遞出去，但別因為運用自如就開始輕佻起來，信口開河。

·**現在（目的）：**天生就有一副機智的分析型頭腦，若是能透過良好的溝通來處理事情，而不流於空談，將成為成長與學習的靈丹妙藥。

·**未來（動作）：**小心別亂畫大餅、亂做承諾。眾多的訊息流通可以訓練你的思維，要知道自己的想法能否執行之前，得先考量目前的實際狀況。

延伸學習

關聯解析
聖杯 7 牌面對眾多選擇而無法下決定，諭示我們不要只看眼前資訊，應該聽聽內心的聲音。

意思相近
寶劍 5 牌中的主角為求勝，使用不誠實的技倆，而勝之不武的結果就是無法坦蕩得到所有利益。

KNIGHT of SWORDS.

寶劍騎士

Knight of Swords

象徵人物：激進分子

硬幹只會造成對立與不滿，
每次教訓都該是一次洞察。

正位關鍵字 「衝刺」

聯想詞

控制、快速、追求卓越、
英雄主義、節省、果決

特質	壞	20	40	60 ◇	80	好
屬性	弱	20	40	60	80 ◇	強

正位意義

　　先處理心情，再處理事情，為的就是不要讓我們被情緒干擾而衝動行事。牌卡中的人物舉著寶劍，騎在一匹奔馳向前的馬上，感覺下一刻就要做出攻擊，堅硬的鎧甲已不單單只是保護，而有造成傷害、破壞之意，總是急躁的面對任何事，也許展現出果決的說服力，但帶有負面批判的態度，必須斟酌你那憤世嫉俗的觀點是否得宜。當象徵寶劍的風結合騎士的火，成為風中之火，就是以行動來確認信念，在知性的衝擊下，是一位可以開創機會的青壯男子。**愛情裡**，喜歡速食戀情大過於穩定關係，容易被視為花心玩咖；**事業上**，處理問題能速戰速決，但手段蠻橫，造成別人麻煩。

逆位關鍵字「妨礙」

聯想詞 喜怒無常、戲劇化、著急、分散、激動、反擊

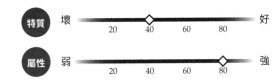

特質 壞 ──────◇──────── 好
　　　　20　40　60　80

屬性 弱 ────────────◇── 強
　　　　20　40　60　80

逆位意義

　　在學生時代，你是否曾有老師尚未讀完題目就急著舉手回答的經驗呢？這就是寶劍騎士牌逆位要告訴我們的提醒：急於求成是來自於想要快速被別人認同，就連胡說八道的歪理，你也會信以為真，不去仔細查核真相，也不瞭解完整資訊，才看到黑影就開槍，馬上起身做出激動反應，說穿了，你只是想逞一時之快當英雄，倉促的行動只會帶來錯誤，給大家添了不少麻煩，甚至嚴重到把所有人都拖下水。未來，必須慢下腳步，耐心觀察，培養專注的分析力。**愛情裡，**盲目追求令人厭煩；**事業上，**錯誤百出來自於不求甚解的急躁。

寶劍騎士的塔羅思維

· **過去（意圖）：**行動力迅捷的你，一旦發生問題就會衝動行事，邊做邊學是你習慣的成長模式，但面向單一，容易造成觀點狹隘。

· **現在（目的）：**還沒做好評估就先反應，會讓人覺得你急躁、沒耐心。手腳總是快過你的頭腦，時常做出令人措手不及的事，務必小心自身作為。

· **未來（動作）：**總是不按牌理出牌，讓人有點跟不上你的腳步。習慣用殺進殺出的方式快速解決事情，沒有時間去想，凡事做就對了！

延伸學習

關聯解析

突然出現的意外狀況會對目前環境造成破壞，高塔牌提醒我們接下來將是被迫做出改變的時刻。

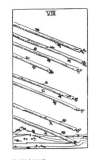

意思相近

象徵事情已經快速進行中的權杖8牌，訊息會傳遞得非常頻繁，需要留意其真實性。

寶劍王后

Queen of Swords

象徵人物：鐵娘子

以強大的精神價值來說服自我，
無懼他人異樣眼光。

正位關鍵字「冷漠」

聯想詞 刁難、鋒利、代言、
懷恨、尖酸刻薄、武裝

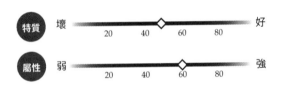

| 特質 | 壞 | 20 | 40 | 60 | 80 | 好 |
| 屬性 | 弱 | 20 | 40 | 60 | 80 | 強 |

正位意義

　　規矩握著寶劍的女人，用堅毅的眼神注視著前方，面無表情的她，心中早有定見，知道自己該做什麼，行事為了要符合原則、遵照真理，溝通時不說廢話，每一句都能直指人心，也許過往的哀愁經驗使她成為嚴格導師，與人疏離，甚至斷絕往來，難以相處的態度讓人敬畏，但用如此幹練俐落的方式來過日子，才是完美主義的標準。當象徵寶劍的風結合王后的水，成為風中之水，就是以精神來表達自我，擁有敏捷思路，是一位無懼他人眼光的熟齡女性。**愛情裡**，也會孤獨，但想起過往的失敗傷痛，寧可單身一人；**事業上**，說話十分坦白，直接而不客氣，總能一擊命中關鍵點。

逆位關鍵字「無奈」

聯想詞 獨善其身、掃興、乏味、辨別、堅決、深藏不露

特質 壞 —◇— 好
20 40 60 80

屬性 弱 —◇— 強
20 40 60 80

逆位意義

翻開寶劍王后牌逆位時，你已經決心成為一個難以相處的人了，因為你總覺得大家不懂你的信念，當你據理力爭的時候，所有人不關注於問題本身，只說嘴你的激動與暴躁脾氣，於是在堆疊了眾多無可奈何之後，覺得沒人能懂你，乾脆就讓這一切繼續下去。你要不是真想離群索居以證明自己是對的，就是明明擁有滿腹經綸、才華出眾卻不想展現給凡夫俗子看，但你心中還是有愛的，只要你願意卸下武裝，就能夠再次感覺他人的信賴與支持。**愛情裡**，對愛還有期待，但感到難為情，不敢說出口；**事業上**，被誤會而感到委屈，影響判斷。

寶劍王后的塔羅思維

· **過去（意圖）**：價值觀相當堅定的你，頭腦冷靜，邏輯清晰，所提出的見解十分實用，不以爭論的方式來溝通，而是以指令式的指導來完成目的。

· **現在（目的）**：可以獨立完成任務，意志堅強，不受別人干擾，過往累積的經驗都能助你斬斷阻礙，為自己劃下一個界限，行使權力！

· **未來（動作）**：專注而不被情感打擾，能自信的處理好細節，深思熟慮後運用直覺與機智，一下就掌握了主導權，思索問題的答案會讓你充滿成就感。

延伸學習

關聯解析

總是想要獨立完成事情，也相信自己採用的方式是最好的，錢幣9牌代表達成目標、獲得報酬。

意思相近

保持著抽離的態度，以無為的方式觀察著世上所發生的一切，女教皇牌的靜默沉思有其道理。

寶劍國王

King of Swords

象徵人物：專業人士

我該如何運用這巨大的潛質？
指出方向，
獲得哲理公義。

正位關鍵字 「指揮」

 判斷、明理、指導、
法律、專門、英勇

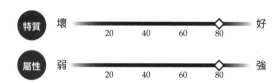

特質　壞 ——————◇—— 好
　　　　　20　　40　　60　　80

屬性　弱 ——————◇—— 強
　　　　　20　　40　　60　　80

正位意義

　　正因你十分努力，才能看起來毫不費力、游刃有餘的自在坐於王座上，有一種自信與嚴肅，即守時又規律，透過正直而誠實的心智，以寶劍作為判斷的準則，管理、衡量一切，所有的哲理、法學都成為你的權威，知識淵博，讓人喜歡找你當仲裁者，善於分析又能快速捉出重點，大家已信服於你的公平與正義凜然之下。當象徵寶劍的風結合國王的土，成為風中之土，就是以專業來做周詳的規劃，話語鏗鏘有力，是一位值得信任的成熟男人。**愛情裡**，潔身自愛的同時也對另一半要求很多，越在乎越囉嗦；**事業上**，透過冷靜思考後，瞭解明確的溝通才能成功，指揮若定。

逆位關鍵字「擾亂」

聯想詞 操縱、心胸狹窄、嚴苛、推翻、狡詐、私心

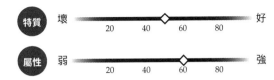

| 特質 | 壞 | 20 40 60 80 | 好 |
| 屬性 | 弱 | 20 40 60 80 | 強 |

逆位意義

你已經習慣依照制度和原則行事，當面臨太多事情而造成慌亂時，就容易用更嚴格的標準來看待別人，覺得自己全力以赴，當然大家都得跟上你的腳步才是，而且容易因為緊張而變得麻木不仁。這是寶劍國王牌逆位要給我們的警告，用自己的標準來約束別人，將規則變成命令，將辦法化為教條，但殘酷的要求不見得真能帶來效益，搞不好在陽奉陰違之下，讓你踩上了違法的灰色地帶卻不自知，偶爾多點彈性，帶些幽默感，輕鬆之餘才能分辨表象與隱藏的真相。**愛情裡**，吹毛求疵，想要打造完美情人，壓力山大；**事業上**，不怒自威才能讓人真心信服。

寶劍國王的塔羅思維

· **過去（意圖）**：以專業的角度將知識轉化為激勵，傳遞給大眾瞭解，因為對自我要求很高，也能規律的實現構想。

· **現在（目的）**：落實能執行的方案，清楚的判斷每一件事物的價值，有條不紊的思考，心智的相互配合，在務實調整之下，堅持執行，掌握決定。

· **未來（動作）**：發揮優秀的組織能力，理解計畫裡的明確目標，有智慧的將學識見聞導入需求之中，每一步的行動都經過思考與安排，進而達到成功。

延伸學習

THE MAGICIAN.

關聯解析

高舉權杖的魔術師牌主角，正用他的專業行使出強大的力量，讓所有人都看到這新穎的創造力。

JUSTICE.

意思相近

正直誠實的正義牌，可謂是法律的代表，堅持公平的權衡各個方面，為信念負起責任。

錢幣 1

Ace of Pentacles

相信所擁有的富足，
物質成形，獲取報償，
安置新局。

正位關鍵字 「繁榮」

聯想詞 財富、金錢、強大基礎、
彰顯、新事業、種子

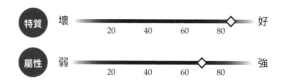

| 特質 | 壞 ────────────── 好 |
| 屬性 | 弱 ────────────── 強 |

正位意義

　　要能捧住這麼大一枚錢幣，除了有掌握資源及整合財富的本事外，也要擁有健壯的身體，懂得珍惜、善待，才會有如同下方花園一樣美麗的精彩人生。早已為自己埋下種子的你，經過日積月累逐漸展現豐碩成果，使組織漸入佳境，慢慢壯大起來，能夠運籌帷幄的項目也越來越多，過程裡總是伴隨著雀躍與滿意的心情，每一個安排也都如你所料的展開，將為你帶來更傲人的榮華富貴，無論是物質上的收穫，或是精神層面的成就，盡在手中。**愛情裡**，正過著心滿意足的日子，豐衣足食讓愛情加溫；**事業上**，達成目的，深獲肯定，磨拳擦掌準備迎接新契機，升官加薪有望。

逆位關鍵字「失利」

貪心、損毀、喪失、
賠本、風險、花大錢

特質　壞 ————◇———— 好
　　　　　20　40　60　80

屬性　弱 ———◇———— 強
　　　　　20　40　60　80

逆位意義

　　倘若太專注於物質的對價關係，反而會忽略花費在上面的時間成本，最後造成因小失大的後果。當翻開錢幣 1 牌逆位的時候，就是要告訴我們小心注意自己的太愛算計，因為害怕失去，所以吝嗇分享、執著報酬，然後變得勢利，想要得到更多，卻使投報不對等，或者不當使用手邊的財富資源，入不敷出，讓財務狀況陷入困難。掉落的錢幣，除了表示你無法掌握住新機會，也有另類的解釋，認為如同倒置顯示的一樣，乾脆率性的把錢拋下，教我們別把金錢看得太重，才是愜意。**愛情裡**，都只聊生活瑣事很厭煩，適時的談情說愛一下；**事業上**，步步為營才能在關鍵時刻化險為夷。

延伸學習

關聯解析

聖杯 1 牌及錢幣 1 牌中的手都呈現捧著的姿態，表達出情感與金錢都必須小心呵護之意。

錢幣 1 的塔羅思維

· **過去（意圖）**：因為你知道自己的目標，把所知所學實用化，充分利用優勢，打造了一個生命繁盛的園地，安全的掌握財富。

· **現在（目的）**：懂得增加機會，讓周圍的人瞭解努力以赴將能獲得巨額的收入，生產力也會大幅提升，是一種富裕的象徵。

· **未來（動作）**：請繼續跟隨你的勤奮，將能看到成果，達到你想要的前景。擁有潛力的你將會得到獎勵。你正確的運用資源，帶往對的方向。

意思相近

經過好一陣子的奮鬥與努力，總算能夠慶賀成功了，權杖 4 牌中的穩定感是一種小確幸。

錢幣 2

Two of Pentacles

死守定勢未必能恆穩，
八面玲瓏才是該尋求的解方。

正位關鍵字 「衡量」

聯想詞 緊張、彈性、波動、
應變能力、把戲、糾葛

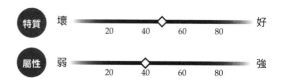

| 特質 | 壞 ——————◇—————— 好 |
| 20 40 60 80 |

| 屬性 | 弱 ————◇————————— 強 |
| 20 40 60 80 |

正位意義

　　單腳站立很難取得平衡，唯一的辦法就是不停的動，再加上背後是波濤洶湧的海浪，可見要花更多力氣才能恆定手中的兩枚錢幣，而這兩枚錢幣可能代表生活中的不同身分，或是兩種義務，需要靈活的交互轉換，讓你看起來像在表演雜耍一般，其實你只是不想讓大家看出你的為難，而以一種幽默的方式來掩蓋。當我們面對各式問題與挑戰時，要能將擁有的資源流通應變，也就是長袖善舞、進退自如。**愛情裡**，搖擺不定的原因可能是由於不夠真心，請多留意，見招拆招；**事業上**，在溝通或執行上產生誤解、受阻的狀況，請換個角度來思考。

逆位關鍵字「失衡」

聯想詞 不良循環、當機、厭煩、滑稽、受影響、拉扯

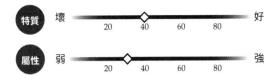

| 特質 | 壞 | 20 | 40 | 60 | 80 | 好 |
| 屬性 | 弱 | 20 | 40 | 60 | 80 | 強 |

逆位意義

　　當我們要接收的資訊越來越多，生命的任務越來越龐大時，累積下來的壓力相對也會更多，一時間不知道該怎麼辦的你，很容易就陷入兩難之中，無所適從下造成錯亂、失控，無法好好處理當下狀況，只能暫時拖延以對，可能還得強顏歡笑掩蓋一切。別再妄想一石二鳥，該放棄一些操之過急的念頭，在這個時間點，最重要的是撫平激動浮躁的情緒，精準的評估與良好的規劃才是正解，這就是錢幣 2 牌逆位要告訴我們的道理。**愛情裡**，個性朝三暮四，另一半已發現你隨便看待彼此關係；**事業上**，忙成一團造成慌張匆促，心不在焉使得錯誤連連、麻煩不斷。

錢幣 2 的塔羅思維

· **過去（意圖）**：事情還算是在你的掌握之中，靈敏的思想能讓你不斷嘗試新做法，並反覆練習，直到找到恰到好處的時機，便能輕鬆處理。

· **現在（目的）**：別先認定問題很難應付，相信自己可以保持一定的平衡，沒有什麼必然正確的準則，輕鬆的想，靈活的做，就會適應。

· **未來（動作）**：也許手邊要處理的事情很多，重要的是保持彈性，先備妥幾個處理方案，因為方向有可能隨時改變，這樣一來就能見機行事。

延伸學習

關聯解析

能夠找回初心，並拋下壓力與包袱，該有多好！愚者牌說：能自由自在才是最舒心。

意思相近

節制牌中左右交流的水，寓意找出相互溝通與融合之道必須留意兼顧每一個小細節。

錢幣 3

Three of Pentacles

全心投入，努力以赴，
人人都是積極主動的信號。

正位關鍵字「合作」

聯想詞 共享、教學相長、同事、
工藝、團隊、贊助

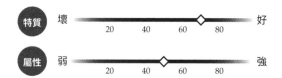

特質	壞 —————————◇———— 好
	20　40　60　80
屬性	弱 ————◇———————— 強
	20　40　60　80

正位意義

　　有緣共聚一堂，各司其職，各自貢獻出自己的專業，必將成就一番大業。三個共同合作的人，正在討論如何建造教堂，將精神與心靈的殿堂顯化為實體的建築，所有人堅信這將是一個可行的計畫，完整的過程也都在此呈現出來了：起初傳教士將想法做了說明，再透過建築師將其落實為藍圖，最後由工匠來施作工程，這一連串的工作需要彼此的協助與支持，共同努力以赴，方能將意念化為有價值的實踐。**愛情裡**，一路上獲得許多親友的認同，彼此也磨合出共同的人生價值觀；**事業上**，為了同一目標相互配合，在過程中還能教學相長，提升技能。

逆位關鍵字「草率」

聯想詞 停業、破壞、各懷鬼胎、批評、無視、陰謀

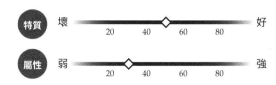

特質	壞			◇			好
		20	40		60	80	

屬性	弱		◇				強
		20		40	60	80	

逆位意義

　　翻過來的錢幣 3 牌有一種洞穴感，此時人也是倒過來的樣子，表示每個人現在各有異心、深不可測，大家只盤算著利己好處，對其他與己無關的事物不以為意，也根本不在乎整體成功，若要合力打造建築物，顯然會偷工減料。可能你曾經受到輕視，才會覺得既然能力不被肯定，乾脆拿取物資還實際一點，但老是只看自己拿手的部分，反倒限縮了交流學習、成長領悟的機會。**愛情裡**，三觀（世界觀、人生觀、價值觀）不合，難以溝通、延續；**事業上**，沒有共識的計畫註定失敗。

錢幣 3 的塔羅思維

· **過去（意圖）**：願意與人共同學習的心，將吸引到有共同目標的夥伴齊心努力，所有人都是團隊的一部分，透過良好的協調溝通來完成計畫。

· **現在（目的）**：透過協調與溝通，你也獲得了一些技能和知識的成長。每個人負責思考拿手的部分，然後將這些細節拼湊起來，這是很重要的環節，能達成一致的目標。

· **未來（動作）**：即將投入一段時間來準備一個計畫，而這個計畫需要以團體戰的方式來進行，建議你做一張時間表，讓所有人凝聚共識，你能勝任的！

延伸學習

意思相近

聖杯 3 牌之中的人們有共同的目標，互助合作，共享成果，以平等的關係一起慶祝收成。

關聯解析

代表援助的教皇牌，相對於錢幣 3 牌，多了一層上對下的關係，具有教授、傳承的意涵。

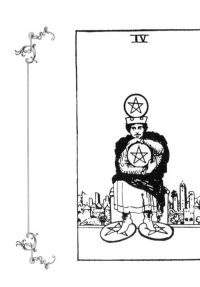

錢幣 4

Four of Pentacles

害怕失去是一種準備，
編織藍圖還需小心僵化意念。

正位關鍵字「吝嗇」

聯想詞

節儉、價值、占有欲、
自我、尊嚴、安全感

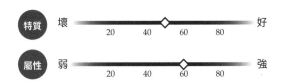

特質　壞 —————◇————— 好
　　　　 20　40　60　80

屬性　弱 —————◇————— 強
　　　　 20　40　60　80

正位意義

　　不單單是金錢，有些事物當你抓得越緊時，你的心態是占有，而不是擁有。頭上頂了一枚錢幣，雙手也緊抱著一枚錢幣在懷裡，兩隻腳下又踩著兩枚錢幣，可見這個人多麼害怕失去。背景裡的大都市對他造成影響，富裕奢華的世界讓他變得貪婪，只想要不斷的累積，甚至於有囤積的毛病出現，到頭來不僅受制於欲望，同時還得承擔失去的驚恐，卻忘了雖然金錢能使生活富裕，但若變成追著金錢跑，反而無法好好過生活。**愛情裡**，穩定的相處能帶來安全感，對方用心對待，想要認真發展；**事業上**，建立起自己的制度與做法，除能獲得好處，還能有額外的獲利。

逆位關鍵字「緊守」

聯想詞 頑固、小氣、壟斷、剝奪、執念、隔絕

特質	壞 ——————◇—————— 好
	20　40　60　80
屬性	弱 ——————————◇—— 強
	20　40　60　80

逆位意義

　　對於錢幣 4 牌來說，無論正位或逆位，都是一個強度很高的顯像，表示「我一定要」，容易以能擁有的事物來代表安全感，尤其是出現逆位的時刻，這個情緒更加激進極端，家財萬貫象徵自己很有本事，出手闊綽代表自己主導一切，這其實就是抓太緊與放太鬆的投射，兩者都會在你明知故犯的行為中展現，變成強迫症或購物狂，而這樣真的會開心嗎？謹慎用錢不該是小氣，享樂生活也不能是揮霍，唯有重新思索定位，找到自我價值，懂得珍惜才會有真正的踏實感。**愛情裡**，嚴格約束情人，處處提防，有強烈占有欲；**事業上**，誤以為能掌握全局，不知變通，險阻重重。

錢幣 4 的塔羅思維

· **過去（意圖）**：對於安全感的憂慮，使你產生占有欲，害怕有所損失，不輕易嘗試，也十分警惕任何潛在的危險，唯有拿在手上才叫擁有。

· **現在（目的）**：一生都堅持以自己習慣的方式處事，你喜歡穩定、害怕變動，傾向所有事情都能保留原樣，緊握你熟悉的狀態是最好的辦法。

· **未來（動作）**：想要維持現狀的你，覺得目前已經相當不錯，擔心失去、不懂分享會讓你的生活緊繃，如果能嘗試放鬆一點，或許心情也會舒坦一些。

延伸學習

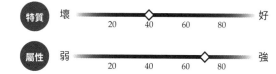

意思相近

寶劍 2 牌中的人只能靠自己放下才能度過關卡，其死守而無法決定的樣貌跟錢幣 4 牌相像。

關聯解析

皇帝牌象徵堅定與穩固，需要有強大的意念，且不易被干擾，才能夠繼續掌握權力、維持秩序。

錢幣 5

Five of Pentacles

慣性放棄是種迷思，
打開心胸
才能體會他人的患難真情。

正位關鍵字 「窮困」

 喘息、匱乏、殘疾、
被排斥、稀缺、遇害

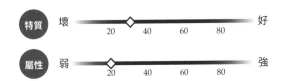

特質　壞 ——◇——————— 好
　　　　20　40　60　80

屬性　弱 ◇—————————— 強
　　　　20　40　60　80

正位意義

　　漫天大雪下有兩個看來貧窮困苦、飢寒交迫的人，感覺已經被社會拋棄，成為生活匱乏的乞丐，但經過有著彩繪玻璃窗的教堂前，彷彿得以覓得心靈寄託，然而一牆之隔的差異，多彩與黑夜的反差，更彰顯了物質的不足，以及對生命顯露了疏離的空虛感。走在前方的女子貌似悲哀，低頭不語，後方的男子身有殘疾，仰賴拐杖前行，兩人不離不棄的陪伴，是患難見真情的象徵，即便自己早已遍體鱗傷，依然忠誠相伴，顯示出彼此並不孤單，只要打開心胸便能體會。**愛情裡**，要打破貧賤夫妻百事哀的迷思，齊心度過眼前難關；**事業上**，麻煩事如燙手山芋，有自暴自棄的情緒。

逆位關鍵字 「逆轉」

聯想詞 庇護、救濟、徘徊、
和解、感召、放心

特質	壞			◇			好
		20	40		60	80	

屬性	弱		◇				強
		20	40		60	80	

逆位意義

　　我們都聽過這句話：「老天爺若是關上了一扇門，必會幫你打開一扇窗。」而這就是錢幣 5 牌逆位的揭示。牌卡倒置後，窗戶轉向變成門，表示不再只能從外看，而是一個可以得到庇護的避難所，現在就看你是不是願意走進去，放下面子問題，為自己帶來選擇，不再苦惱是否能被大家接受，這是一個人生翻盤的轉捩點。已經好一陣子受到精神與肉體折磨的你，總算得到喘息的機會，得以漸漸振作起來，克服身心上的不和諧，迎接出乎意料的機遇，跳脫黑暗期。**愛情裡**，認清相處上的摩擦原因，找出不滿，才能繼續相互扶持；**事業上**，打開心扉，接受眾人支援以改善現狀，情緒獲得安慰。

錢幣 5 的塔羅思維

・**過去（意圖）**：這是讓你精疲力竭的艱困時刻，意味著會有財務損失與健康傷害。你覺得沒有受到支持，狀況又接二連三的出現，麻煩不少。

・**現在（目的）**：你覺得一路上又苦又累，身體好像也已經負荷不了。被拒絕與受到排斥以致心情不佳，這些切身的現實讓身體發出警訊，要你留意。

・**未來（動作）**：感覺到自己突然被全世界拋棄了，使你失去收入，也灰心喪志，首要之務是改善你的匱乏，找到工作，並重新改善生活。

延伸學習

關聯解析

高塔牌中掉落兩個人，表示生活發生變故，需要正視這個事實，並想辦法處理面對。

意思相近

人因失去而傷心難過之餘，往往就只看到不好之處，聖杯 5 牌提醒我們別掉入情緒陷阱中。

錢幣 6

Six of Pentacles

保持深植於心的信念，
衡量最正確的回饋之路。

正位關鍵字「慷慨」

聯想詞　謹慎、施與受、交易、
贏家、分配、善心

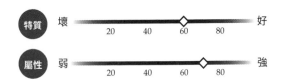

特質　壞　20　40　60　80　好

屬性　弱　20　40　60　80　強

正位意義

　　若你有能力時會怎樣回饋社會、關懷大眾？是直接給大家魚吃，還是貢獻出自己的技能，教大家釣魚呢？有一位富人正在派發錢幣給蹲跪在地上的人，看來像是慈善的施予，但也可能是發放工作之後的報酬，總之蹲低的人表現出一種願意接受幫助的姿態，施予者手上拿著天平，象徵著將會給予合理的分配，是讓施與受雙方都滿意的公平安排，支配與順從達成一種共識，用時間、勞力來與金錢、地位進行一次意念的交換，各取所需。**愛情裡，**瞭解關係中的定位，相互依賴，感情穩定；**事業上，**成功後願意贊助他人，讓你獲得感恩答謝。

逆位關鍵字「自私」

聯想詞　奴役、債務、一無是處、過分、卑微、懸殊

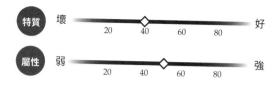

特質　壞　20　40　60　80　好

屬性　弱　20　40　60　80　強

逆位意義

　　突然間，你不想再付出你的慷慨，為什麼只有你要做出分享，甚至以德報怨的對待曾經看不起你、輕忽你的人，逐漸對這一切感到不公平，所謂「能者多勞」的漂亮話在你眼中都只是被占便宜的藉口罷了。在錢幣 6 牌出現逆位的時候，應該回頭看看自己的心，是否因你的所作所為而感到豐足、如意。實際上，我們的眷顧有其限度，若身邊又出現自私自利的負面樣板，比較後就更忿忿不平，甚至妒忌或羨慕不事生產之人，這是不斷濫用同情、掏空關愛後的反撲，給得太多會讓自己過度耗損。**愛情裡**，敏感猜疑，覺得沒有被重視；**事業上**，打破階層對話，聽到有效建言。

錢幣 6 的塔羅思維

· **過去（意圖）**：你懂得明智的獲取需求，也早就明瞭付出與回收的規則，擁有資源的你正學著體會施與受的道理，讓物質與精神都達到平衡。

· **現在（目的）**：有人要賺錢才會快樂，有人要花錢才會愉悅，到底什麼才是真實的？生命中的有與無，端看你能不能在一進一出下達到對等。

· **未來（動作）**：豐盛之餘願意伸出援手，能大方的給予幫助，但是否能正確的分配，還需要經過衡量，教人釣魚比直接送魚來得有效。

延伸學習

意思相近

錢幣 6 牌之前的錢幣 5 牌，正經歷著明瞭自我苦痛的過程，卻可看出患難見真情的意義。

關聯解析

錢幣 10 牌是十分富裕的象徵，可運用金錢來完成很多目標，或者是達成事業上的成就。

錢幣 7

Six of Pentacles

站在十字路口，
你得花足夠時間來好好思考。

正位關鍵字「等待」

聯想詞 耕耘、辛勞、獎勵、
培養、採收、平緩

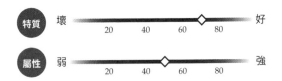

| 特質 | 壞 | | | | | | 好 |
| 屬性 | 弱 | | | | | | 強 |

正位意義

　　辛勤至今，你已經累積了一些成果，這時需要停下來思考一下，哪些是
有意義的計畫，哪些是白費工夫的行動。牌卡中的主角撐著下巴、拿著鋤頭，
看起來就是一個勤奮耕作的人，他的腳下有一枚收成的錢幣，眼光則注視著
結滿錢幣的莊稼，感覺像在評估到底是否已達最佳的成熟階段，是不是要來
進行採收。這是一場耐力的考驗，等待能使獲利更豐厚，就看你能不能按照
規劃與原則來走，同時也是遵守承諾的象徵，走完一個完整的循環能得出更
好的結果。**愛情裡**，一直要求對方成為理想中的對象，反而被現實中的相處
模式打敗；**事業上**，凡事別馬上反應，深思熟慮後會有更佳配套。

逆位關鍵字「擔心」

聯想詞　害處、警惕、撒手不管、落後、剩餘、剝削

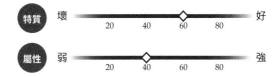

| 特質 | 壞 | 20 | 40 | 60 ◇ | 80 | 好 |
| 屬性 | 弱 | 20 | 40 ◇ | 60 | 80 | 強 |

逆位意義

　　「瞎操心」是錢幣 7 牌出現逆位時最好的詮釋。在事情都還沒真正發生的時候，若是我們太過戒備，只會給自己增添麻煩，浪費時間腦補了一些不存在的困難，只會讓你覺得鬱悶。當然，我們都會說要對事件的發展有危機意識，或未雨綢繆想妥備案，但絕非將心情帶入情境，從此刻起就擔憂起來，如同天氣預報說會下雨，只要在包包中放支折傘，若真的降雨就不用擔心了，而非因為不安就停止所有計畫。為此糾結占用了你大部分的時間，會使你錯過更多美好的事物而遺憾。**愛情裡**，總是當人知己，無法進一步戀愛；**事業上**，過於輕率，缺乏耐心。

錢幣 7 的塔羅思維

- **過去（意圖）**：進度與步驟正確，也有一些成果，只要站穩當前的位置，並花點時間思考下一步該如何進行，多觀察能看得更全面。

- **現在（目的）**：你的辛勞開花結果，所花的時間並沒有白費，這些是應得的回報，可以稍微歇息一下，想想之後的規劃與策略。

- **未來（動作）**：開始看到努力的結果了，接下來只要確保能在軌道上持續運作，待身體儲備好能量時就知道該怎麼出手。

延伸學習

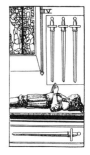

關聯解析
寶劍 4 牌告訴我們：給自己一段休息時間，稍微讓心智放空，回歸個人獨身的觀想。

意思相近
有時靜靜的守候是一種溫暖的做法，權杖 9 牌裡的人物需要非常堅強的毅力與耐心。

錢幣 8

Eight of Pentacles

循序漸進的付出，
信心能力的增強，
讓種子在心裡開花。

正位關鍵字「專注」

 聯想詞 職人、投入、藝術性、
技術、有條不紊、耐力

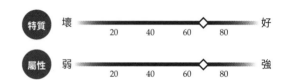

特質	壞				好
		20	40	60	80
屬性	弱				強
		20	40	60	80

正位意義

　　能將枯燥乏味之事持續做出一番成績，正是所謂的職人精神。很多人也許覺得日復一日做同樣的事相當無聊，但正在敲打錢幣的雕刻師是如此認真專注，代表他十分享受工作的過程，除了能進一步的學習，還能精進自己的技能，而在牆面上掛了一排整齊的錢幣，表示過往已經累積了很多經驗，而腳邊還放了一枚準備製作的錢幣，則是暗示未來仍需堅持不懈的繼續打拚。當你找到了人生的定位，清楚自己適合身處何地，是一種完整接納的存在。**愛情裡**，除了付出真心，也十分用心，更有耐心默默付出；**事業上**，重視循序漸進、堅持有恆，讓你獲得專業，脫穎而出。

逆位關鍵字「障礙」

聯想詞 無經驗、精疲力盡、隨便、
零星、未實踐、停工

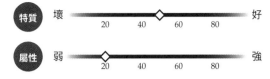

特質　壞 |20 40 60 80| 好

屬性　弱 |20 40 60 80| 強

逆位意義

　　雖然大家都知道日久成精的道理，但在心情上卻可能會日久生厭。日復一日的工作會讓人覺得無聊、失去熱忱，但在不得不做的狀態下就會陷入一種漩渦之中，呈現心不甘情不願的狀態，接下來對任何事物都不再有企圖心，金錢只不過是生活的工具，更別談什麼累積財富了。當錢幣8牌出現逆位時，受夠目前日子的你，不妨轉換跑道吧！不再土法煉鋼，謙遜上進，並立定志向，走對路才能打造出理想生活。**愛情裡**，給不出承諾的關係令人不悅，規劃不了未來藍圖；**事業上**，做事常不認真，囫圇吞棗之下，成果差強人意。

錢幣8的塔羅思維

· **過去（意圖）**：你付出了足夠的勤奮與專注，使你不斷成長，並取得新技能的本事。潛心研究細節則讓你提升到不同層次，循序漸進成就理想。

· **現在（目的）**：有條不紊的做事風格，加上多年來不斷累積的經驗，所有技巧都被你吸收，已經內化為你的一部分，儼然是業內翹楚。

· **未來（動作）**：全心投入能讓長時間的經驗累積成為專業知識，耐心與毅力早就幫你鋪好一條康莊大道，你不是已經成功，就是正前往成功的路上。

延伸學習

意思相近

當魔術師牌主角進行儀式時，就必須全神貫注的將本事展現，才能創造出腦中的點子。

關聯解析

研究的過程中會有諸多不解與失誤，但權杖隨從牌主角非常樂意嘗試，行動將為他帶來經驗。

錢幣 9

Nine of Pentacles

緩步自律，
讓更多的獨處
造就自己擁有更多可能。

正位關鍵字「富裕」

聯想詞　退休、舒適、豪華、
自給自足、里程碑、悠閒

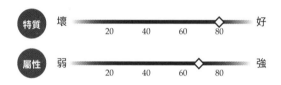

特質　壞 ——————————◇—— 好
　　　　　20　　40　　60　　80

屬性　弱 ——————————◇———— 強
　　　　　20　　40　　60　　80

正位意義

　　把自己的生活打理得近乎完美的女人，置身於一片豐收的果園之中，樹上除了滿滿的果實之外，還有九枚金幣，象徵著這些收穫不單單只是供應生活，還能投資獲利，而她的成功都是慢慢打拚而來，就如同腳邊的小蝸牛一樣。散發風韻魅力卻懂得自律，讓她能成功達成目標。處在自己打造的莊園裡，似乎又與外界有些隔閡，戴著手套的手上停了一隻鳥，暗示著雖然想要有人陪伴卻又小心翼翼，不敢有太深刻的情感交流，但從身穿布滿金星符號的衣裳看來，還是期待著愛的。**愛情裡，**可能有人對你展開追求，但相處後覺得還是習慣單身；**事業上，**一切勝券在握，可考慮創業，令人感到羨慕、崇拜。

逆位關鍵字「缺乏」

聯想詞 受騙、渴望、圈套、奢侈、表象、寂寞

特質 壞 ——◇—— 好
　　　20　40　60　80

屬性 弱 ——◇—— 強
　　　20　40　60　80

逆位意義

　　明明已經不用為了五斗米折腰的你，還是會不知不覺的想要追求更多財富，其實這種追求是表象的偽裝，因為你突然間找不到生活重心，便以此來填補空虛的時光。事實上，對你來說，金錢目前根本不存在任何價值。當我們翻開錢幣 9 牌逆位的時候，表示光擁有錢財對你來說是不夠的，沒人陪伴或少了奮鬥的成就感，都是一種孤寂的反射，可能害你沉迷於明知道的騙局之中。現在該重新找到自己真實想要的，像是尋找人生第二春一般，這次請把心靈與精神層面也一同妥善規劃。**愛情裡**，太久沒有談戀愛，容易人財兩失；**事業上**，所得與付出不對稱，行事馬虎，甘於墮落。

錢幣 9 的塔羅思維

· **過去（意圖）**：因為懂得自我管理與實踐，加上一步一腳印的努力，使你現在擁有舒適的生活，你應該開始好好享受，把時間花在美好的事物上。

· **現在（目的）**：先前給自己訂下的規範，讓你開始享有豐厚收入。自給自足讓你能感覺到安全，體會快樂與滿足，正開始要享受悠閒。

· **未來（動作）**：優雅可說是你的代名詞，而且具有自立自強的決心，無論是在工作或生活上，都能發揮自制力來達成計畫，隨時享用最好的一切。

延伸學習

關聯解析

女帝牌也有位雍容女子在圖中，她身著華麗的印花服飾，展現出環境所給予的豐富物質。

意思相近

對於自己的成就顯然非常滿意的聖杯 9 牌人物，端坐的姿態顯示出接下來不打算有其他作為。

錢幣 10

Ten of Pentacles

家族相聚，滿載成果，
懷抱感恩與祝福，
才讓生命完整。

正位關鍵字「傳承」

 聯想詞 頂峰、遺產、傳統、
家族、慣例、階級

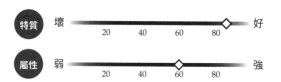

特質 壞 ——————◇ 好
　　20　40　60　80

屬性 弱 ————◇—— 強
　　20　40　60　80

正位意義

　　什麼才能夠永恆傳世，是財產的富裕，還是精神的傳承？在由十枚錢幣排列出生命之樹符號的圖像中，暗示了如同神從虛無中創造出世界所要經歷的種種，就跟成功的打造出企業一樣，有著異曲同工之妙。家庭的成員中有回歸享受晚年的老人與相伴的狗、正值青壯年的夫婦，還有象徵新生的孩子，大家齊聚在結實累累的果樹與華麗的樓房中，過著錦衣玉食的生活，但每個人卻自顧自的做著自己的事，少了情感交流，也許這是追求富裕必須付出的代價。**愛情裡**，目前穩定發展，但有些無聊，需要更多關懷與問候；**事業上**，買賣將能順利成交，收入大幅增加。

逆位關鍵字「爭吵」

聯想詞 隔閡、世仇、拖累、
揮霍、唯利是圖、負擔

特質	壞	好
	20　40　60　80	

屬性	弱	強
	20　40　60　80	

逆位意義

　　現在的你可能是團體之中不受歡迎的人物，因為沒有正確的運用本事，所以捅了一個大簍子，讓大家都有所損失，面臨捉襟見肘的狀態。說穿了，你其實想要透過這樣的手段彰顯組織裡的老問題，因為組織老氣橫秋的做法早就令你無法接受，同時間也發現所有人未能真誠溝通。在錢幣 10 牌出現逆位的當下，就是要打破舊例，設法重整架構，才不會持續背負著包袱，到最後只殘留一個空殼，若是能做到量入為出、收支平衡，才有助於永續發展。**愛情裡**，義務與責任讓你長時間壓力纏身，不想再繼續了；**事業上**，冒著可能失敗的風險，為求新而孤注一擲。

錢幣 10 的塔羅思維

· **過去（意圖）**：財務上的安全為你帶來一段能享受富裕的時光，讓你感到生活幸福，若想將財富世代傳承下去，就必須制定方法。

· **現在（目的）**：從長遠來看，有關於財富的一切都十分順遂，能蓬勃發展，接著得創造持久的指導方針，讓體制延續下去，才有機會豐饒永恆！

· **未來（動作）**：金錢上的自由讓你感到滿足，而如何持續穩定下去是你的重要課題，你該開始安排合適的計畫了。

延伸學習

關聯解析

聖杯 10 牌裡的人都平安喜樂，連天空都畫出了彩虹，就像是在告訴我們什麼是幸福。

意思相近

事事順利能讓我們感到滿足，而世界牌中所呈現出的完整就是一種隨心所欲的順遂。

PAGE of PENTACLES.

錢幣隨從

Page of Pentacles

象徵人物：儲備幹部

經驗累積能助你全盤掌握技能，
讓自己做好成功的準備。

正位關鍵字「具體」

聯想詞　勤奮、堅毅、恆心、
擴展、審視、經歷

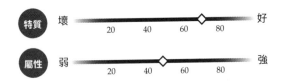

| 特質 | 壞 | | | | 好 |
| | | 20 | 40 | 60 | 80 | |

| 屬性 | 弱 | | | | 強 |
| | | 20 | 40 | 60 | 80 | |

正位意義

　　仔細端視著錢幣的人，珍惜每一件掌握在自己手上的物品，像是以收藏的心意來看待身邊所發生的事情，一點一滴為自己累積下來，漸漸就成為了生命的養分，也許進度很慢，但在踏實的學習中提升技能，理解何謂穩健安全之道，不會過度理想化，而是重視有形的物質面，進而打造屬於自己的光明前途。當象徵錢幣的土結合隨從的風，成為土中之風，就是以謹慎來兌現務實，放眼長遠目標，是一位穩紮穩打的年輕人。**愛情裡，**目前不是談情說愛的時機，請先花時間讓自己的條件變得更好；**事業上，**每一個任務關卡都有值得參考之處，能讓你更精進。

逆位關鍵字「渙散」

聯想詞 髒亂、出紕漏、取消、迷戀、自毀、停擺

特質 壞 ─────◇──────── 好
　　　 20　40　60　80

屬性 弱 ───◇─────────── 強
　　　 20　40　60　80

逆位意義

　　當翻開錢幣隨從牌的逆位時，搞錯重點是我們要特別注意的地方。原本學習能帶來成長，但是突然只專注後端的獲利，特別是在金錢的獲取上，將無法致力於努力成長，因為不容易聚精會神的你，只在妄想會得到什麼好處，根本不在意過程中的自我價值提升，或是如何使技能爐火純青，甚至可能使用旁門左道來逃避正規訓練，使新計畫無法成形，而現在只要找回你的初心，再次完成進修，一股作氣精進自己的能力，才能有更大的財富豐盛。**愛情裡**，扮演理想情人，角色吃重；**事業上**，對自己的弱點欲蓋彌彰，反而被當成攻擊目標。

錢幣隨從的塔羅思維

‧ **過去（意圖）**：總是認真對待手邊的事物，凡事皆能井井有條的完成，負責任的態度讓你可以從中學習成長，收穫累積下來就能助你看見夢想。

‧ **現在（目的）**：每一個任務的成功結束，都讓你在當中汲取能量，當遇上問題時，因為你有可靠的經驗法則，所以解決的方案都能在你眼前出現！

‧ **未來（動作）**：可以專注實現承諾，建立起令人信賴的聲響，接著就要動起來，履行計畫，塑造理想，累積務實，就能走得更長更遠。

延伸學習

關聯解析

與錢幣隨從牌相比，錢幣1牌手上的錢大多了，呈現更豐足、更有成果的物質增長。

意思相近

錢幣8牌諭示：只要能夠在自己的工作中專心一志、勤奮投入，就能累積屬於你豐功偉業。

錢幣騎士

Knight of Pentacles

象徵人物：繼承者

領導始於穩定基礎所帶來的尊敬，
地位、身分只是種保護色。

正位關鍵字 「成熟」

聯想詞 恩典、標準、平穩、
勤勉、託付、規律

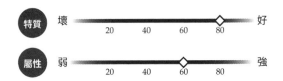

特質	壞 ──────────────◇ 好
	20　40　60　80
屬性	弱 ──────────◇──── 強
	20　40　60　80

正位意義

　　騎馬立於一片田地中的人，早已有了豐足的基礎，手中拿著錢幣望向遠方的樣子，像在全神貫注的謀劃，認真而穩步不動的姿態表現出盡忠職守與負責擔當的樣子，他在維護財產之餘還打算進行更多投資，不動聲色的等待良機到來，是穩重而有耐心的表現。當象徵錢幣的土結合騎士的火，成為土中之火，就是以責任來從長計議，能夠放眼未來，是一位做到踏踏實實的青壯男子。**愛情裡**，相處上有些距離感，木訥寡言又無趣，卻有靠得住的安心感；**事業上**，能將交辦的任務接續完成，若是參加考試認證，可以順利過關，獲得肯定。

逆位關鍵字「遲緩」

聯想詞 守舊、棘手、舞弊、徇私、不主動、冷落

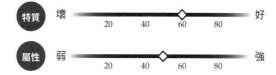

特質　壞 ——————◇—————— 好
　　　　　20　　40　　60　　80

屬性　弱 —————◇——————— 強
　　　　　20　　40　　60　　80

逆位意義

　　也許你突然變得不在乎錢財，放下手邊的工作，只想回歸自己的生活，也可能過分緊盯著你先前企畫的項目，明知成果不佳也不願放手，這兩種心情都有機會在翻到錢幣騎士牌逆位中顯現，因為對現狀不滿，討厭白忙一場的感覺，因而變得墨守成規、失去進取心，凡事但求做完而不是做好，雖然可以偶爾發懶一下，但可別真的氣餒，現在的你也許應該想清楚，你早已經不是在求生存，而是該思考兼顧別人期待與自我價值下要怎麼好好過日子。**愛情裡，**執著找尋理想對象，忘了相處才是相識之道；**事業上，**能幹又任勞任怨，常收拾爛攤子。

錢幣騎士的塔羅思維

· **過去（意圖）：**從現在起，你認知責任，觀照全局，並反覆仔細考量做法，雖然完美主義讓你有點不知變通，但能建構穩固的基礎。

· **現在（目的）：**決定方向後，便會全力按照規劃行事，因為你總是忠於自己的信念，當然前提是所有的事情皆已縝密考慮。

· **未來（動作）：**懂得刻苦耐勞、小心謹慎，才能把事情盡善盡美做到最後，現在的一絲不苟只為打好根基，著眼長遠。

延伸學習

場景雷同

權杖 2 牌中之人手上捧著地球，將世界掌握在手中，為了達成目標，正在規劃下一步的行動。

關聯解析

想要望遠就得登高，權杖 3 牌告訴我們：要擴大視野，才能訓練出領導特質。

錢幣王后

Queen of Pentacles

象徵人物：老闆娘

慷慨的愛會帶來快樂與滿足，
同時也要關注心神與物質。

正位關鍵字 「照顧」

聯想詞 珍惜、扎根、包容、
體貼、多產、信任感

特質	壞 ——————————◇—— 好
	20　40　60　80
屬性	弱 ————————◇———— 強
	20　40　60　80

正位意義

　　能將各個面向都打理得很好，就如同坐在王座上捧著錢幣的女子，正思考著如何將其妥善運用，發揮它最大的價值。除了身穿的華服與周圍豐饒的大地，還有綠意盎然的花園，每一處都經過精心照顧，用心打造出美好的環境，而腳邊代表多產的小兔子則是充滿生命力的展現。在成就務實經濟時，也要留意身心靈的反饋，並給予體恤。當象徵錢幣的土結合王后的水，成為土中之水，就是以照顧來關懷情緒，能夠剛柔並濟，是一位做到無微不至的熟齡女性。**愛情裡**，待人心胸開闊、大方慷慨，體現一種溫柔的安全感；**事業上**，稱職扮演好相對應的角色，迎來興旺繁盛。

逆位關鍵字「懷疑」

聯想詞 矮化、邊邊、迷糊、不領情、彷徨、約束

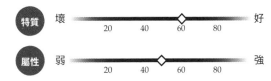
特質 壞 ——————◇———— 好
　　　　20　40　60　80

屬性 弱 ———————◇——— 強
　　　　20　40　60　80

逆位意義

　　開始對自己做的事感到不解與懷疑。該給他魚吃，還是教他釣魚？諸如此類的問題在你腦海中揮之不去，這就是錢幣王后牌逆位給我們的揭示。不想再擔任照顧者角色的你，對於先前的協助與關愛都想要推翻，而且優柔寡斷的狀況會越發嚴重，可能會透過占有來證明自己真的擁有。之所以會如此，是因為你總是花了很多時間去關注別人，卻忘了好好愛自己，其實你也需要有人關心，渴望有所依靠。這就是為什麼我們要不時犒賞一下自己，適時放鬆一下，先打理好自己，才能繼續給予愛。**愛情裡，**已經做到任勞任怨，卻還被嫌棄；**事業上，**過度控管，連枝微末節的小事都要干涉。

錢幣王后的塔羅思維

· **過去（意圖）：**每當有人需要協助時，你都能隨時送上溫暖與支持，創造安心的環境，深受大家的信賴。你的關懷總是恰到好處，讓大家都感到被照顧。

· **現在（目的）：**對於你給予的愛與關懷，大家都感到很窩心，是一種打從內心覺得喜悅的事。你的胸懷永遠為人敞開，讓人信賴！

· **未來（動作）：**大方又無私的你，很樂意為大家服務，而且做法柔情、暖心，能讓所有人接受你所提出的建議，相信你所提供的幫助。

延伸學習

關聯解析

權杖王后牌主角溫暖而直率，擁有感染力，大家能透過相處而感染她對生活的熱情。

意思相近

聖杯 6 牌中的孩子單純又善良，自然流露出慷慨與寬容，寓意著能夠付出、給予就是一種福報。

KING of PENTACLES.

錢幣國王

King of Pentacles

象徵人物：董事長

崇尚品味，氣質尊貴，
總想著如何讓大家也一樣豐盛。

正位關鍵字「可靠」

聯想詞

幹練、逸樂、掌權、
永續、管控、信賴

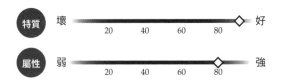

| 特質 | 壞 | 20 | 40 | 60 | 80 | ◇ 好 |
| 屬性 | 弱 | 20 | 40 | 60 | 80 ◇ | 強 |

正位意義

　　身處在茂盛葡萄園中輕鬆掌握著錢幣的人，明顯表現出財富與資源上的富足，尤其是王座上的牛頭圖騰，更是務實穩定的表徵，手中的權杖讓他統御著後面的城堡，讓大家都能過上好日子。有了錢就可以追求更美好的事物，房產、金融、精品、美食等都是你能投資的目標，而且在此過程中你還能享受奢華帶來的樂趣。當象徵錢幣的土結合國王的土，成為土中之土，就是以成果來衡量一切，獲得實質財富，是一位功成名就的成熟男人。**愛情裡**，以條件衡量對象是否可靠，務實才能走得穩定長久；**事業上**，有著優秀的商業敏銳度，透過經驗豐富的領導能有亮眼成績。

逆位關鍵字「腐化」

聯想詞：工作狂、癖好、飢渴、粗野、鋪張、沉悶

特質 壞 ——◇—— 好
　　20　40　60　80

屬性 弱 ——◇—— 強
　　20　40　60　80

逆位意義

　　我們可以喜歡賺錢，但千萬別成為金錢的奴隸。當錢幣國王牌出現逆位時提點了這個道理。瘋狂的工作、投資是為了累積更多財富，除了賺錢，其他都可以無視，有時會突然想要大大享樂一番，覺得就算過著揮金如土的頂級生活也無妨，其實反觀你的內心，現在已經窮得只剩下錢了，在精神上沒有任何能讓你開心的事物，凡事都用金錢來衡量，貪婪使你恐懼損失，剝削他人也毫不留情，自以為能因此得到滿足，但事實並非如此，能讓你心中感到踏實的永遠都不是錢，而是過程中獲得自我肯定的成就。**愛情裡**，物質替補不了感情，覺得空虛；**事業上**，利用權勢，我行我素，固執己見。

錢幣國王的塔羅思維

· **過去（意圖）**：已創建一個安全而繁榮的環境，自在享受著成功所帶來的一切。懂得讓身心靈保持協調平衡，可以用物質打造想要的生活。

· **現在（目的）**：你是有自信的戰略思想家，身邊擁有眾多資源，能腳踏實地運籌帷幄而獲得成果，很可能有加薪機會或增加財富收益，進而享有物質帶來的舒適。

· **未來（動作）**：經歷長期奮鬥，確實做出不錯的成績，也開始累積金錢，而你想擁有多大的成就，端看你的步伐有多穩健、實踐有多認真。

延伸學習

場景雷同
與錢幣國王牌一樣，女帝牌主角也持圓球權杖，除了象徵地位，還有帶領大家迎向榮光之意。

意思相近
錢幣 10 牌中擁有豪華莊園、物質豐裕的一家，每個人都扮演好自己的角色才能享受生活。

時髦偉特塔羅牌
The Groovy Waite Tarot
作者：James Battersby
出版：Tarot Collectibles

帶領我們來到六〇年代後期、七〇年代初的時空，充滿著歡樂嬉皮風的角色，五顏六色的背景讓塔羅牌不再可怕，反而變得十分滑稽。將傳統偉特賦予大量色彩和現代迷幻元素，有時又像進入夢境般的宇宙漫遊，呈現嶄新趣味的風格！

手塚治虫九十周年塔羅牌
手塚治虫キャラクタータロットセット
作者：ニチユー（Nichiyu）
出版：個人發行

為紀念日本著名漫畫家手塚治虫誕辰九十周年而製作的塔羅牌紀念套裝。收錄許多手塚治虫筆下的漫畫人物，如怪醫黑傑克、原子小金剛、小白獅王、火鳥等，分別從塔羅牌的意涵與人物角色的面向進行解釋，把我們一瞬間帶進他的漫畫世界之中！

先知塔羅牌
The Light Seer's Tarot
作者：Chris Anne
出版：Hay House Inc.

透過現代、波西米亞風和直觀風格重新詮釋傳統的塔羅牌原型和符號，除了是一種療癒工具，也是探索自然界光和影的指南。我們常接觸的塔羅牌多以復古的形式來表現，而這套先知塔羅牌則更貼近我們的生活，在每一張卡片風景中，讓富有表現力的人物講故事。

小王子塔羅牌
Tarot of the Little Prince
作者：Rachel Paul & Martina Rossi
出版：Lo Scarabeo

以名著《小王子》為本所創作的塔羅牌，充滿了異想天開的藝術，既柔軟又有力。令人回味的溫暖插圖，遵循偉特塔羅牌的符號和結構，因此相當適合新手入門，特別是那些希望以懷舊感來看待生活問題的人。

黑暗大廈塔羅牌
The Dark Mansion Tarot
作者：Taroteca studio
出版：個人發行

光是封面就很有戲，自一個像是占卜屋又像是櫃臺的引領，讓我們窺探有關人生的故事，人物的設定有提姆·波頓（Timothy Walter Burton）《聖誕夜驚魂》的逗趣，也有電影《阿達一族》的風格，細緻的動漫筆觸，有個性的傳達著基本的偉特塔羅精神，讓入門初學又有一個新的選擇。

鬼屋塔羅牌
Tarot of Haunted House

作者：Sasha Graham & Mirco
　　　Pierfederici

出版：Lo Scarabeo

塔羅牌暢銷書作家薩莎 · 格雷厄姆（Sasha Graham）與義大利著名藝術家米爾科 · 皮爾費德里奇（Mirco Pierfederici）合作，為你帶來一套迷人的塔羅牌，卡片中暗示著令人半信半疑的開端，和故事中的主角一起穿過一張張的塔羅牌，你會在房間後解鎖門窗，揭開豪宅的真實面。

奇想塔羅牌
Midcenturian Tarot

作者：Madam Clara

出版：個人發行

鮮明的色塊加上放大的文字，讓數字及語言也成為牌中創作的一環，自由轉換的英文大小寫，或許沒有按照語言系統，卻從美感層面帶來了一種獨特的平衡感，人物及背景特別設計成斑駁的復古感，讓整體空間看起來增加了豐富性，而我們就能從開心的氛圍之中瞭解塔羅！

影法師塔羅牌
Tarot Maregician

作者：九月雅（Signorrino）

出版：個人發行

一部有些童話又有些怪誕的剪影題材古系統塔羅牌作品。畫面上代表月亮的圓形標誌，以及圓形周圍的雜亂細環，構成了這部作品的核心思想。小牌方面，作者以馬賽塔羅的牌義為基礎進行創作，卻獨具匠心的採用了人物的表現形式。

逆光塔羅牌
Cucoloris Tarot

作者：九月雅（Signorrino）

出版：個人發行

充滿童趣剪影題材的偉特塔羅牌作品。以看似簡單的輪廓勾畫出童話般的意境，富有質感的紋理讓人愛不釋手。在含意表達方面，除了繼承偉特傳統的思路之外，很多牌卡更體現了作者的創意，讓人驚嘆，也給予人們更多遐想和自由發揮的空間。

黑白塔羅牌
Bianco Nero Tarot

作者：Marco Proietto

出版：US Games

只單純用黑與白的色系來表現塔羅牌，將牌卡中的意義用無色彩、沒有視覺干擾的手法來創作，黑白塔羅以維斯康提塔羅牌中的經典圖案，結合了偉特塔羅牌與現代手繪墨水插圖，融為一體，靈感來自仿古雕刻和木刻，營造出真正永恆的外觀。

請掃描 QR code 欣賞各式塔羅牌

FUTURE 42

塔羅思維 塔羅牌自學進階，通曉牌義，踏上成為占卜師之路！

作　　者／孟小靖
責任編輯／何若文　　　　　　版　　權／黃淑敏、吳亭儀、江欣瑜、林易萱
特約編輯／潘玉芳　　　　　　行銷業務／周佑潔、張媖茜、黃崇華、賴正祐
美術設計／林家琪

總 編 輯／何宜珍
總 經 理／彭之琬
發 行 人／何飛鵬
法律顧問／元禾法律事務所 王子文律師
出　　版／商周出版
　　　　　台北市 104 中山區民生東路二段 141 號 9 樓
　　　　　電話：(02) 2500-7008　傳真：(02) 2500-7759
　　　　　E-mail：bwp.service@cite.com.tw
　　　　　Blog：http://bwp25007008.pixnet.net./blog
發　　行／英屬蓋曼群島商家庭傳媒股份有限公司城邦分公司
　　　　　台北市 104 中山區民生東路二段 141 號 2 樓
　　　　　書虫客服專線：(02)2500-7718、(02) 2500-7719
　　　　　服務時間：週一至週五上午 09:30-12:00；下午 13:30-17:00
　　　　　24 小時傳真專線：(02) 2500-1990；(02) 2500-1991
　　　　　劃撥帳號：19863813　戶名：書虫股份有限公司
　　　　　讀者服務信箱：service@readingclub.com.tw
　　　　　城邦讀書花園：www.cite.com.tw
香港發行所／城邦（香港）出版集團有限公司
　　　　　香港灣仔駱克道 193 號超商業中心 1 樓
　　　　　電話：(852) 25086231 傳真：(852) 25789337
　　　　　E-mailL：hkcite@biznetvigator.com
馬新發行所／城邦（馬新）出版集團【Cité (M) Sdn. Bhd】
　　　　　41, Jalan Radin Anum, Bandar Baru Sri Petaling,
　　　　　57000 Kuala Lumpur, Malaysia.
　　　　　電話：(603)90578822　傳真：(603)90576622　E-mail：cite@cite.com.my

城邦讀書花園
www.cite.com.tw

封面設計／COPY
印　　刷／卡樂彩色製版印刷有限公司
經 銷 商／聯合發行股份有限公司 電話：(02)2917-8022　傳真：(02)2911-0053

■ 2021 年（民 110）05 月 13 日初版
■ 2023 年（民 112）08 月 21 日初版 3 刷
定價 460 元
著作權所有，翻印必究
ISBN 978-986-0734-30-0
Printed in Taiwan

國家圖書館出版品預行編目（CIP）資料

塔羅思維：塔羅牌自學進階，通曉牌義，踏上成為占卜師之路！／孟小靖著 .-- 初版 .-- 臺北市：商周出版：英屬蓋曼群島商家庭傳媒股份有限公司城邦分公司發行，民 110.05 320 面；17*23 公分 .--（Future；42 ISBN 978-986-0734-30-0（平裝）1. 占卜
292.96
110006801

廣	告	回	函
北區郵政管理登記證			
北臺字第000791號			
郵資已付，免貼郵票			

104　台北市民生東路二段141號2樓

英屬蓋曼群島商家庭傳媒股份有限公司城邦分公司　收

請沿虛線對摺，謝謝！

書號：BF6042　　書名：塔羅思維　　　　　　編碼：

商周出版

讀者回函卡

感謝您購買我們出版的書籍！請費心填寫此回函卡，我們將不定期寄上城邦集團最新的出版訊息。

不定期好禮相贈
立即加入：商周
Facebook 粉絲團

姓名：＿＿＿＿＿＿＿＿＿＿＿＿＿＿＿＿＿ 性別：□男 □女

生日：西元＿＿＿＿＿年＿＿＿＿＿月＿＿＿＿＿日

地址：＿＿＿＿＿＿＿＿＿＿＿＿＿＿＿＿＿＿＿＿

聯絡電話：＿＿＿＿＿＿＿＿ 傳真：＿＿＿＿＿＿＿

E-mail：

學歷：□ 1. 小學 □ 2. 國中 □ 3. 高中 □ 4. 大學 □ 5. 研究所以上

職業：□ 1. 學生 □ 2. 軍公教 □ 3. 服務 □ 4. 金融 □ 5. 製造 □ 6. 資訊

□ 7. 傳播 □ 8. 自由業 □ 9. 農漁牧 □ 10. 家管 □ 11. 退休

□ 12. 其他＿＿＿＿＿＿＿＿＿＿＿＿＿＿

您從何種方式得知本書消息？

□ 1. 書店 □ 2. 網路 □ 3. 報紙 □ 4. 雜誌 □ 5. 廣播 □ 6. 電視

□ 7. 親友推薦 □ 8. 其他＿＿＿＿＿＿

您通常以何種方式購書？

□ 1. 書店 □ 2. 網路 □ 3. 傳真訂購 □ 4. 郵局劃撥 □ 5. 其他＿＿＿＿

您喜歡閱讀那些類別的書籍？

□ 1. 財經商業 □ 2. 自然科學 □ 3. 歷史 □ 4. 法律 □ 5. 文學

□ 6. 休閒旅遊 □ 7. 小說 □ 8. 人物傳記 □ 9. 生活、勵志 □ 10. 其他

對我們的建議：＿＿＿＿＿＿＿＿＿＿＿＿＿＿＿＿

＿＿＿＿＿＿＿＿＿＿＿＿＿＿＿＿＿＿＿＿＿＿＿

＿＿＿＿＿＿＿＿＿＿＿＿＿＿＿＿＿＿＿＿＿＿＿

【為提供訂購、行銷、客戶管理或其他合於營業登記項目或章程所定業務之目的，城邦出版人集團（即英屬蓋曼群島商家庭傳媒（股）公司城邦分公司、城邦文化事業（股）公司），於本集團之營運期間及地區內，將以電郵、傳真、電話、簡訊、郵寄或其他公告方式利用您提供之資料（資料類別：C001、C002、C003、C011 等）。利用對象除本集團外，亦可能包括相關服務的協力機構。如您有依個資法第三條或其他需服務之處，得致電本公司客服中心電話 02-25007718 請求協助。相關資料如為非必要項目，不提供亦不影響您的權益。】

1.C001 辨識個人者：如消費者之姓名、地址、電話、電子郵件等資訊。　2.C002 辨識財務者：如信用卡或轉帳帳戶資訊。
3.C003 政府資料中之辨識者：如身分證字號或護照號碼（外國人）。　　4.C011 個人描述：如性別、國籍、出生年月日。

FUTURE

FUTURE